Liudolf, † 866
∞ Oda

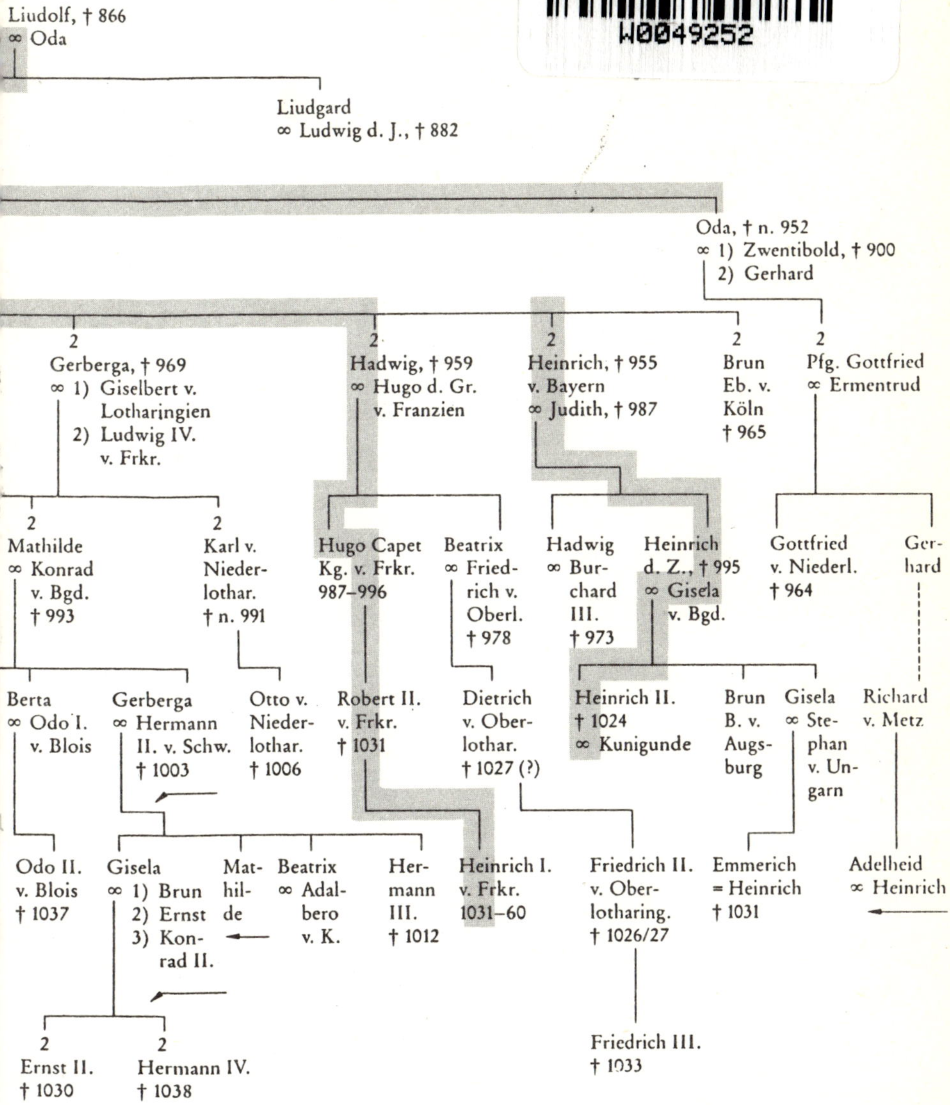

Liudgard
∞ Ludwig d. J., † 882

Oda, † n. 952
∞ 1) Zwentibold, † 900
   2) Gerhard

2
Gerberga, † 969
∞ 1) Giselbert v.
     Lotharingien
   2) Ludwig IV.
     v. Frkr.

2
Hadwig, † 959
∞ Hugo d. Gr.
  v. Franzien

2
Heinrich, † 955
v. Bayern
∞ Judith, † 987

2
Brun
Eb. v.
Köln
† 965

2
Pfg. Gottfried
∞ Ermentrud

2
Mathilde
∞ Konrad
v. Bgd.
† 993

2
Karl v.
Nieder-
lothar.
† n. 991

Hugo Capet
Kg. v. Frkr.
987–996

Beatrix
∞ Fried-
rich v.
Oberl.
† 978

Hadwig
∞ Bur-
chard
III.
† 973

Heinrich
d. Z., † 995
∞ Gisela
v. Bgd.

Gottfried
v. Niederl.
† 964

Ger-
hard

Berta
∞ Odo I.
v. Blois

Gerberga
∞ Hermann
II. v. Schw.
† 1003

Otto v.
Nieder-
lothar.
† 1006

Robert II.
v. Frkr.
† 1031

Dietrich
v. Ober-
lothar.
† 1027 (?)

Heinrich II.
† 1024
∞ Kunigunde

Brun
B. v.
Augs-
burg

Gisela
∞ Ste-
phan
v. Un-
garn

Richard
v. Metz

Odo II.
v. Blois
† 1037

Gisela
∞ 1) Brun
   2) Ernst
   3) Kon-
     rad II.

Mat-
hil-
de

Beatrix
∞ Adal-
bero
v. K.

Her-
mann
III.
† 1012

Heinrich I.
v. Frkr.
1031–60

Friedrich II.
v. Ober-
lotharing.
† 1026/27

Emmerich
= Heinrich
† 1031

Adelheid
∞ Heinrich

2
Ernst II.
† 1030

2
Hermann IV.
† 1038

Friedrich III.
† 1033

SCS SEVERINVS ARCHIEPISCOP'

Ernst W. Wies

Otto der Große
Kämpfer und Beter

Biographie

Bechtle

Umschlagbild:
Kaiserskulpturen am Meissener Dom. Kaiser Otto der Große aus der Werkstatt des Naumburger Meisters um 1250.
(Bildarchiv Foto Marburg)

Frontispiz:
Die Severinscheibe.
Gold mit versenktem Zellenschmelz aus durchscheinendem und opaken Email. Köln, Anfang 11. Jahrhundert. Dieses Medaillon ist unter den erhaltenen ottonischen Goldzellenschmelzen nördlich der Alpen in seinem Rang das früheste Zeugnis einer figürlichen Darstellung für diese aus Byzanz übertragene Technik. Die Severinkirche liegt nur wenige hundert Meter vom Großen und Kleinen Griechenmarkt entfernt. Hier waren aus dem Gefolge der Kaiserin Theophanu griechische Handwerker, Künstler und Händler angesiedelt. An der Severinscheibe wird die Kulturbrücke vom fernen Byzanz nach Deutschland sichtbar, auf der die Goldzellenschmelztechnik ihren Eingang in das Rhein-Maas-Gebiet fand.
*(Erzb. Diözesan-Museum Köln
Leihgabe der Pfarrgemeinde St. Severin)*

Dank für Hilfe, Rat und Hinweis:

dem Direktor der Erzbischöflichen Diözesan- und Dombibliothek Köln, Herrn Dr. J. A. Cervelló-Margalef und seinen freundlichen Bibliothekarinnen und Bibliothekaren; meinem Freund, dem Buchhändler und vorzüglichen Germanisten, Herrn Leon Zanders, der mein Schaffen von Anfang an begleitet hat; meinem Sohn Florian für Bildgestaltung, Korrekturlesen und hilfreiches Mitdenken.

Ernst Wilhelm Wies

© 1989 by Bechtle Esslingen München
Alle Rechte vorbehalten
Umschlaggestaltung: Wolfgang Heinzel, München
Satz: Filmsatz Schröter GmbH, München
Gesetzt aus: 10.5/12 Palatino auf Linotron 300
Druck und Binden:
Mohndruck Graph. Betriebe GmbH, Gütersloh
Printed in Germany
ISBN: 3-7628-0483-4

Für Marielene

Das Reich in ottonisch-
frühsalischer Zeit

Sitz eines Erzbischofs
Sitz eines Bischofs
Kloster ○ andere Orte
Grenzen des Reichs und der
angegliederten Regna
Außengrenzen neuer Marken
Interne Gliederung

INHALT

IV. Die Zeit der Ottonen im Überblick

Anhang

Exemplarische Vorbemerkung

Die historischen Wissenschaften haben sich immer mit der faszinierenden Lebensleistung der ottonischen Herrscher beschäftigt. Fällt doch mit ihrer Wirkung in der Geschichte die Entstehung des Deutschen Reiches zusammen.

Doch die breitere historische Publizität hat vor diesem Themenkreis in der Nachkriegszeit eine gewisse Scheu gezeigt. Sei es, weil die Geschichtsschreibung des Dritten Reiches die Epoche und ihre Leistungen im Sinne ihrer Weltanschauung mißbraucht hatte, sei es, weil man der eigenen Vergangenheit mit Unsicherheit gegenüberstand.

So sah man in der Bundesrepublik Deutschland über das Ereignis des tausendjährigen Jahrestages der Kaiserkrönung Ottos des Großen im Jahre 962 in Rom hinweg.

Dagegen veranstaltete das angesehene Institut für österreichische Geschichtsforschung in Wien eine glanzvolle Festveranstaltung zum Andenken an dieses große geschichtliche Ereignis.

Der Akademische Festakt, zu dem Rektor und Senat einluden, fand am Mittwoch, dem 31. Januar 1962, in dem mit der Krone des Heiligen Römischen Reiches geschmückten Festsaal der Wiener Universität statt, in Anwesenheit des österreichischen Bundespräsidenten Dr. Adolf Schärf, verschiedener österreichischer Bundesminister und den Spitzen des geistlichen und geistigen Lebens in Österreich.

Die Bundesrepublik Deutschland war weder vertreten durch den Bundespräsidenten, den Bundestagspräsidenten, den Bundesratspräsidenten, den Bundeskanzler noch einen seiner Minister. Diese Aufgabe erfüllte der deutsche Botschafter Friedrich Janz sowie ein Botschaftsrat Eugen Gürster.

In der Festrede des Vorstandes des Institutes für österreichische Geschichtsforschung feierte der Universitätsprofessor

Dr. Dr. h. c. Leo Santifaller Otto I. unter anderem mit folgenden Worten. »Hat doch Otto I. im Jahre 955 die Ostmark, das Kernland des späteren Österreich, neu errichtet und kann daher in gewissem Sinne als der Begründer Österreichs angesehen werden.« (Siehe »Mitteilungen des Instituts für österreichische Geschichtsforschung«, Ergänzungsband XX, Heft 1, Graz-Köln 1962.)

Zum Ruhme der deutschen historischen Wissenschaften sei gesagt, daß sie auf dieser Feier mit ihren hervorragendsten Mitgliedern vertreten waren und durch ihre Beiträge das Festgeschehen bereichert haben.

Dieses Gesamtverhalten der deutschen Geschichtswissenschaft kann auf Dauer nicht ohne Wirkung bleiben.

Die Deutschen beginnen sich wieder ihrer geschichtlichen Vergangenheit zu öffnen und sie zum Teil ihrer Gegenwart zu machen.

Kaiser Otto der Grosse:
ein Porträt

Was war das für ein Mann, gegen den sich der Halbbruder, der Bruder, der Sohn und der Schwiegersohn empörten, gegen den sich der erste Bischof seines Reiches, Erzbischof Friedrich von Mainz, ja, zeitweilig sogar die eigene Mutter stellte?
Was trieb sein halbes Reich, das sein Vater geeint hatte, gegen ihn in den Widerstand, in die offene Rebellion?
War das nur ein Kampf um Macht, um Ruhm und Ehre?
Oder verletzte seine Herrschaft, seine Staatsidee, tiefere, empfindlichere Schichten germanischen Rechtsbewußtseins?

Doch alle, die sich gegen ihn empörten, ihn bekämpften, kehrten wieder zu ihm zurück und wurden wieder von ihm angenommen.
Sein Bruder Heinrich, Hochverräter gegen Krone und Leben des Königs, wurde sein treuester Vasall.
Sein Sohn Liudolf, jahrelang im tragischen Kampf gegen den Vater, starb in Italien im Dienste der Reichsinteressen.
Sein aufständischer Schwiegersohn, Konrad der Rote von Lotharingien, fiel, mit ihm versöhnt, als sein tapferster Soldat auf dem Lechfeld.

Was war das für ein Mann, der nach Karl Martell die wichtigste Schlacht des Abendlandes gewann und von dem Karl Wilhelm Nitsch (1818–1880) in seiner Deutschen Geschichte sagt, Otto der Große erscheine in den Quellen nicht eigentlich als ein großer Krieger, sondern als ein großer Beter?
Als er starb, hatte er seine Welt verändert. Aus Baiern, Sachsen, Thüringern, Alemannen und Lotharingern war

eine Gemeinschaft geworden, die den Geschichtsauftrag
hatte, der deutschen Kaiseridee zu dienen.
So wurde die Kaiseridee zum einigenden Symbol eines
wachsenden deutschen Selbstbewußtseins.

Was war dieser große deutsche Kaiser für ein Mensch?
Ein authentisches Bild des Kaisers besitzen wir nicht, nur
Bilder und Skulpturen, die spätere Zeiten sich von ihm
machten. Denn er, dieser große Beweger der Welt, hat auch
die Herzen und Hirne der ihm Nachfolgenden bewegt.
Ist seine Erscheinung mit dem großen Reiterstandbild zu
Magdeburg, seiner Stadt, identisch? Das ist eine Statue, die
in naher Verwandtschaft zum Bamberger Reiter steht und
damit in die zweite Hälfte des 13. Jahrhunderts weist.
Am wahrscheinlichsten können wir ihn wiederfinden in der
Kaiserskulptur am Meißener Dom, entstanden in der Werkstatt des Naumburger Meisters um 1250.
Ein drängendes und bedrängendes Antlitz hat der Naum-
burger Meister aus dem Stein geschlagen, das Antlitz eines
Propheten, eines Gottsuchers, aber auch eines Getriebenen.
Die silbernen Figuren dagegen des Aachener Karlsschreins
von Otto I. und Otto III. sind einander zum Verwechseln
ähnlich. Der Altersunterschied zu dem zwanzigjährigen Ot-
to III. und dem sechzigjährigen Otto I. wird nicht sichtbar.
Die beiden in Silber getriebenen Gestalten verraten keinerlei
Individualität, sondern sind Symbole von Herrschaft und
Heiligkeit. Antwort auf die Frage »Was war das für ein
Mensch?« geben sie nicht.
Widukind von Corvey hat uns ein literarisches Bild seines
großen Kaisers hinterlassen. Aber auch bei diesem schriftli-
chen Zeugnis tritt der Mensch in den Hintergrund. Vielmehr
wird die Größe des Herrschers dargestellt und daran gemes-
sen, inwieweit er den Tugendkatalog des christlichen Für-
sten erfüllt.
Dem Königsbild entsprachen christliche Frömmigkeit und
Milde, Treue und Gerechtigkeit, Freundlichkeit und Freigebigkeit, Würde, Mäßigkeit und Beständigkeit. Je mehr der
Fürst diesen vorgeprägten Rahmen ausfüllte, um so größer
war sein Ruhm, um so vollkommener sein Königtum.

Auch Widukind geht über diesen vorgegebenen Rahmen nicht hinaus: »Er selbst also, der großmächtige Herr, der älteste und beste der Brüder, war vor allem ausgezeichnet durch Frömmigkeit, in seinen Unternehmungen unter allen Sterblichen der beständigste, abgesehen von seiner königlichen Strafgewalt immer freundlich, im Schenken freigebig, im Schlafen mäßig, während des Schlafes redete er immer, so daß es den Anschein hatte, als ob er stets wache. Seinen Freunden war er in allem willfährig und von übermenschlicher Treue. Denn wir haben gehört, daß einige Angeklagte und ihres Verbrechens Überführte an ihm selbst einen Rechtsbeistand und Fürsprecher hatten, der durchaus an ihre Schuld nicht glauben wollte und sie auch nachher so behandelte, als ob sie nie etwas gegen ihn verbrochen hätten. Seine Geistesgaben waren bewunderungswürdig, denn nach dem Tode der Königin Edgith lernte er die Schrift, die er vorher nicht kannte, so gut, daß er Bücher durchaus lesen und verstehen konnte. Auch verstand er in romanischer und slawischer Sprache zu reden. Doch geschah es selten, daß er es für angemessen hielt, sich derselben zu bedienen.

Auf die Jagd ging er häufig, liebte das Brettspiel, übte bisweilen die Anmut des Reiterspiels mit königlichem Anstand. Hierzu kam noch der gewaltige Körperbau, der die volle königliche Würde zeigte, das Haupt mit dem ergrauenden Haar bedeckt, die Augen funkelnd und wie ein Blitz durch plötzlich treffenden Blick einen eigenen Glanz ausstrahlend, das Gesicht rötlich und der Bart reichlich niederwallend, und zwar gegen den alten Brauch. Die Brust war wie mit einer Löwenmähne bedeckt, der Bauch nicht zu voll, der Schritt einst rasch, jetzt gemessener; seine Kleidung die heimische, die er nie mit fremder Sitte vertauscht hat. So oft er aber die Krone tragen mußte, bereitete er sich, wie man für wahr versichert, stets durch Fasten vor.«[1]

Wir sehen, Widukind erfüllte getreulich den Katalog der Fürstentugenden für seinen Herrn.

Dennoch gibt er uns einen wichtigen Hinweis, der ein Schlüssel zum Wesen seines Kaisers ist.

Wann immer der Kaiser die Krone trug, bereitete er sich durch Fasten darauf vor.

Das zeigt, wie sehr Otto von der inneren Würde, vom Gottesauftrag seines Königtums durchdrungen war.

Immer trat der Mensch Otto hinter dem König zurück. Er verstand schon, wie wir sehen werden, als junger Mann die germanisch-genossenschaftliche Herrschaftsform seines Vaters Heinrich nicht, ja, er lehnte sie ab. Darum hatte ihn König Heinrich, entgegen den Gepflogenheiten der Zeit, nicht zum Mitkönig erheben können, denn ein gemeinschaftliches Regieren bei zwei so konträren Herrschaftsauffassungen wäre wohl nicht möglich gewesen. So hatte sich der Thronfolger selber aus einer gemeinsamen Regierung mit dem Vater ausgeschlossen und sich auf die Verwaltung seiner Stadt Magdeburg beschränkt.

Der Mensch Otto war sicher freundlich, gütig, immer zum Verzeihen bereit, wie uns sein Biograph versichert. Der König aber wachte eifersüchtig über seine Würde, war kompromißlos in der Durchsetzung seiner königlichen Rechte.

Thietmar von Merseburg berichtet uns: »Als Herzog Hermann, des Kaisers Stellvertreter und Regent in Sachsen, ein Mann, der seine Treue in den Stürmen der Vergangenheit oftmals bewiesen hatte, nach Magdeburg kam, wurde er von Erzbischof Adalbert mit königlichen Ehren empfangen. Unter Glockengeläut und Lichterglanz geleitete der Erzbischof den Herzog in die Stadt. Bei Tisch wies der Erzbischof dem Herzog den Platz des Kaisers zu, und die Nacht verbrachte der Herzog in den Gemächern des Kaisers und in seinem Bett.«[2]

Als der Kaiser – in Italien weilend – davon erfuhr, schleuderte er den Bannstrahl seines Zorns nach Magdeburg und forderte den Erzbischof zur Strafe auf, ihm so viele Pferde zu senden, wie er dem Herzog Glocken läuten und Kronleuchter habe anzünden lassen.

Das war sicher keine verletzte Eitelkeit, sondern Empörung über den Mißbrauch königlicher Ehren.

Der König in seinem moralischen Rigorismus war auch nicht erpreßbar, wie er z. B. vor Breisach bewies. Von mächtigen Feinden umringt, inmitten von Abfall und Verrat, widerstand er der Forderung eines mächtigen Grafen, ihm für seine Waffenhilfe die Abtei Lorsch zu übergeben.

Ja, er widerstand nicht nur dem erpresserischen Ansinnen des Grafen, sondern sagte zu ihm auch voller Zorn: »Wenn dein Sinn danach steht, mit den übrigen Treulosen davonzugehen: je schneller, desto besser.«[3]

Niemals vermengte Otto persönliche Angelegenheiten mit denen des Reiches. So läßt auf dem Tag von Langenzenn Widukind den König klagen: »Ich wollte es ertragen, wenn der Grimm meines Sohnes und der übrigen Verschwörer nur mich allein peinigte, und nicht das ganze Volk der Christenheit durcheinanderbrächte.«[4]

Der Gram des Vaters über den Verrat des Sohnes wollte der König tragen. Das war ja sein persönliches Leid, sein persönliches Schicksal.

Aber daß Volk und Reich in Gefahr gebracht wurden, daß die Rechte der Krone verletzt wurden, das durfte und konnte der König nicht dulden.

Otto ging so ganz in seinem Königtum auf, daß der Mensch Otto immer an zweiter, oftmals an letzter Stelle kam. Er trug die Krone wie der Märtyrer das Kreuz, als göttlichen Auftrag, als vorbestimmtes, ureigenstes Schicksal.

Die römisch-deutschen Könige und Kaiser fühlten sich ja nicht nur als Nachfolger der Imperatoren, sondern auch in der Nachfolge alttestamentarischer Könige, wie die Reichskrone, die von 965 bis 1806 von deutschen Königen und Kaisern getragen wurde, zeugnishaft ausweist. Auf ihr sind die Könige des alten Testaments abgebildet, David, Salomon und Hiskia.

So treffen wir auf der Suche nach dem Menschen Otto immer auf den Kaiser und König.

Auch sein Verhältnis zu seinen Frauen wurde überdeckt vom Schatten seiner Kronen.

Zwar gab es eine erste Liebe des sechzehnjährigen Jünglings Otto zu einer vornehmen Slawin, die ihm den Sohn Wilhelm schenkte, den späteren Erzbischof von Mainz. Dies blieb aber ein pubertäres Abenteuer, wie es vielen jungen Männern widerfährt. Der Vater, König Heinrich, ließ es sich vielmehr angelegen sein, den stürmischen Sohn zwei Jahre später, im Jahre 930, mit der englischen Prinzessin Edgith zu verheiraten. Von einem tieferen Verhältnis dieser beiden

Menschen erfahren wir nichts. Edgith schenkte Otto zwei Kinder, Liudolf, den tragischen Sohn und zeitweiligen Thronfolger, und Liudgard, die Frau Konrads des Roten.

Die spätere Ehe mit der hochgebildeten Adelheid von Burgund war ein Bündnis aus Staatsvernunft. Sie brachte der deutschen Krone Thronansprüche auf Burgund wie auf Italien. Die Frau, die er zur Kaiserin erhob und zur »Genossin seines Reiches« machte, war eine große Fürstin, sie stand in den italienischen Feldzügen an seiner Seite, in der Stunde seines Todes war sie ihm fern.

War das Kulturgefälle zwischen der feingebildeten Burgunderin und dem bäurisch schweren Sachsen Otto zu groß?

Im letzten Willen Ottos erkennen wir, daß er sich mehr zu der stillen und einfacheren Engländerin hingezogen gefühlt hatte, denn an ihrer Seite, im Dom zu Magdeburg, wollte er begraben werden.

Otto liebte und ehrte in seinen Frauen die Mütter seiner Kinder und die Teilhaberinnen am Reich. Einen weiteren Einblick in Ottos Verhältnis zu seinen Frauen geben die Quellen nicht. Dabei darf man dem mittelalterlichen Menschen nicht die individuellen Liebes- und Glücksvorstellungen unserer Zeit unterstellen.

Die Liebe war nicht so sehr der autonome Beschluß zweier Menschen, sondern war eingebettet in den Willen der Eltern, der Sippe, des Geschlechts. Der Bund der Ehe war es, der dann zwei Menschen in die Liebe hineinwachsen ließ, und diese Liebe hieß, mit Hilfe der Kirche den Willen Gottes erfüllen.

Den Willen Gottes erfüllen, das war Ottos Herrschaftsziel. Wer sich gegen den König stellte, stellte sich gegen Gott. Dies wird an vielen Beispielen aufgezeigt werden.

Waren die Rechte des Königs wiederhergestellt, war die gekränkte Würde des Königtums rehabilitiert, und dazu war Unterwerfung notwendig, dann konnte der Mensch Otto verzeihen. Es ist bewundernswert zu sehen, wie Otto persönlich verzeihen konnte. Er nahm den ärgsten Feind, mochte er ihm sogar nach dem Leben getrachtet haben, wieder ans Herz und hob ihn aus dem Staube – wenn dem König Genüge getan worden war.

Warum nannte man Otto »den Großen«?
Nach Karl dem Großen, der ja eigentlich ein fränkisch-germanischer Kaiser und König war, ist Otto der Große der erste und einzige deutsche König und Kaiser, dem sein Volk den Beinamen »der Große« verliehen hat.
Warum gerade ihm?
Hat es nicht auch nach ihm große und machtvolle Herrscherpersönlichkeiten gegeben, die dieses Namens wert gewesen wären?

Unter Otto haben die germanischen Stämme zu der Einheit gefunden, die sich später das Deutsche Reich nannte. In den Urkunden Ottos des Großen wurden die Deutschen oftmals »Teutonici« genannt. Es ist logisch, daß das deutsche Volk vor dem Deutschen Reich gewesen sein muß. Doch es dauerte noch bis zum Anfang des 11. Jahrhunderts, bevor man vom »Regnum Teutonicum« sprach.
Natürlich erhielten sich vorläufig noch die Bezeichnungen »Imperium Francorum« und »Imperium Romanorum«. Aber es konnte nie Zweifel daran geben, daß das »Regnum orientale Francorum« mit dem »Regnum Teutonicum« identisch war.
So kann man Josef Fleckenstein folgen, der feststellt: »Darum bleibt es bei der Feststellung Ottos von Freising, der da sagt, daß das Deutsche Reich (›Francorum regnum orientalum, quod Teutonicum dicitur‹) mit den Ottonen beginnt, denn – so können wir hinzufügen – unter ihnen hat es seine Eigenständigkeit erlangt, die nie mehr in Frage gestellt worden ist, wie auch die Identität des Reiches seitdem bei jedem Herrscherwechsel als selbstverständlich galt.«[5]
Dieser Anfang des deutschen Reiches ist das Ergebnis des Lebenskampfes von Otto dem Großen.
Er hat den deutschen Stämmen durch die Erfahrung der Schlacht auf dem Lechfeld das Selbstbewußtsein gegeben, gemeinsam siegen zu können.
Diese Schlacht war mehr als ein nationaler Sieg, sie war ein Triumph des christlichen Abendlandes. Die blutigen Züge der Ungarn nach Baiern und Sachsen, nach Lothringen und dem Elsaß, nach Burgund und Italien, waren endgültig

beendet. Durch diesen Sieg in die Schranken gewiesen, wurden die Ungarn seßhaft, sie nahmen das Christentum an und wurden eine europäische Kulturnation.

Durch die Krone Italiens wurde den Deutschen wieder Teilhabe am römisch-italienischen Kulturerbe gegeben. Durch die Gründung des sechsten deutschen Erzbistums Magdeburg wurde ihnen und der christlichen Mission der Weg nach Osten gewiesen.

Vor allem aber hatte Otto den Deutschen den Mut gegeben, große Träume zu träumen, um so die Kraft zu gewinnen, große Taten zu vollbringen.

Das Lebensziel der Menschen damals bestand nicht darin, hedonistischen Wohlfahrtsträumen nachzuhängen, sondern dem Glauben zu leben, den Willen Gottes auf Erden zu erfüllen. Dies war auch der Glaube ihres Königs und Kaisers. Um dieses Glaubens willen ist er durch die Feueröfen seines Lebens geschritten, unerschütterlich, glaubensstark, ein Erfüller der Zeit.

Seine historische Erscheinung sprengt das Bild des Helden. Er hatte zwar etwas von einem Siegfried, Arminius, Widukind und Karl. Dieser war ihm Vorbild. Er war ein tapferer Soldat, ein machtvoller Fürst, ein Feldherr.

Aber er war ein Feldherr, der mehr an die Hilfe Gottes glaubte als an Taktik und Strategie. Er war auch ein Dulder, ein Hiob, dem das Leid des Gerechten widerfuhr.

Die Karolinger hatten einstmals aus politischem Pragmatismus das Königtum von Gottes Gnaden gegen die Geblütsheiligkeit der germanischen Könige gestellt.

Otto aber war in voller Überzeugung der »König von Gottes Gnaden«. Das war die Vision, die Offenbarung, der er folgte und die ihn über alle Klippen seines Schicksals trug. Die Gesamtheit dieser Haltung war es, die dem deutschen Volk die Erkenntnis gab, ihn

　　　　　　　»Otto den Großen«

zu nennen.

Die Geschichtsschreiber
der Ottonen

Wenn wir so gut über Ottos Taten und den Weg seiner Dynastie unterrichtet sind, so darum, weil die Ottonen eine eigene Geschichtsschreibung geschaffen haben.

Sie ist der stärkste Ausdruck ottonischen Selbstbewußtseins, ja das ganze Hochgefühl der Zeit geben die Werke der Geschichtsschreiber wieder.

War Einhard Kronzeuge Karls und der Karolinger, so war es für die Ottonen der stammesstolze sächsische Etheling Widukind, der Mönch von Corvey. Er schildert in seiner Stammesgeschichte ein pralles, lebenswarmes Bild des sächsischen Stammes, seines Adels und seiner Herrscher.

Die Bedeutung des Klosters Corvey, in dem Widukind lebte und sein Werk schuf, zeigt sich daran, daß aus ihm ein Papst, Gregor V. (996–999), ein Urenkel Ottos des Großen, fünf Erzbischöfe und mehrere Kardinäle und Bischöfe hervorgegangen sind.

Aus seinem Stammesbewußtsein heraus widmete Widukind sein Werk der Kaisertochter Mathilde, der Äbtissin von Quedlinburg. Er bekannte offen, daß er parteiisch war und schrieb.

Den Ruhm Ottos zu verherrlichen, die Taten des sächsischen Stammes zu preisen, darin sah er seine Aufgabe. Seit den Ungarnsiegen der Könige Heinrich und Otto nannte er sie nur noch »Imperatoren«. Die Kaiserkrönung Ottos in Rom im Jahre 962 überging er ganz. Für ihn war Otto auf dem Schlachtfeld am Lech zum Kaiser gekürt worden und nicht durch einen Wahl- und Weiheakt in Rom.

Als Germane bewunderte er Tapferkeit, selbst bei Feinden seines Kaisers.

Einem notorischen Rebellen wie dem Grafen Wichmann

attestierte er, daß sein Heldenmut besserer Ziele wert gewesen wäre. Auch ist bemerkenswert an Widukind, diesem ambitionierten Parteigänger des Kaisers, daß er weder den Erzbischof Friedrich von Mainz noch den aufrührerischen Sohn Liudolf, noch den rebellierenden Konrad den Roten ganz verdammen konnte. Ein geheimes Einverständnis mit diesen Männern, die auf ihren germanischen Fürstenrechten beharrten, klingt unter der Oberfläche von Verdammung und Tadel durch.

Als kraftvolle Persönlichkeit zeigt sich die adelige Stiftsdame Hrotsvith von Gandersheim. Unter der Obhut der Prinzessin und späteren Äbtissin des Reichstifts Gandersheim, Gerberga – einer Tochter Herzog Heinrichs I. von Baiern, des Kaiserbruders – wurde sie zur ersten deutschen Dichterin. Berühmt machten sie ihre sechs Lesedramen, die sich in Form und Stil an dem lateinischen Komödiendichter Publius Terenz (um 190–159 v. Chr.) orientierten. Im Gegensatz zu den Komödien des Terenz sollte jedoch in ihren Dramen der Sieg der Tugend gefeiert werden. Dazu war es nötig, die bestrickende Macht des Lasters und seiner Verführungskünste darzustellen.

In ihrem epischen Werk verherrlichte sie die Taten Ottos des Großen bis zum Jahre 962. Hier erweist sie sich als genaue Kennerin des Familienlebens am Hofe des Königs.

Ihre Schilderung der Gandersheimer Klostergeschichte trug ihr den Namen »Nachtigall von Gandersheim« ein.

In dem adeligen Mönch Widukind und der Adelsnonne Hrotsvith fand Sachsen im 10. Jahrhundert seinen stärksten literarischen Ausdruck. Beide wurden zum Ruhm ihrer Klöster, ihre Namen werden stets in Verbindung mit dem Namen ihrer Klöster genannt.

Aus dem Westen des Reichs hören wir die Stimme Adalberts von Weißenburg, ehemals Mitglied der königlichen Hofkapelle, Bischof der Russenmission und späterer Erzbischof von Magdeburg.

Er ist der Fortsetzer der Chronik des Regino von Prüm. Die Chronik des Regino bricht ab im Jahre 906 und atmet die

Wehmut über den Untergang des Karolingerreiches, worin Regino die Wurzel allen Übels sieht.

Adalberts Fortsetzung jedoch vermittelt den Glauben an das unter Otto aufwärtsstrebende deutsche Reich. Aus seinem Bericht spricht der in der königlichen Hofkapelle geschulte Mann, dessen Überblick über die Reichsgrenzen bis nach Burgund, Italien und Frankreich reicht. Sein Werk gilt als die beste Reichsgeschichte der Zeit und macht die befruchtende Wechselwirkung zwischen Hof und Geschichtsschreibung sichtbar.

Aus Italien erreicht uns eine schrille Fanfare, der Geschichtsschreiber und vielleicht erste Pamphletist des Mittelalters, Liudprand, Bischof von Cremona.

Sein Werk »Antapodosis«, Buch der Vergeltung, weist schon im Titel auf seine Rachsucht hin.

In seiner »Historia Ottonis«, in der er Ottos Italienpolitik darlegt und verteidigt, ist er ein Augenzeuge von höchster Kompetenz, da er an der Seite des Kaisers die Geschehnisse miterlebt hat und ihm auch als Dolmetscher diente. In seinem Bericht über seine Gesandtschaft an den Hof von Konstantinopel, wo er als Brautwerber des Kaisers für dessen Sohn Otto II. auftrat und scheiterte, feiert seine Schmählust wahre Triumphe. Trotz seiner manchmal hemmungslosen Subjektivität schuf er in bunten Farben oftmals treffende Bilder der Zeit und ihrer Ereignisse.

Ruotger, der Verfasser der Vita des Kaiserbruders Brun, Erzbischof von Köln und Erzherzog von Lotharingien, hat einen wichtigen Beitrag zu unserem Wissen vom Denken und Handeln in ottonischer Zeit geliefert. An seinem Helden Brun stellte er dar, wie aus Glauben Handeln erwuchs und daß die gottgewollte Ordnung durch das innige Zusammenwirken von Staat und Kirche, von »Regnum« und »Sacerdotium«, entstand.

Von Ruotger selbst, der die Brun-Vita im Auftrag des Erzbischofs Folkmar von Köln schrieb, wissen wir wenig. Sein Werk aber weist ihn als einen hochgebildeten Mann aus. Er besaß umfassende Kenntnisse der Regeln des heiligen Benedict, so daß zu Recht in ihm ein Ordensmann gesehen werden muß, der, nach dem Hinweis des Abtes Johannes Trithemius (1462–1516), ein Scholaster des Klosters St. Pantaleon in Köln war.

Aus der Zahl der Bischofs- und Heiligen-Viten ragt die des Augsburger Propstes Gerhardt über den heiligen Bischof Ulrich von Augsburg hervor.
Über die Verteidigung von Augsburg und über die Lechfeldschlacht bietet er unverzichtbare Fakten und Einsichten.

Thietmar, Bischof von Merseburg, väterlicherseits aus dem Grafenhaus der Herren von Walbeck, einem Geschlecht, das in den Slawenkämpfen Ruhm und Ansehen gewonnen hatte, mütterlicherseits mit dem Haus der Konradiner verwandt, war sächsischer Hocharistokrat.
So ist seine Chronik nicht nur geschrieben aus der Sicht des Historikers, sondern auch vom Standpunkt des Kirchenfürsten, des Theologen und des Politikers. Der hochgebildete Mann war Schüler der berühmten Magdeburger Domschule, an der auch Adalbert, Bischof von Prag und heiliger Märtyrer, studiert hatte. Der Bischof Brun von Querfurt, Hofkaplan Kaiser Ottos III., Märtyrer und hervorragende Gestalt der deutschen mittelalterlichen Missionsgeschichte, war sein Mitschüler. Dem Missionsauftrag des Magdeburger Erzstiftes entsprechend wurden an der dortigen Domschule auch slawische Sprachen gelehrt. Es war eine Eliteschule, die – dem Hochadel vorbehalten – die geistliche Führung der Reichskirche heranbildete.
Thietmar, im Jahre 975 geboren, verstarb im Jahre 1018 als Dreiundvierzigjähriger. Er stand in ständiger Berührung mit dem Kaiserhaus und ist so ein kundiger Schilderer des sächsischen Hofes, namentlich der Zeit Kaiser Heinrichs II.

I.
Wie die Deutschen
Deutsche wurden

Wer die staatsprägende Leistung der sächsischen Herrscher, Ottos des Großen und seines Vaters Heinrichs I., in ihrer Ganzheit erfassen will, muß zurückschauen in die Strudel und Dammbrüche des 9. Jahrhunderts, wo menschliche Schwäche und äußere Zwänge die Ordnungen eines universalen Staates aufsprengten.

Bevor wir uns also mit Otto selbst befassen können, müssen wir etwas genauer die politischen Verhältnisse der Jahrzehnte vor ihm und die Leistungen seiner Vorgänger betrachten.

Das Werden der Deutschen ist eingebettet in den Zerfallsprozeß des karolingischen Großreiches.
Der karolingische Untergang begann an dem Tage, an dem Kaiser Ludwig der Fromme die Idee seiner »Ordinatio imperii«, des Reichseinheitsgesetzes von 817, selber zerbrach.
Diese große, richtungsweisende Idee einer nicht mehr aufzulösenden Einheit des Reiches sollte das germanische Teilungsrecht beseitigen, nach dem der König sein Reich, wie der Bauer seinen Hof, unter seine Söhne aufteilte. Dieses Teilungsrecht hatte die blutigen Kriege der Merowingerzeit herbeigeführt, und es gehörte zum Glück der Karolinger, daß seit Karl Martell der Tod und der Eintritt ins Kloster der jeweiligen Kronprätendenten über vier Generationen hin die Einheit des Reiches bewahrt hatten.
Was sich bislang durch glückliche Umstände geregelt hatte, wollte Kaiser Ludwig aus der Zufälligkeit herausnehmen und durch den Ordnungsrahmen eines Gesetzes regeln.
Der älteste Sohn Lothar wurde zum Mitkaiser und zum König von Italien erhoben. Der Sohn Pippin erhielt Aquita-

nien als Unterkönigreich, und Ludwig (später genannt der Deutsche) bekam Baiern zugewiesen. Die Rechtsstellung des ältesten Sohnes und Mitkaisers wurde klar herausgestellt. Er war der Senior der Brüdergemeine. Die jüngeren Brüder waren in ihrer Rechtsstellung nur gekrönte Gouverneure, die ohne Genehmigung des Seniors weder eine eigene Außenpolitik noch Kriege führen konnten.

Nach dem Tode Ludwigs des Frommen erster Ehefrau Irmgard im Jahre 818 heiratete der Kaiser in zweiter Ehe die Welfin Judith, eine schöne, intelligente, gebildete und willensstarke Frau. Ihr gelang es, den Kaiser zu bewegen, für ihren im Jahre 823 geborenen Sohn Karl (später genannt der Kahle) sein eigenes Reichseinheitsgesetz zu durchbrechen.

Auf Kosten der älteren Söhne erhielt der junge Karl auf dem Reichstag zu Worms im Jahre 829 einen Dukat, gebildet aus Alemannien, Rätien, dem Elsaß und einem Teil von Burgund. Später wurde Karl König von Aquitanien und des Westfrankenreichs.

Die Einheit des Reiches war zerbrochen. Die Söhne rebellierten gegen den Vater, der seine eigenen Gesetze brach aus Liebe zu seiner Frau.

Im Jahre 833 kam es zur Schlacht auf dem Lügenfelde bei Colmar, wo der Kaiser – vom eigenen Heer verlassen – der Gefangene seiner Söhne wurde.

Dies war ein schwerer Schlag gegen die Wertvorstellungen des Mittelalters. Trotz des begründeten Rechts der Söhne war der Kampf gegen den Vater ein unheimlicher, fast blasphemischer Vorgang. Der Vaterbegriff war überhöht, er besaß fast religiöse Weihen und wurde ja auch dem Namen Gottes noch hinzugefügt.

Zwar erlangte Kaiser Ludwig wieder die Macht, aber er mußte bis zu seinem Tode am 20. Juni 840 mit seinen Söhnen kämpfen, bis er, unter den Gebeten seiner Bischöfe, verschied. Die letzten Worte des Kaisers Ludwig, dem die Welt den Beinamen »der Fromme« gegeben hatte, waren: »Hutz... hutz«, eine alte heidnische Beschwörungsformel gegen böse Geister.[6]

Nach dem Tode des Vaters kam es zu unglückseligen

Kämpfen der Söhne untereinander. Das schlimmste Geschehen war die Schlacht von Fontenoy. Diese blutige Schlacht, die die Könige Karl und Ludwig gegen ihren Bruder Kaiser Lothar am 25. Juni 841 bei Fontanetum (Fontenoy-en-Puysaye, sw. Auxerre) führten, war eine Selbstvernichtungsaktion des fränkischen Adels.

Regino von Prüm klagte: »Im Jahre der göttlichen Menschwerdung 841 ziehen Ludwig und Karl, die es nicht dulden wollen, daß sie des väterlichen Reiches ganz und gar beraubt würden, von allen Seiten ein Heer zusammen und lieferten bald darauf ihrem Bruder eine Schlacht bei Fontenoy. In diesem Kampfe wurde die Streitmacht der Franken so aufgerieben und ihr glorreiches Heldentum so geschwächt, daß sie fortan nicht einmal zum Schutz des eigenen Gebietes ausreichten, geschweige denn zur Erweiterung des Reiches. Zuletzt siegten Karl und Ludwig nicht ohne schwere Verluste der Ihrigen.«[7]

Alles, was später an Normannen- und Sarazenennot über die fränkische Welt hereinbrach: die Normannen vor Paris, im Allerheiligsten des Reiches, im Marienmünster Karls des Großen in Aachen, mit rauchenden Klöstern in Lothringen, in Burgund und im Elsaß; ihnen gegenüber fränkische Könige, unfähig zum Kampf, die den blutigen Räubern Tribut zahlen – all das hat seinen Anfang auf dem Lügenfeld bei Colmar, wo die Unantastbarkeit kaiserlicher Majestät zerbrach, und in der Schlacht von Fontenoy, wo die unbesiegbaren Franken sich selbst besiegten.

Doch in all dem Zerfall und Niedergang wurden in West- wie in Ostfranken Keime neuen Lebens, Ausbildung neuer Formen sichtbar.

In einem schmerzhaften Prozeß von der Dauer eines Jahrhunderts wuchsen Sachsen, Baiern, Franken, Alemannen und Lotharinger zu einer Gemeinschaft zusammen, die unter einer höheren Idee stand als Stammestum und Stammesgenossenschaft.

Die Stämme waren erweiterte Sippen gewesen. Ihnen haftete etwas Familiäres an, Erdverbundenheit und Blutsverwandtschaft, Not-, Kampf- und Verteidigungsgemeinschaft, in die der Mensch hineingeboren wurde.

Deutschsein wurde zum selbstgewollten, selbstbestimmten Schicksal der ostfränkischen Stämme.

So entstand das erste Reich der Deutschen nicht aus dem Willen eines Fürsten und auch nicht durch die Proklamation eines Fürstenkonvents, so wie das zweite deutsche Reich.

Es war ein Entwicklungsprozeß, der sich, um mit Heinrich Mitteis zu sprechen, in Schüben vollzog.

1. Wege nach Deutschland

Die Markzeichen auf dem Weg zur größeren Gemeinschaft lassen sich genau verfolgen.

In den Straßburger Eiden beschworen Ludwig der Deutsche für Ostfranken und Karl der Kahle für Westfranken am 14. Februar 842 das Bündnis gegen ihren Bruder Lothar. Um im Heere Ludwigs des Deutschen verstanden zu werden, schwor Karl in althochdeutscher Sprache, der »lingua theodiska«, einer Volkssprache der germanischen Stämme. Aus »theodiska« wurde dann die Bezeichnung für deutsch.

Ludwig der Deutsche hingegen leistete seinen Eid in altfranzösisch, einem romanisierten Latein.[8]

Die Straßburger Eide sind ein bedeutendes Sprachdenkmal, ein Zeichen für Kommendes, aber noch nicht der Beginn des deutschen oder französischen Reiches.

Der Friedens- und Teilungsplan von Verdun, den die karolingischen Brüder Lothar, Ludwig und Karl eidlich beschlossen, war ein dynastischer Teilungsvertrag. Noch blieb die Idee der Gesamtherrschaft der karolingischen Brüdergemeine erhalten und fand Ausdruck in den Frankentagen, die mehr Demonstration als politische Aktion in sich bargen. Auch blieb das gegenseitige Beerbungsrecht der Karolingersippe bestehen. Dennoch waren Grenzen gezogen und Strukturen geschaffen, die sich nie mehr verwischen sollten.

Im Vertrag von Meersen im August 870 fegten Ludwig der Deutsche und Karl der Kahle die berechtigten Erbansprüche ihres Neffen Ludwig II. hinweg. Die beiden Oheime teilten sich das Mittelreich ihres Neffen Lothar. Sie zogen eine Grenzlinie, die im wesentlichen den Flußläufen der Maas und der Saone folgte. Die Grundkonturen des künftigen Mitteleuropa wurden sichtbar. Der Kampf um das Mittelreich Lothars blieb das tragische Erbe der deutsch-französischen Geschichte.

Zwar bestand noch immer das »Regnum Francorum« als geistige und ideelle Einheit. Aber die Zeichen der Verfestigung innerhalb der beiden großen karolingischen Teilreiche mehrten sich. Namentlich im Ostfrankenreich wurde ein neues Gemeinschaftsgefühl sichtbar. Bei Walahfried Strabo (808/09–849) und Otfrid von Weißenburg (geb. um 790) spürt man das Ineinanderfließen der Begriffe »deutsch« und »fränkisch«. Ebenso spricht Gottschalk von Fulda (803–867/69) mitunter vom »deutschen Volk«. Allerdings darf dieser Begriff nicht politisch gesehen werden.[9]

Karl dem Kahlen gelang 875 der Griff nach der Kaiserkrone. Aber das war kein universales Kaisertum mehr, sondern nur die Herrschaft über Westfranken und Italien. Zu einer Unterstellung Ostfrankens unter die Kaisermacht kam es nicht.

Karl III., der jüngste Sohn Ludwigs des Deutschen, erwarb am 12. Februar 881 die Kaiserkrone. Die Großen des westfränkischen Reiches trugen dem deutschen Karolinger auch die Krone des Westfrankenreiches an, und so war das Gesamtreich bis auf wenige Abstriche wieder vereinigt. Aber es war eine Vereinigung nur oberflächlicher Natur, was dadurch sichtbar wurde, daß Karl getrennt für Ostfranken, Westfranken und Italien urkundete und auch getrennte Reichstage einberief.

Im Winter 886/87 wurde Karl III. von einer Krankheit befallen, die seine Regierungstüchtigkeit in Frage stellte: Nach germanischer Rechtsauffassung bedingte Unfähigkeit zur Herrschaft den Verlust der Herrschaft. Die ostfränkischen Großen luden Arnolf von Kärnten zur Übernahme der Macht ein. Eine ostfränkische Reichsversammlung in Tribur leitete die Absetzung Karls III. ein. Arnolf, ein Bastardsohn Karlmanns, des Sohnes Ludwigs des Deutschen und der Friedelfrau Liutswind, marschierte mit einem bairisch-karantanischen Heeresaufgebot gegen Karl, der sich auf Frankfurt zurückzog. Die ostfränkischen Großen, denen die Regierungsunfähigkeit Karls offenbar geworden war, riefen Arnolf zu ihrem König aus. Karl urkundete in Frankfurt am

17. 11. zum letztenmal, Arnolf von Kärnten am 27. 11. 887 zum erstenmal als König.

Der ostfränkische Adel hatte sich von einem vollblütigen Karolinger getrennt und einen nur bedingt erbberechtigten Karolingerprinz auf den Thron gehoben. Dies war zwar noch keine völlige Abwendung, wohl aber eine Lösung vom karolingischen Erbrecht, zugleich aber ein sichtbares Zeichen der weiteren Verselbständigung des ostfränkischen Reiches.

Mit Arnolf von Kärnten kam ein willensstarker Herrscher zur Macht. Auch er gewann die Kaiserkrone. Sinnbildlich für den Stand der Entwicklung ist, daß Arnolf, als ihm die westfränkische Krone angeboten wurde, diese ablehnte. Zu sehr hatten sich die beiden Reiche auseinandergelebt. So begnügte sich Arnolf mit einer nominellen Oberhoheit über das Westfrankenreich, das seine volle Souveränität behielt. Ebenso verhielt sich Arnolf im Falle des Königreichs Burgund, Italiens und der Provence.

Engelbert Mühlbacher spricht in seinem Buch »Deutsche Geschichte unter den Karolingern« zu dieser Zeit schon ungeniert vom »Deutschen Reich«.[10] Das ist sicherlich zu gewagt. Die deutschen Stämme hatten die Wegstrecke, die zum »Deutschen Reich« führte, noch nicht bezwungen.

Arnolfs Größe lag in seiner Mäßigung und in der Erkenntnis, daß sich aus den karolingischen Teilreichen eigene, selbständige Staatsgebilde herausgeformt hatten. Da er sich mit der nominellen Oberhoheit begnügte und sich nicht in innerfränkische Machtkämpfe einließ, hatte er die Kräfte frei, die Normannen zu besiegen.

Auch im Osten konnte er die Grenzen des Reiches stabilisieren. Am 8. 12. 899 starb Kaiser Arnolf von Kärnten nach elfjähriger Herrschaft.

Schon am 4. 2. 900 wurde sein Nachfolger, sein Sohn, der sechsjährige Knabe Ludwig das Kind, in Forchheim zum König gekrönt und erhoben. Da der König ein Kind war, regierte in seinem Namen ein Regentschaftsrat, besser eine Adelsgesellschaft, die gebildet wurde aus den Bischöfen Hatto von Mainz, Adalbero von Augsburg, Salomon von Konstanz und den weltlichen Herren Liutpold von Baiern und den fränkischen Konradinern.

Eine wirksame Zentralregierung war das nicht, eher eine Versammlung aufstrebender Mittelgewalten, die allzuoft von ihren Eigeninteressen bestimmt wurden.

In den Jahren 899/900 begannen die Ungarneinfälle. Die Ungarn stießen vor bis Oberitalien und in den bairisch-slawischen Südosten. Um 905/906 zerschlugen sie das Groß-mährische Reich. In den Jahren 906–908 folgten wiederum Ungarneinfälle in Mähren, Baiern und Thüringen. Der Mark-graf Liutpold von Baiern, ein tapferer Mann, trat der Bedro-hung offensiv entgegen. Bis nach Preßburg führte er den bairischen Heerbann. Dort fand am 4. 7. 907 die Entschei-dungsschlacht statt. Sie wurde zur Katastrophe. Der Mark-graf, der Erzkanzler und Erzbischof von Salzburg, die Bi-schöfe von Freising und Seben fielen im Kampf.

»Das ganze bairische Heer wird von den Ungarn erschlagen, der ganze bairische Stamm vernichtet«, so klagen die spärli-chen Nachrichten, die uns von diesem Ereignis erreicht haben.[11]

Der Sieg der Ungarn wirkte wie ein Dammbruch. Die Ost-flanke des Reiches war aufgerissen, die Ostmark, Sperriegel des karolingischen Verteidigungssystems, war zusammen-gebrochen.

Das Reichsregiment raffte sich auf. Der Heerbann aus Bai-ern, Alemannen und Franken wurde aufgerufen, und jeder, der sich zu entziehen versuchte, mit dem Galgen bedroht. Ludwig, der achtzehnjährige königliche Jüngling, wurde an die Spitze des Heeres gestellt. Der letzte ostfränkische Karo-linger zog seinem Schicksal entgegen.

Auf dem Lechfeld, dort wo Otto der Große vierzig Jahre später seinen entscheidenden, triumphalen Sieg errang, wurde das königliche Heer vernichtend geschlagen.

Die Berichte sind dürftig. Wer spricht schon gerne über Niederlagen? Adalbert von Weißenburg, der Fortsetzer der Chronik des Regino von Prüm, berichtet lakonisch:

»Die Franken kämpften an der Grenze von Baiern und Fran-ken mit den Ungarn und wurden jämmerlich geschlagen und in die Flucht getrieben.«[12]

Im Jahre 911, wahrscheinlich am 24. September, starb Lud-wig das Kind, der letzte ostfränkische Karolinger.

Vom Tage der Schlacht auf dem Lechfelde bis zu seinem Tode schweigen die Quellen, taucht in den Urkunden Name und Siegel des Königs nicht mehr auf.
Ein König ohne Königsheil. Es war, als sei er verschollen.

Im November des Jahres 911 trafen sich die ostfränkischen Großen in Forchheim.
Ein bedeutsamer Tag. Er war mehr als ein Markstein auf dem Weg zum »Deutschen Reich«. Er war ein zielsicherer Schritt von gradliniger Konsequenz. Er war die völlige Ablösung der Karolingerherrschaft und der Beginn des deutschen Wahlkönigtums. Er war aber auch ein Sieg der Reichseinheitsidee, die mit ihm wieder in die Welt trat. Zu Ende war jetzt die Zeit, in der das Reich Privatbesitz des Herrschers war, den er nach Gutdünken unter seine Söhne aufteilen konnte.
Die Wahl König Konrads, eines Nichtkarolingers, war ein epochales Ereignis. Nicht nur, daß man sich über karolingisches Erbrecht hinwegsetzen mußte, nein, es mußte auch noch ein jahrhundertealter Eid überwunden werden. Und nicht nur die weltlichen Großen setzten sich über diesen Eid hinweg, sondern auch die Bischöfe des Reiches.
In diesem Eid, am 28. Juli 754 geschworen dem Papst Stephan II. in der Kirche von St. Denis, hatte sich der fränkische Hochadel »unter Interdikt und Exkommunikation dazu verpflichtet, daß sie niemals aus der Nachkommenschaft eines anderen einen König zu wählen sich unterfingen, sondern nur jene, welche die göttliche Gnade zu erheben geruhte und durch die Fürsprache der hl. Apostel durch die Hände ihres Stellvertreters, des Papstes, zu bestätigen und zu weihen beschloß«.[13]
Damit hatte der Papst unter Androhung härtester Kirchenstrafen das Königtum auf König Pippin und dessen Nachkommenschaft beschränkt.
Mochten die weltlichen Großen diesen Schwur vergessen haben, den Kirchenfürsten muß er geläufig gewesen sein. Wenn sie dennoch Konrad I. zum König erhoben, dann in dem Wissen, einer neuen Epoche der Geschichte den Weg eröffnen zu müssen.

Viele Historiker sehen in der Wahl von Forchheim den Beginn des deutschen Reiches. Doch formulieren wir vorsichtiger: Konrad war der erste von drei Königen, die die ostfränkischen Stämme zum »Deutschen Reich« umformten:

König Konrad, »der König des Verzichts«;
König Heinrich, »der König inter pares«;
Otto der Große, »der König, der ein Kaiser war«.

2. Der König des Verzichts: König Konrad und sein Königsauftrag

Der Aufstieg der Konradiner in der Person Konrads I. führte zu Spannungen mit dem in Lotharingien mächtigen Grafen Reginar. Nach dem Tode Ludwigs des Kindes benutzte dieser das karolingische Legitimationsdenken als Vorwand, um den westfränkischen Karolingerkönig ins Land zu rufen. Bereits Anfang November 911 nahm dieser Besitz von den Stammlanden seines Geschlechts. Lotharingien blieb für zehn Jahre für Ostfranken verloren.

Der Königsauftrag König Konrads enthielt drei Hauptaufgaben:

1. Herstellung eines befriedigenden Verhältnisses zwischen Herzogsmacht und Königtum.

2. Bannung der Ungarnnot, das heißt die Zusammenfassung aller ostfränkischen Stämme gegen den Reichsfeind. Dies war auch sicher einer der Gründe seiner Wahl.

3. Die Rückgewinnung Lotharingiens.

Die erste Aufgabe war es, an der der König scheiterte. Damit scheiterte er zwangsläufig an allen anderen. Denn nur die Zusammenfassung aller Stämme konnte die Probleme der Zeit lösen. Der König aber dachte in karolingischen Herrschaftstraditionen, das heißt, ihm lag am Amtsherzogtum und an der unbedingten Herrschaft des Königs über die Herzöge. Eine solche Minderung ihrer Macht aber wollten die selbstbewußten Herzöge nicht hinnehmen. Der König jedoch kannte keine andere Herrschaftsform. Es fehlte ihm an Originalität, eine andere Form der Königsmacht zu erdenken. Anstatt die Herzöge – wenn auch durch Zugeständnisse – in die Königsmacht einzubinden, zerschliß er sich im zermürbenden Kampf gegen die Herzogsgewalten. So konnte es ihm nie gelingen, die Gesamtkraft des Reiches für die großen Gemeinschaftsaufgaben einzusetzen.

Er führte drei erfolglose Feldzüge nach Lotharingien, doch gelang es ihm immerhin, dem westfränkischen König das Elsaß zu entreißen.

Die verheerende Sturmflut der Ungarn zu brechen mißlang. Im Grunde stand Konrad I. den ungarischen Angriffen genauso hilflos gegenüber wie seinerzeit die Regierung unter Ludwig dem Kind. Seine Unfähigkeit, mit den Stammesherzögen zu einem Konsens zu kommen, machte es unmöglich, die Abwehrkraft des ganzen Reiches den Feinden entgegenzustellen.

Konrad rieb seine Kräfte in der Bekämpfung der Stammesherzöge auf. Rasch kam er zu dem mächtigen Sachsenherzog in Gegenposition. Nach dem Tode des Sachsenherzogs, Ottos des Erlauchten, im Jahre 912 versuchte er die Nachfolge von Ottos Sohn Heinrich in Thüringen zu verhindern. Sein Ratgeber bei dieser Unternehmung war der Erzbischof Hatto von Mainz. Im Gegenzug ließ Heinrich das Kirchengut des Mainzer Erzstuhles in Thüringen besetzen und befand sich so in verstärkter Position.

Auch in Alemannien konnte sich der König nicht durchsetzen. Dem Bischof Salomon von Konstanz, Konrads Erzkanzler, war es gelungen, den Aufstieg des Markgrafen Burchard von Rätien zu verhindern, nicht aber das Emporkommen des Pfalzgrafen Erchanger. Nun versuchte der König die Probleme in Alemannien durch eine Heirat mit Kunigunde, der Schwester der widerspenstigen Brüder Erchanger und Berthold, zu lösen. Zugleich hoffte er durch Kunigunde, die die Witwe Liutpolds von Baiern war, Einfluß auf ihren Sohn, den bairischen Dux Arnulf zu gewinnen.

Allein, die Familienpolitik führte nicht zum Erfolg.

Der Pfalzgraf Erchanger, nunmehr Schwager des Königs, nahm Bischof Salomon gefangen, seinen schärfsten Gegner auf dem Wege zu einem alemannischen Herzogtum.

Der König, tapferer Soldat, der er war, befreite seinen Kanzler, und Erchanger mußte gebannt das Land verlassen. Aber auch dieser Sieg brachte dem König keinen Gewinn.

An Erchangers Stelle im Kampf um die Herzogsmacht trat Burchard I., Sohn des 911 getöteten Burchard von Rätien.

Doch in Baiern gelang dem König ein temporärer Erfolg. Er

bedrängte den Baiernherzog Arnulf, seinen angeheirateten Schwiegersohn, derart, daß dieser sich fliehend zu den Ungarn begab.

Trotz dieses Teilerfolgs vergrößerte sich das Dilemma des Königs. Im Jahre 915 hatte er ein Heer unter Führung seines Bruders Eberhard von Franken nach Sachsen gesandt. An der Eresburg besiegte der Sachsenherzog Heinrich den Bruder des Königs. Heinrich, wir werden ihn bald als König kennenlernen, war ein Mann des Maßes. Er nutzte seinen Sieg über den König nicht aus. Er sagte ihm freie Hand im Süden zu und erhielt dafür die Zusage autonomer Herrschaft im Norden. Daß dadurch auch die Weichen für Heinrichs künftiges Königtum gestellt wurden, ist nicht unwahrscheinlich.

Während die Kräfte des Königs in Sachsen gefesselt waren, kehrte Erchanger nach Schwaben zurück. Im Bund mit seinem Rivalen Burchard I. besiegte er die Königlichen bei Wahlwies, nahe der Pfalz Bodman. Jetzt geschah, was der König zu verhindern gesucht hatte. Erchanger wurde zum Herzog von Alemannien ausgerufen.

Da kehrte auch der Baiernherzog aus Ungarn in sein Herzogtum heim.

Die Bilanz des Königs: in Sachsen ein autonomer Stammesherzog in unangefochtener Machtposition, Lotharingien weiter im westfränkischen Reichsverband, in Schwaben ein gegen seinen Willen neu etabliertes Herzogtum und in Baiern wiederum Herzog Arnulf in ungebrochener Macht.

Die Synode von Hohenaltheim

Noch einmal versuchte der König sein Schicksal. Er marschierte mit all seiner Macht nach Baiern und eroberte Regensburg. Der Baiernherzog Arnulf suchte wiederum sein Heil in der Flucht zu den Ungarn. Aufgrund des Erfolgs in Baiern, der Konrads königliche Autorität gestärkt hatte, wurde am 21. September 916 die Synode von Hohenaltheim bei Nördlingen einberufen.

In allen Kämpfen des Königs mit den Stammesgewalten

hatte die Kirche treu zum König gestanden. Auch der Klerus von Baiern, wo ja genau wie in Sachsen das Stammesherzogtum am stärksten verankert war, stand an der Seite des Königs.

Zu hart waren die Herzöge mit dem Kloster- und Kirchengut verfahren, wodurch sie die Kirchenfürsten an die Seite des Königs getrieben hatten. Die Herzöge standen nämlich unter dem Zwang, eine eigene Vasallität, das heißt, eine eigene Gefolgschaft aufzubauen, die die Ansprüche des Herzogs durchsetzen konnte. Da die Zeit der fränkischen Landnahme vorbei war, wo man Vasallen mit erobertem Land ausstatten konnte, blieb den Herzögen nur der Rückgriff auf Kirchenland. Damit war die Gegnerschaft des Episkopats und des gesamten Klerus vorgegeben.

Aber nicht nur dieser Gegensatz war es, der die Kirche an die Seite des Königs stellte. Es war auch das Gefühl einer mystischen Verbundenheit mit dem »Gesalbten des Herrn« und der Gedanke der größeren Einheit, der im Denken und Fühlen der Kirche immer wirksam gewesen ist. Sie verstand sich ja selbst als weltumspannende Einheit: »Sancta unitas ecclesiae«. Die Synode von Hohenaltheim war eine Demonstration dieser Einheit. Der hohe Klerus von Baiern, Franken und Alemannien (der sächsische war nur durch einen Beobachter vertreten) fällte in Anwesenheit eines päpstlichen Legaten den Spruch, daß Auflehnung gegen den König »Sakrileg« sei. Ein Eidbruch ihm gegenüber sei genau so zu ahnden wie eine Auflehnung gegen den Bischof. Geschickt verbanden die Bischöfe die Stärkung der königlichen Position mit der Stärkung ihrer eigenen Stellung.

Die Empörer Erchanger und dessen Bruder Berthold wurden zu lebenslanger Haft verurteilt, der bairische Dux Arnulf, der sich in besonderer Weise am Kirchengut vergangen hatte, zu einer künftigen, in Regensburg abzuhaltenden Synode geladen.

König Konrad verschärfte den Spruch der Synode noch. Er ließ die schwäbischen Brüder Erchanger und Berthold, die doch seine Schwäger waren, hinrichten. Doch die blutige Tat löste die Probleme des Königs in Alemannien nicht. An die Stelle der Hingerichteten stellte sich nun Burchard I., der vom Adel des Landes als Herzog anerkannt wurde.

Der tapfere König Konrad gab nicht auf.

Auch der bairische Herzog Arnulf war im Jahre 917 wieder aus Ungarn zurückgekehrt. Den Bruder des Königs, Eberhard von Franken, hatte er aus Regensburg vertrieben und war wieder Herr in seinem Land.

Wiederum marschierte der König nach Baiern. Bei der erneuten Belagerung von Regensburg erlitt er die Wunde, an der er sterben sollte.

Das Königsopfer

War auch das Königsleben Konrads I. ein vergeblicher Kampf gewesen, so bewies er im Sterben Größe. Einstmals hatte der letzte Merowinger seine Krone verloren aufgrund des päpstlichen Hinweises, daß nur der König sei, wer auch die Macht habe. So vergab nun Konrad auf dem Totenbett freiwillig die Krone an seinen zeitweiligen Widersacher, den Sachsen Heinrich, in der Erkenntnis, daß das eigene Geschlecht machtlos sei.

Um die Größe dieser Tat zu würdigen, muß man sich vergegenwärtigen, daß der mittelalterliche Mensch sich weniger als Individuum denn als Teil seines Geschlechts verstand.

Indem Konrad seinen Bruder Eberhard verpflichtete, dem sächsischen Heinrich die Krone anzutragen, verzichtete er nicht nur für sich, sondern auch für das Geschlecht der Konradiner auf die Krone.

Damit nicht genug: er nahm den Mann, der ihm auf dem Thron hätte folgen müssen, seinen Bruder Eberhard, in die Pflicht, dem Sachsen Heinrich die Designation, die Reichsinsignien und den Königsschatz zu bringen. Denn Sachsen, wozu ja auch Thüringen gehörte, mit Franken vereint – das war eine Potenz, die dem Königtum neue Geltung geben konnte.

Widukind von Corvey hat in bewegenden Worten den Thronverzicht der beiden Brüder, Konrad und Eberhard, geschildert. Mitunter hat es der Historie gefallen, Widukinds

Schilderung als sächsische Legendenbildung des neuen Herrscherhauses zu deuten. Man muß aber festhalten, daß die Fakten, die Widukind schilderte, fester Bestandteil der Geschichte sind. Unbestreitbar ist ferner, daß Widukinds Bericht nicht nur für das sächsische Herrscherhaus vorteilhaft ist, sondern zugleich auch ein Dokument zugunsten der Konradiner darstellt.

Schauen wir in Widukinds Text hinein:

»Der König aber zog nach Baiern und stritt mit Arnulf, und als er hier, wie einige erzählten, verwundet worden war, kehrte er in seine Heimat zurück. Und als er sich krank fühlte in Verbindung damit, daß ihn sein anfängliches Glück verlassen hatte, rief er seinen Bruder, der ihn zu besuchen gekommen war, und sprach zu ihm also: ›Ich fühle, Bruder, daß ich dieses Leben nicht länger halten kann, da es Gott nach seinem Ratschluß so will und eine schwere Erkrankung mich zwingt. Deshalb gehe ich mit dir zu Rate und sorge, was ja vorzüglich deine Aufgabe ist, für das ganze Frankenreich, indem du auf meinen Rat, den deines Bruders, achtest. Wir können, Bruder, Truppen und Heere aufbieten und anführen, wir haben Burgen und Waffen nebst den königlichen Insignien und alles, was die königliche Würde erheischt, *nur kein Glück und keine Eignung*. Das Glück, mein Bruder, samt der herrlichsten Befähigung, ist Heinrich zuteil geworden, die Entscheidung über das Gemeinwesen liegt in der Sachsen Hand. Nimm darum diese Abzeichen, die heilige Lanze, die goldenen Spangen nebst dem Mantel, das Schwert und die Krone der alten Könige, gehe hin zu Heinrich und mache Frieden mit ihm, damit du an ihm für immer einen Verbündeten hast. Denn warum soll das Frankenvolk samt dir vor Heinrich hinsinken? Er wird in Wahrheit König sein und Befehlshaber zahlreicher Heeresaufgebote.‹ Als er so gesprochen, erwiderte sein Bruder unter Tränen, er sei damit einverstanden. Danach starb der König, ein tapferer und mächtiger Mann, tüchtig im Kriege wie im Frieden, freigebig und mild und mit aller Tugend Schmuck geziert, und wurde begraben in seiner Stadt Weilburg (vielmehr Fulda) unter dem Jammer und den Tränen aller Franken.«[14]

Nun ist der Thronverzicht eines sterbenden Königs für sein

Geschlecht, der die Grenzen seiner Fähigkeit und seiner Macht erfahren hat, noch verstehbar. Die Haltung seines Bruders Eberhard, des Frankenherzogs, aber verdient vielleicht noch höhere Anerkennung. Denn er war ja ein gesunder, kampferfahrener und geachteter Mann, der auf den Rat seines Bruders, sicher aber auch aus eigener Lagebeurteilung, auf seinen Thronanspruch verzichtete. Ja, er ging noch einen Schritt weiter:
»Eberhard begab sich, wie der König befohlen hatte, zu Heinrich, stellte sich mit allen Schätzen ihm zu Verfügung (cum omnibus thesauris illi tradidit), schloß Frieden und erwarb sich dessen Freundschaft, die er bis an sein Ende in treuer Verbundenheit bewahrte. Sodann versammelte er die Fürsten und Ältesten des Frankenheeres an einem Orte namens Fritzlar und rief ihn vor allem Volke der Franken und Sachsen zum König aus.«[15]
Eberhard stellte die Idee eines machtvollen Königtums und, wie es sein sterbender Bruder sagte: »des Gemeinwesens«, über sich und die Kronansprüche seiner Familie und ermöglichte in Fritzlar, daß eine neue, die sächsische Dynastie, in die Geschichte eintrat.
So gehörte auch der Frankenherzog Eberhard neben seinem Bruder, König Konrad, zum Wegbereiter jenes Staates, den man einmal das »Deutsche Reich« nennen wird.

3. Der König »inter pares«
König Heinrich I.

Die sächsische Dynastie, die Vorfahren Ottos des Großen

Mit Heinrich I., dem der sterbende Konrad die deutsche Königskrone antrug, tritt die sächsische Dynastie in die Reihe der deutschen Könige ein.

Otto war der zweite König der sächsischen Dynastie und der fünfte Herzog von Sachsen.

Die sächsische Dynastie ist das Haus der Liudolfinger, das sich auf einen Ahnherrn namens Liudolf zurückführte. Dessen Ansehen im Reich und im Sachsen des 9. Jahrhunderts war so groß, daß man ihn nach seinem Tode im Jahre 866 bereits »dux« nannte.

Die Bedeutung des Geschlechts der Liudolfinger und des sächsischen Stammes im 9. Jahrhundert wird dadurch sichtbar, daß König Ludwig der Deutsche seinen Sohn Ludwig den Jüngeren mit der Tochter Liudolfs, Liudgard, verheiratete.

Damit war den Sachsen die Einheirat ins karolingische Königshaus geglückt.

Die Liudolfinger zeichneten sich weiter aus im Kampf gegen die Normannen und verfestigten dadurch ihre Stammesführerschaft. Im Februar 880 führte Liudolfs Sohn, der Dux Bruno, das sächsische Heeresaufgebot gegen die Normannen. Die Sachsen wurden vernichtend geschlagen, Bruno und mit ihm zwei Bischöfe, elf Grafen und 18 Großvasallen fanden mit ihren Gefolgsleuten den Tod.

Diese Niederlage berührte jedoch die Stammesführerschaft der Liudolfinger in keiner Weise. Sie ging unangefochten über auf Brunos Bruder, Otto den Erlauchten, der seine herzogliche Stellung durch eine Heirat mit Hadwig, einer Angehörigen des Königshauses, festigte. Weiter stärkte er

seine und seines Geschlechtes Stellung im Kampf gegen
Wikinger, Abodriten und Ungarn. Er war der Großvater
Ottos des Großen. Nach dem Tode des Thüringerherzogs
Burchard (908) konnte er seinen Machtbereich auf Thüringen ausdehnen. Ob dies mit Billigung der Hofkreise geschah, die unter Ludwig dem Kind das Reich beherrschten, ist weder zu beweisen noch auszuschließen. Für eine
Billigung dieser Gruppe spricht, daß Otto der Erlauchte
beim Tode Ludwigs des Kindes, nach Widukind, auf eine
eigene Kandidatur für den Thron des Königs als zu alt für
dieses Amt verzichtete und den Frankenherzog Konrad
vorschlug.[16]
Nach Thietmar von Merseburg verzichtete Otto der Erlauchte nicht auf eine Thronkandidatur, sondern war bereits zum König erwählt, und zwar von allen Fürsten des
Reiches, obwohl nur Franken und Sachsen in Fritzlar anwesend waren. Thietmar schreibt:»Auch war er von allen
Fürsten des Reichs zum König erwählt worden, hatte aber
den verdienten Mann sich selbst vorgezogen und sich mit
seinen Söhnen dessen Treue und Gewalt unterstellt, denn
er selbst verdiene diese Würde nicht.«[17]
Widukind also spricht davon, daß Otto auf eine Thronkandidatur verzichtet hatte, angeblich aus Altersgründen,
während Thietmar von der Ablehnung der Königskrone
berichtet, die Otto schon gehörte, und zwar, weil sich Otto
nicht würdig gefühlt habe.
Beide Begründungen sind wenig überzeugend. Selten hat
sich in der Geschichte ein Thronprätendent von seinem
Alter abschrecken lassen, die Königswürde anzustreben.
Und der Verzicht eines schon gewählten Königs mit dem
Hinweis, er,»König Otto«, sei dieser Ehre nicht würdig,
ist völlig unglaubhaft.[18]
Was steckt hinter dem Ganzen?
Wahrscheinlich hat Otto, Realpolitiker der er war, durchaus gesehen, mit welchen Risiken eine Königsmacht im
Reich verbunden war. Deshalb zog er es vor, diese Bürde
und Würde nicht auf sich zu nehmen, handelte sich aber
um den Preis des Verzichts handfeste Vorteile ein, nämlich
die Bestätigung seiner Herrschaft im Herzogtum Thürin-

gen und das Königsrecht der Investitur der Bischöfe in seinem Machtbereich Sachsen und Thüringen.

Das war ein realer, sicherer Machtzuwachs, der, wie sich zeigen wird, später seinem Hause doch die Königswürde einbrachte.

Ottos Vater, Heinrich I.

Heinrich I., Sohn Ottos des Erlauchten und seiner Frau Hadwig, die zur Königsfamilie gehörte, zeichnet sich durch den gleichen Realitätssinn aus wie der Vater.

Er heiratete in erster Ehe die Erbtochter des reichen Grafen Erwin von Merseburg, die, früh Witwe geworden, den Schleier genommen hatte und nach Kirchenrecht nicht mehr hätte ehelichen dürfen. Recht nüchtern stellt uns Thietmar die Beweggründe Heinrichs für die Ehe mit der reichen Erbtochter des Merseburger Grafenhauses dar: »Ob ihrer Schönheit und der Brauchbarkeit ihres Erbes entsandte Heinrich eilends Werber und ließ ihr die Ehe versprechen, um sein Ziel zu erreichen, obwohl er wußte, daß sie als Witwe den Schleier genommen hatte.«[19]

Sie schenkte ihm einen Sohn namens Thankmar (gest. 938), dem das Schicksal als Halbbruder Ottos eine tragische Rolle zuweisen sollte.

Thietmar erzählt weiter:

»Aber die Liebesleidenschaft des Königs zu seiner Gemahlin nahm ab; heimlich erglühte er ob ihrer Schönheit und ihres Vermögens für die junge Mathilde, und bald brach dann auch dieses Feuer der verborgenen Liebe hervor; er gab schließlich zu, sich durch die unrechtmäßige Ehe schwer versündigt zu haben, und ließ durch Verwandte und Werber die Tochter Dietrichs und der Reinhild aus dem Stamme des Königs Widukind bitten, seinem Wunsche nachzugeben. Nun ist des Weibes Sinn nachgiebig, und da sie seine Vortrefflichkeit in allem kannte, willigte sie ein und wurde ihm als seine Gemahlin in religiösen wie in weltlichen Dingen wertvoll. Im Laufe der Zeit gebar sie ihm drei Söhne: Otto, Heinrich und Brun, und zog sie glücklich auf, so daß der

Stolz über eine solche Nachkommenschaft die Schmerzen der Geburt überwog.«[20]

Otto wurde am 23.10.912 geboren, Heinrich um das Jahr 920, und der jüngste Sohn Brun in der ersten Hälfte des Jahres 925.

Nunmehr mit der Mitgift zweier reicher Frauen ausgestattet, war Heinrich der reichste Mann in Sachsen und der größte Grundherr. Zu diesem Realisten und Pragmatiker will das Bild nicht passen, das uns die Ballade lehrt vom braven Manne, der frohgemut am Vogelherd sitzt und dem die Königskrone völlig überraschend in den Schoß fiel. Da aber Lieder, Gedichte, Balladen und Legenden immer einen Wesenskern der Wahrheit in sich bergen, so können wir uns ruhig vorstellen, daß Herr Heinrich an seinem Vogelherd bei Dinklar saß, als ihm die Reiterschar die frohe Nachricht brachte, daß er der neue Herr und König sei. Nur so ganz überrascht wird er nicht gewesen sein.

Denn er, der geduldige Vogelsteller, hatte seine Leimruten ausgelegt, seine Netze gespannt, seine Fallen gestellt. Das, was ihm am Vogelherd widerfuhr, war kein Zufall, sondern Planung, Absprache, hohe Politik. Der Realist Heinrich stand in den realistischen Traditionen seiner realistischen Vorfahren. Er muß längst mit Konrad in Verbindung, auch mit Eberhard in Verbindung gestanden sein, bevor Konrad auf dem Sterbelager zu seinen Gunsten auf die Königskrone verzichtete.

Der ungesalbte König

Heinrichs Königserhebung schildert Widukind so:
»Und als ihm (Heinrich) die Salbung und das Diadem von dem Erzbischof, welcher zu jener Zeit Heriger (913–927) war, angeboten wurde, verschmähte er sie zwar nicht, nahm aber auch nicht an. ›Es genügt mir‹, sagte er, ‹vor meinen Ahnen (maioribus) das voraus zu haben, daß ich König heiße und dazu ernannt worden bin, da es Gottes Gnade und eure *Huld* so will. Salbung und Krone aber möge Würdigeren als mir zuteil werden; solcher Ehren halten wir uns für unwert.‹

Und es fand solche Rede bei der ganzen Menge Wohlgefallen, sie hoben die Rechte zum Himmel empor und Heil wünschend riefen sie nochmals laut den Namen des neuen Königs.«²¹

Diese Erklärung Heinrichs ist fast ein Regierungsprogramm.

»Maioribus« ist bisher immer mit »Ahnen« übersetzt worden. Aber was sollte es für einen Sinn geben, daß Heinrich sagt, es genüge ihm, vor seinen »Ahnen« das voraus zu haben, daß er König heiße, zumal er sich im gleichen Satz an die Großen der Wahlversammlung wendet und diesen bestätigt, daß er durch ihre Huld König ist?

Es muß auf die Doppelbedeutung des Wortes »maioribus« hingewiesen werden, das nicht nur mit Ahnen, sondern auch mit »Ältesten« oder »Mächtigen« übersetzt werden kann.

Gibt man dem Wort diese Bedeutung, so hat Heinrich gesagt: »Es genügt mir vor meinen Ältesten (Mächtigen = Herzögen) das voraus zu haben, daß ich König heiße und dazu ernannt worden bin, da es Gottes Gnade und eure Huld so will.«

So klingt dieser Satz logisch. Heinrich will sich nicht zu sehr über seine Herzöge erheben, aus deren Mitte er kommt und durch deren *Huld* er König geworden ist.

Damit schart Heinrich die Mächtigen der beiden Stämme um sich, ein »PRIMUS INTER PARES«, um gemeinsam mit ihnen das Reich zu regieren und wiederherzustellen.

Nur Franken und Sachsen haben ihm gehuldigt. Dennoch ist seine Stellung dank Eberhards, des Frankenherzogs, Verhalten bedeutend stärker als die Konrads I. Dieser konnte sich nur auf die Macht des fränkischen Stammes und bestenfalls auf die wohlwollende Neutralität der Sachsen stützen. Hinter Heinrich aber stand jetzt die Kraft beider Stämme.

Aus Heinrichs Nichtannahme der Salbung hat man in der nationalistischen und nationalsozialistischen Geschichtsschreibung versucht, eine antirömische und antiklerikale Haltung abzuleiten. In solchen Bezügen hat Heinrich jedoch nicht gedacht. Denn kurze Zeit später bestellte er den gleichen Erzbischof, Heriger von Mainz, dem gegenüber er auf die Salbung verzichtet hatte, zu seinem Erzkaplan. Außerdem darf nicht vergessen werden, daß er ja nicht nur auf die Salbung, sondern auch auf die Krone verzichtet hatte. Heinrich wollte das Selbstgefühl seiner weltlichen Großen stützen, wollte ihnen signalisieren, daß er das Bündnis zwischen Krone und Episkopat, das in Hohenaltheim geschlossen worden war, um die Herzogsgewalten erweitern wollte. Unter Heinrichs Herrschaft löste sich der Zwiespalt zwischen König und Herzögen auf. Ja, es gelang der Krone, Herzöge wie Bischöfe in die Königsherrschaft zu integrieren. Dabei war es natürlich, daß der Einfluß des Episkopats in gleichem Maß zurückging, wie der Einfluß der weltlichen Mittelgewalten zunahm.

Auskunft darüber geben die Urkunden aus Heinrichs Regierungszeit. In den erhaltenen Diplomen sind nur sieben Bischöfe als Intervenienten genannt. Hingegen intervenierten zwölf weltliche Personen, unter ihnen die Königin Mathilde sechsmal, Herzog Eberhard viermal und die Herzöge Arnulf und Giselbert je dreimal.[22]

Noch frappanter zeigt sich der geringe Einfluß des Episkopats in den Vergabungen. Denn nur die zwei Bistümer Toul und Chur erlangten unter Heinrich Vermögenszuwachs, genaugenommen nur Toul allein, denn Chur erhielt den Ort Almens nur auf Lebenszeit des amtierenden Bischofs.

Eine neue Herrschaftsidee

Die Problemstellung bei Heinrichs Machtantritt war die gleiche wie unter König Konrad.

Nur Franken und Sachsen hatten den König gewählt. Die Alemannen standen abseits, die Baiern hatten ihren Herzog Arnulf zum König ausgerufen, und zwar nicht nur zum König von Baiern, sondern zum König in Deutschland, wie die Salzburger Annalen für das Jahr 920 berichten: »Bawarii sponte se reddiderunt Arnolfo duci et regnare eum fecerunt in regno Teutonicorum.«[23]

Hier taucht zum erstenmal in einer Urkunde das Wort »regnum Teutonicorum« auf, das sich dann erst im 11. Jahrhundert wiederfindet. (Allerdings wird die Gültigkeit der aus dem 12. Jahrhundert überlieferten Abschrift der Salzburger Annalen in einem schon lange anhaltenden Gelehrtenstreit bezweifelt.)

Das waren die Verhältnisse in Baiern, und Lotharingien war noch immer Teil des Westfrankenreiches. Alle Faktoren waren die gleichen wie unter König Konrad. Nur ein Faktor war neu: »König Heinrich«.

Mit ihm betrat ein Diplomat, ein Staatsmann, ja man könnte sagen, ein Präsident, allerdings ein sehr machtbewußter, den historischen Schauplatz.

Heinrich wandte sich zunächst gegen Alemannien/Schwaben. Die Herzogsmacht des dortigen Herzogs Burchard I. (917–926) war noch nicht so verfestigt wie die bairische, fränkische oder sächsische Stammesmacht. Zudem befand sich Herzog Burchard im Kampf mit dem Welfen, König Rudolf II. (912–937) von Hochburgund, den er im Jahre 919 bei Winterthur besiegte. Im gleichen Jahr rückte König Heinrich mit Heeresmacht in Schwaben ein. Herzog Burchard sah sich zwischen den König und den Burgunder gestellt und entschied sich für den König. Widukind überliefert uns das Geschehen:

»Obgleich dieser (Burchard) ein unwiderstehlicher Krieger war, erkannte er doch als sehr kluger Mann, daß er eine Schlacht mit dem König nicht bestehen könne, und er ergab sich mit all seinen Burgen und Leuten.«[24]

Heinrich war maßvoll in seinem Siege. Er versuchte nicht Burchard zu demütigen, vielmehr bestätigte er ihn in seinem Herzogtum. Er überließ ihm die Königspfalz Zürich, unterstützte ihn in seinem Kampf gegen den Burgunderkönig und gab dem Herzog als Vertreter des Königs die Verfügung über die Bischofssitze und Reichsklöster in Schwaben. In Wirklichkeit übergab der König dem Herzog damit nur das, was die Könige vor ihm schon nicht mehr besessen hatten, nämlich die materiellen Grundlagen des Königtums in Schwaben. Allerdings übernahm der Herzog all diese Rechte aus des Königs Hand als sein »Stellvertreter«.

Die bairische Lösung

Die Verhältnisse in Baiern waren schwieriger. Das Herzogtum der Liutpoldinger war fest im Lande verankert und hatte sich in den Abwehrkämpfen des Ungarnkrieges bewährt. Dazu war die Stellung Arnulfs (907–937) durch seine Ausrufung zum König so gestärkt, daß er sich gleichberechtigt neben Heinrich stellte. Heinrich marschierte nach Baiern. Er soll bis Regensburg gekommen und dort geschlagen worden sein. Zumindest ist er unverrichteter Dinge heimmarschiert.

Ein Jahr später, im Jahr 921, wiederholte Heinrich seinen Versuch, Baiern in das Ordnungsgefüge des Reiches einzugliedern. Bezeichnend ist, daß es bei diesem Feldzug zu keiner Kampfhandlung kam. Jedoch gelang es der Überzeugungskraft Heinrichs, Arnulf zur Aufgabe seines Königtums zu bewegen. Welche Gründe, mit Ausnahme der ihm gemachten Zugeständnisse, den Baiern zum Kronverzicht führten, wissen wir nicht. Es ist bis heute ein Geheimnis der Geschichte.

Doch stehen wir hier vor der Tatsache, daß zum ersten und einzigen Male in der deutschen Geschichte ein Gegenkönig freiwillig seinen Königsanspruch aufgab.

Der bairische Thronverzicht wurde entsprechend honoriert. Der Baiernherzog erhielt einen Teil der Königsrechte, darunter die Verfügung über die bairische Landeskirche. Auch blieb die Selbständigkeit der bairischen Außenpolitik erhalten.

Der sächsische Herzog Heinrich war also zum König geworden, hatte die Herzogsmacht seiner Mitherzöge anerkannt, sie aber unter das Recht der Krone gestellt. Er hatte sie zu Teilhabern der königlichen Macht gemacht und damit den politischen Realitäten, die Konrad I. blindlings bekämpft hatte, den gebührenden Raum gegeben.

Das Königtum Heinrichs, das sich zunächst nur auf die Wahl zweier Stämme gestützt hatte, wurde nun von Baiern und Schwaben, von Franken und Sachsen getragen.

Die Herzöge wurden in die »amicitia regis« aufgenommen. Selten ist es einem Monarchen gelungen, Herrschaft nicht nur auf Macht, sondern auch auf Einsicht und Freundschaft zu gründen.

Die Eingliederung Lotharingiens

Bei der Eingliederung Lotharingiens zeigte Heinrich seine ganze staatsmännische Meisterschaft, seine Fähigkeit, niemals ohne Not aufs Ganze zu gehen, im Sieg den anderen nicht zu demütigen, sondern das jeweils Notwendige mit gelassenem Realismus zu tun.

Seitdem Lotharingien im Jahre 911 unter Vorgabe karolingischer Legitimität ins westfränkische Reich eingegliedert worden war, zog es den regierenden Karolinger zu Paris, Karl den Einfältigen (893–923), immer wieder in das alte Stammland seines Geschlechts. Hier stand ihm in Aachen der Thronsitz des Reiches zur Verfügung. Stolz führte er in seinen Siegeln den Herrschaftsanspruch eines »rex Francorum«.

Seine häufige Präsenz im lotharingischen Raum wurde von Herzog Giselbert, dem Haupt der führenden Familie der Reginare, als Einschränkung eigener Macht empfunden.

Sicher wurden in lotharingischen Herzen und Hirnen in Erinnerung an die Vergangenheit noch immer Königsträume geträumt.

Überblickt man die Politik Herzog Giselberts, so stellt man fest, daß ihr hauptsächlichstes Merkmal darin bestand, sich den jeweils bequemsten Oberherrn auszusuchen.

Als es zwischen ihm und dem Westfranken Karl zum Streit um die Besetzung des Lütticher Bischofsstuhles kam, sah Giselbert im Ostfrankenkönig Heinrich einen neuen Partner. Möglicherweise floh Giselbert sogar vor Karl zu Heinrich und stellte sich unter dessen Schutz.

König Karl der Einfältige drang daraufhin in Lotharingien ein. Der Vorstoß des Karolingerkönigs wurde von König Heinrich bei Worms zurückgeschlagen.

Beide Könige nahmen Verhandlungen auf. Ein Waffenstillstand wurde geschlossen, der Heinrich die Zeit gab, die Verhältnisse in Baiern endgültig zu regeln.

Am 7. November 921 kam es zum Vertrag von Bonn zwischen den Königen Karl und Heinrich. Man traf sich zu den Verhandlungen auf einem Rheinkahn, der in der Strommitte verankert war. In diesem Vertrag stellte Heinrich keinerlei Forderungen in Bezug auf Lotharingien.

Es gab Wichtigeres!

Die Könige schlossen einen Freundschaftsvertrag. Die Handschrift dieses Vertrages ist uns erhalten und ein wichtiges Dokument sächsischer Königspolitik.

In eidlicher Versicherung gelobten die Könige Frieden. Der Schwur Karls, der von Heinrich übernommen wurde, lautete:

»Ich, Karl, durch Gottes Gnade König der Westfranken, werde hinfort diesem meinem Freunde, dem östlichen König Heinrich, Freund sein, wie es ein Freund von Rechts wegen dem Freund sein soll, nach meinem Wissen und Vermögen, doch unter der Bedingung, daß auch er mir diesen Eid schwöre und halte, was er versprochen hat. So wahr mir Gott helfe und diese heiligen Reliquien.«[25]

Mit diesem Vertrag, dessen politischer Inhalt scheinbar gleich Null ist, hatte der letzte regierende Karolinger das sächsische Königshaus sanktioniert und legitimiert und sich selbst auf die Stellung eines »rex Francorum occidentalium« reduziert.

Der Anspruch, den er noch bis vor kurzem erhoben hatte, »rex Francorum« zu sein, war fallengelassen worden. Unter dieser Perspektive ist der Vertrag von Bonn ein bedeutendes Staatspapier.

Wenn Heinrich in diesem Vertrag keinen Anspruch auf Lotharingien erhob, so erwies er sich wiederum als ein Mann des Maßes, dem die Legitimation seines Königtums wichtiger war als die wertvollste Provinz, die er sowieso bald erhalten sollte.

Denn es führten Zwist und Zerfall der Staatsmacht im Westreich zur Wiedergewinnung Lotharingiens in den Jahren 923–925.

Herzog Robert von Francien, ein Bruder des 898 verstorbenen Kapetinger-Königs Odo, wurde von westfränkischen

Großen zum Gegenkönig ausgerufen. Herzog Giselbert schloß sich der Rebellion an. Das Legitimitätsdenken, das die Großen des Landes im Jahre 911 an die Seite des westfränkischen Karolingerkönigs Karl gestellt hatte, scheint wandelbar gewesen zu sein.

Der westfränkische Gegenkönig Robert suchte die Unterstützung von König Heinrich. Auch hier schloß Heinrich einen Freundschaftsvertrag, jedoch gewährte er Robert keine aktive Unterstützung, rückte aber von Karl dem Einfältigen deutlich ab. Der Tod mischte die Karten in dem Spiel um die Macht neu.

König Robert fiel im Kampf gegen Karl in der Schlacht bei Soissons am 15. 6. 923. Dies war aber nicht der Endsieg für Karl, denn Roberts Anhänger hoben dessen Schwiegersohn, König Rudolf von Burgund, auf den Schild. König Karl der Einfältige geriet in die Gefangenschaft des rebellierenden Grafen Heribert von Vermandois. Im Spiel der Macht sank Karl in die Rolle einer Geisel herab und fand in den Kerkern Heriberts seinen Tod im Jahre 929.

Die Vorbehalte gegen den Burgunderkönig Rudolf waren in Westfranken so groß, daß die zwei lotharingischen Hauptrepräsentanten, Erzbischof Ruotger von Trier und Herzog Giselbert, den ostfränkischen König Heinrich ins Land riefen, der eher zögernd in den Machtkampf eingriff. Es gelang ihm 929 nur, sich im östlichen Lotharingien festzusetzen.

Herzog Giselbert, der Wanderer zwischen West- und Ostfranken, wohl Heinrichs starke Königsmacht fürchtend, wandte sich wieder König Rudolf zu.

Jetzt demonstrierte Heinrich seine Stärke. Mit Truppenmacht marschierte er in ganz Lotharingien ein und fügte es seinem Ostfrankenreich ein. Der lotharingische Adel huldigte ihm.

Was aber tat Heinrich mit Herzog Giselbert, dem Schwankenden?

Nach einer Anstandspause wurde der Herzog in den Formen des Lehnsrechtes von Heinrich wieder als Herzog in Lotharingien eingesetzt.

Darüber hinaus gab er ihm seine Tochter Gerberga zur Frau. Der König wußte um die Macht der Reginare (Giselberts

Familie) im lotharingischen Land. So band er den, den er zur
Führung und Befriedung Lotharingiens so nötig brauchte,
an sich und seine Dynastie durch Familienbande.

Ein großer Real- und Machtpolitiker hatte der staunenden
Welt den Fächer seiner politischen Möglichkeiten gezeigt.
Lotharingien konnte seine Rolle als fünftes Herzogtum in
Heinrichs Reich übernehmen. Der karolingische Traditions-
ort Aachen mit seinen symbolhaften Inhalten war zurückgewonnen. Die Rückbesinnung auf karolingische Traditionen
konnte beginnen.

Das Reich der fünf Stämme

Im Jahre 922 hatte Herzog Burchard von Schwaben, seit
Jahren im Kampf mit Burgund, zu einer Verständigung
gefunden, die mit einem Ehebund zwischen König Rudolf II.
und der Herzogstochter Berta besiegelt wurde.
Wohl im gleichen Jahr war König Rudolf von oberitaleni-
schen Großen gegen den König beziehungsweise Kaiser
Berengar in Verona zum König von Italien ausgerufen wor-
den. Herzog Burchard, dessen Status auch außenpolitische
Freiheit beinhaltete, war seinem Schwiegersohn über die
Alpen zu Hilfe geeilt, um dessen gefährdetes italisches Königtum zu stützen.
Bei der Verfolgung dieses Zieles fand der Herzog in der
Schlacht von Novara im Jahre 926 den Tod.
Der Politiker Heinrich trat in Aktion.
Auf dem Reichstag zu Worms im November 926 übertrug er
das schwäbische Herzogtum dem Konradiner Hermann.
Dies war Heinrichs Dank an den Frankenherzog und Konra-
diner Eberhard, dem er ja im wesentlichen sein Königtum
verdankte. Gleichzeitig unterbrach er damit die Herausbil-
dung eines autonomen schwäbischen Stammesherzogtums,
denn der neue Herzog war Amtsherzog aus dem Willen der
Krone.
Die Herzog Burchard I. überlassenen Königsrechte fielen an
die Krone zurück.
Nun verheiratete König Heinrich die Witwe des Herzogs

Burchard an den Nachfolger, den neuen Schwabenherzog und Konradiner Hermann. Grundsätzliches war damit erreicht. Der neue Schwabenherzog unterstand der Krone. Die Kontinuität war hergestellt durch die Heirat des Herzogs Hermann mit der Witwe des Burchard. Der König hatte die verliehenen Kronrechte wieder an sich gezogen, darunter die Verfügung über die schwäbische Kirche. Schwaben/Alemannien war ein Herzogtum der Krone geworden. Ein Lehrstück der Staatskunst war vollbracht.

Der Kölner Mönch Ruotger, der »DAS LEBEN DES HEILIGEN BRUNO – ERZBISCHOF VON KÖLN« schrieb, hat in dieser Vita ein knappes, aber eindringliches Bild der Verhältnisse im ostfränkischen Reich bei König Heinrichs Machtantritt gezeichnet:

»Es würde zu weit führen, im einzelnen zu verfolgen, wie der erwähnte König, der Vater dieses großen Mannes (gemeint ist Otto der Große), von dem wir handeln, jene glückliche Friedenszeit erreicht hatte. Hatte er doch sein Reich in allen Ecken und Enden sowohl durch unaufhörliche Einfälle benachbarter Völker als auch durch schwerste Zerwürfnisse unter den Bürgern, ja unter Verwandten, zerrüttet und schrecklich leidend vorgefunden. Denn hier drohte zähneknirschend das Volk der Dänen, mächtig zu Wasser und zu Land, dort drohte hundertfach die Wut der barbarischen Slawen. Ihnen folgten die grausamen Ungarn, die aus Mähren, das sie kurz vorher mit frecher Gewalt an sich gebracht hatten, hervorbrachen und viele Provinzen des Reiches weit und breit mit Feuer und Schwert verwüsteten. Der Tag wäre zu kurz, um all das Unheil zu schildern. Jenseits des Rheins, im Westen stand alles im Aufruhr gegen uns. Selbst die Fürsten des Reichs, das damals noch eine geringe Ausdehnung hatte, wüteten fast unrettbar gegen ihr eigenes Fleisch. Hier konnte nur ein Mann von außergewöhnlicher Tüchtigkeit und einzigartiger Tatkraft Abhilfe schaffen. Nach einiger Zeit wurden die fremden Völker durch Gottes Gnade von solcher Furcht ergriffen, wie sie sie zuvor noch nie gekannt hatten; die Einheimischen aber verband eine solche Liebe, daß noch nie in einem so großen Reich die Bande der Eintracht fester waren.«[26]

Es ist das Kennzeichen des politischen Genius, das Chaos zu
ordnen, das Widerstrebende zu vereinen, Mut und Selbstvertrauen bei Führern und Geführten zu entwickeln und
schließlich die alles befreiende Tat zu vollbringen.
Heinrichs Mittel dazu waren: ein handfester Pragmatismus,
der sich auch in seinen Eheschließungen widerspiegelt, und
eine außerordentliche Überzeugungsfähigkeit, dazu die
Kraft, den Gegner zu besiegen, aber nicht zu demütigen; die
Fähigkeit, im Gegner von heute den Verbündeten von morgen zu sehen, Freundschaftsbünde und Gebetsvereinigungen als moralisches, aber auch als politisches Mittel einzusetzen und, wenn es sein muß, wie im Fall der Ungarn, sogar
Demütigungen zu ertragen, bis man die Kraft zum Gegen-
schlag gewonnen hat. Hinzu kam die Erkenntnis, daß der
Herzogsgewalt der richtige Inhalt und der Bischofsmacht die
richtige Gewichtung gegeben werden mußte.
Derselbe Mann, der im Jahre 919 die kirchliche Salbung
abgelehnt hatte, um sich nicht zu sehr über die zu erheben,
deren Huld er sein Königtum verdankte, derselbe Mann
versuchte nun, da die Stunde gekommen war, seiner Krone
sakralen Glanz zu verleihen.

Die Heilige Lanze und ihre
unheilige Erwerbung

Auf König Heinrichs Reichstag zu Worms im November 929
erschien auch König Rudolf II. von Hochburgund und überreichte ihm die Heilige Lanze. Der Ruhm und der Glanz
dieser Lanze in der christlichen Welt bestand darin, daß in
ihrem Lanzenblatt Teile der Nägel vom Leidenskreuz Christi
eingeschmolzen waren. König Rudolf II. hatte diese Lanze
um die Jahreswende 921/22 von italischen Großen erhalten,
die ihn zum König von Italien, gegen Kaiser Berengar, ausgerufen hatten. Diese Heilige Lanze und ihre sakrale Macht
sollte König Rudolf im Kampf gegen Berengar stützen. Dennoch scheiterten König Rudolfs italische Pläne, und so gab er
auf dem Reichstag zu Worms die Lanze an den, der als der
mächtigste Fürst des Abendlandes galt, an König Heinrich.

Dem war die Heilige Lanze so viel wert, daß er im Gegenzug und Tausch dem Burgunderkönig Teile von Schwaben, darunter die Stadt Basel und Umgebung, übergab.

Seltsamerweise berichtet Widukind von Corvey in seiner Sachsengeschichte nicht von diesem bedeutsamen Vorgang. Ansonsten weiß der Corveyer Mönch den Wert heiliger Reliquien zu schätzen. Er verbreitet sich z. B. ausführlich über den Erwerb eines Handreliquiars des heiligen Märtyrers Dionysius, die der westfränkische König Karl dem König Heinrich zusandte.[27]

Und ein Kapitel weiter läßt Widukind einen westfränkischen Königsboten über die Translation der Leiche des Märtyrers Vitus durch Abt Fulrad (gest. 784) von Rom nach St. Denis berichten, die dann in der Regierungszeit Kaiser Ludwigs des Frommen ins sächsische Kloster Corvey überführt wurde und dort ihre letzte Ruhe fand. Von da an, meinte der Königsbote zu König Heinrich, habe das Glück die Westfranken verlassen und sei den Sachsen zugewachsen.[28]

Man sieht, Widukind weiß um die Macht, um die Gnade, um die Wunderwirkung der Reliquien. Merkwürdig, daß er nicht über den Erwerb der Heiligen Lanze, dieser hervorragenden Herrenreliquie, die den heiligen Leib Christi berührt hatte, berichtet.

Auch Thietmar von Merseburg berichtet in seiner Chronik über die Zusendung der Dionysosreliquie an König Heinrich.[29] Über die Heilige Lanze aber schweigt sich der gelehrte Merseburger Bischof ebenfalls aus.

Anders der Bischof Liutprand von Cremona (920–973), der sich in seinem »Buch der Vergeltung« ausführlich mit dem Vorgang beschäftigt:

»Der Burgunderkönig Rudolf, der einige Jahre in Italien geherrscht hatte, erhielt die Lanze zum Geschenk vom Grafen Samson... Von dieser Lanze behauptet man, sie habe einst Konstantin dem Großen (306–337) gehört, dem Sohne der Heiligen Helena, die das lebenbringende Kreuz auffand. Und auf dem Dorn, den ich vorher Grat nannte, trug sie Kreuze aus den Nägeln, die durch die Hände und Füße unseres Herrn und Erlösers Jesu Christi geschlagen waren. König Heinrich nun, als gottesfürchtiger Mann und jeden

Heiligtums Liebhaber, erfuhr nicht so bald, daß Rudolf ein so unschätzbares Geschenk des Himmels besitze, als er Boten an ihn absandte und versuchte, ob er es um irgendwelchen Preis erwerben und sich so die unüberwindlichsten Waffen und damit beständigen Schutz über sichtbare und unsichtbare Feinde verschaffen könne. Da aber König Rudolf auf alle Weise erklärte, daß er solches niemals tun würde, so ließ der König Heinrich es sich sehr angelegen sein, weil er ihn durch Geschenke nicht dazu bewegen konnte, ihn durch Drohungen zu schrecken. Denn er gelobte, sein (Rudolfs) ganzes Königreich durch Feuer und Schwert zu verwüsten. Weil aber die Sache, um die er bat, ein Kleinod war, durch welches Gott das Irdische mit dem Himmlischen verknüpft hatte, nämlich der Eckstein, der aus beiden eines machte, so gab König Rudolf nach, und überreichte es persönlich dem gerechten Könige, der in gerechter Weise Gerechtes begehrte. Mit welcher Freude aber König Heinrich das erwähnte unschätzbare Kleinod empfing, das zeigte sich auf mancherlei Weise, insbesondere aber dadurch, daß er ihn nicht nur mit Gold und Silber, sondern auch mit einem ansehnlichen Teil des Schwabenlandes beschenkte.«[30]

Ein bemerkenswerter Text, den uns der Bischof von Cremona überliefert. Entkleidet man ihn der frommen Worte, so hat der König die Heilige Lanze durch Erpressung, unter Androhung der Verwüstung durch Feuer und Schwert des burgundischen Reiches, erworben.

Wahrscheinlich haben die beiden frommen sächsischen Chronisten, der Mönch Widukind und der Bischof Thietmar, vor der Schilderung dieser brutalen Erpressung zurückgeschreckt. Dem geschmeidigen Gewissen des italischen Bischofs von Cremona hingegen schien dies ein normaler Vorgang der von jeher betriebenen Machtpolitik.

Die Ungarn

Der Sturmflut der ungarischen Einfälle war Heinrich vom
ersten Tage seiner Königsherrschaft an ausgesetzt. Die unga-
rischen Raubscharen ergossen sich fast jährlich nach Sachsen
hinein, nach Baiern, Lothringen, Burgund und Italien.
Im Jahre 924, anläßlich eines Ungarneinfalls nach Sachsen,
widerfuhr dem König ein Schlüsselerlebnis, das uns Widukind aufgezeichnet hat:
»Der König aber befand sich in seiner festen Burg Werla.
Denn er traute nicht seinen noch wenig geübten, an offene
Feldschlacht mit einem so wilden Volke nicht gewöhnten
Kriegern... Es traf sich aber, daß einer der Großen der
Ungarn gefangen und gebunden vor den König geführt
wurde. Diesen aber schätzten die Ungarn so sehr, daß sie als
Lösegeld für ihn eine ungeheure Menge Gold und Silber
anboten. Doch der König wies das Gold zurück und forderte
dafür Frieden, den auch endlich erhielt, so daß gegen Frei-
gabe des Gefangenen und weitere Geschenke ein Frieden auf
neun Jahre geschlossen wurde.«[31]
Diese Nachricht zeigt: Der König weist den schnellen Vorteil,
das ungarische Gold, zurück. Er gibt den wertvollen Gefangenen frei und dazu noch einen Tribut, den Widukind
schamhaft »wertvolle Geschenke« nennt, um dafür einen
befristeten Frieden zu erlangen. Er hatte erkannt, daß sein
Heer noch nicht kriegstüchtig genug war, um solch einem
wilden Feind standzuhalten, besser noch, ihn zu besiegen.
Über die Inhalte dieses Friedens wissen wir wenig. Im Anfang scheint er nur für Sachsen, Thüringen und Franken
gegolten zu haben, denn Lotharingien und Schwaben wurden in den Jahren 926/927 erneut Tummelplatz ungarischer
Heere. Eine spätere Quelle spricht sogar von einem Separat-
frieden zwischen Baiern und Ungarn.[32]

Der Burgenbau

Daß Burgen notwendig waren, war sicher auch eine Erkenntnis von Werla. Denn Heinrich konnte auf dieser festen Burg dem Ungarnsturm standhalten. Im übrigen wußte er den neunjährigen Frieden zu nutzen. Auf dem Reichstag zu Worms im November 926 wurden künftige Abwehrmaßnahmen beschlossen. Hier ein Bericht:

»Wie nun König Heinrich, als er von den Ungarn einen Frieden auf neun Jahre erhalten hatte, mit größter Klugheit Sorge trug, das Vaterland zu sichern und die barbarischen Völker niederzuwerfen... Zuerst wählte er unter den bäuerlichen Kriegern jeden neunten Mann aus und ließ ihn in den Burgen wohnen, damit er hier für seine acht Genossen Wohnungen errichte und von allen Früchten den dritten Teil empfange und verwahre. Die acht übrigen sollten säen und ernten und die Früchte sammeln für den Neunten und dieselben an ihrem Platze aufheben... Während er nun die Bürger an solche Zucht gewöhnte, fiel er plötzlich über die Slawen her, welche Heveller genannt wurden, ermüdete sie durch viele Kämpfe und nahm endlich in einem sehr strengen Winter, indem er auf dem Eise sein Lager aufschlug, die Brennaburg durch Hunger, Schwert und Kälte. Und als er mit dieser Burg das ganze Land in seine Gewalt bekommen hatte, zog er gegen Daleminzien... belagerte die Burg Jahna und nahm sie endlich am zwanzigsten Tage. Die Beute in der Burg überließ er seinen Kriegern, alle Erwachsenen wurden niedergemacht, die Knaben und Mädchen behielten ihr Leben für die Gefangenschaft.«[33]

Die Reichstagsbeschlüsse von Worms betrafen zweierlei: erstens wurden die Verteidigungsmaßnahmen des Burgenbaus ergriffen, zweitens die Übungsfeldzüge gegen die Slawen als Ausbildungskriege für den großen, noch unbezwungenen Feind, die Ungarn, in Gang gesetzt.

Deutlich wird, daß das Gesetz des Handelns auf König Heinrich übergegangen war. Vorbei die Zeit, in der die Franken jeden Angriff von außen als Gottesurteil über ihre

Sünden ansahen. Neuer Mut, neues Selbstvertrauen wuchs im ostfränkischen Reich. Zuversicht, das Schicksal wieder selber gestalten zu können, erfaßte die Menschen.

Die Slawenkriege – das Slawenmassaker bei Lenzen

Die Slawenkriege waren keine Missionskriege. Dies waren sie erst unter Otto dem Großen und noch deutlicher unter Otto III. Viele Elemente bestimmten diesen germanisch-slawischen Grenzkampf. Es waren vor allem Kämpfe der tributären Grenzsicherung, die sich zu Eroberungszügen ausweiteten. Die Slawenfeldzüge der Jahre 928 und 929 gegen die Heveller im Raum Brandenburg und gegen die Daleminzier an der Elbe trugen außerdem den Charakter von Probefeldzügen zur Schulung der vergrößerten Panzerreitertruppe. Auf einem Kriegszug bis nach Prag wurde die Tributabhängigkeit Böhmens hergestellt, das sich unter seinem Fürsten Wenzel zu einem christlichen Staat auszubilden begann.

Ein Merkmal der Slawenkriege ist ihre Unerbittlichkeit. Sie tragen die Züge eines fanatisierten Völkermordes.

Die Eroberung von Jahna, von der uns Widukind berichtet, war nur ein Vorspiel zu einem größeren Massaker, dem Sieg von Lenzen, unweit Wittenberg, im Herbst 929. Nach dem Bericht des Widukind wurden bei Lenzen 200000 Slawen erschlagen. Als der Kampf zu Ende war, wurde das grausame Schlachten am anderen Tag kalten Herzens fortgesetzt. Dazu Widukinds Text:

»Als der Markgraf mit seinen Gehilfen und den übrigen Befehlshabern nach Sachsen zurückkehrte, wurden sie von dem König ehrenvoll empfangen und höchlichst belobt, daß sie mit geringen Streitkräften durch Gottes Huld und Gnade einen herrlichen Sieg errungen hatten. Denn manche erzählten, von den Barbaren seien zweihunderttausend Mann getötet worden.«[34]

Sicher ist die Zahl von zweihunderttausend erschlagenen Slawen genauso unrichtig wie die der viertausendfünfhundert Sachsen, die Karl der Große in Verden an der Aller als Strafe für Treuebruch und Vernichtung einer fränkischen Heeresabteilung am Süntel hinrichten ließ.

Aber relativiert man die Zahlen, so kann man unabhängig von den absoluten Werten sagen: bei Lenzen wurden fast fünfzigmal soviel Slawen erschlagen, als Karl Sachsen in Verden hinrichten ließ. Und so drängt sich die Frage auf, ob im rassistischen Denken der Vergangenheit die Mordtat von Verden nur darum so scharf verurteilt wurde, weil sie sich an germanischen Sachsen vollzog. Die Niedermetzelung einer vielfachen Anzahl von Slawen hat das historische Gewissen der Menschheit kaum erregt.

Eine schlimme, gegenseitige Eskalation brach zwischen Deutschen und Slawen auf und trieb sie in eine Erbitterung ohnegleichen.

Als die Wenden im gleichen Jahre Walsleben eroberten, erschlugen auch sie alle Einwohner, Kinder, Greise, Frauen, eine unzählige Menge.[35]

Der Ungarnsieg

In seinen Kämpfen gegen die Slawen hatte sich Heinrich I. ein kampfkräftiges Heer herangebildet. Die schwere, gepanzerte Reiterei war zu einer schlachtenentscheidenden Waffe geworden. Nun galt es, den Befreiungskampf gegen die ungarische Macht zu wagen, denen die Deutschen tributpflichtig waren.

Als auslösender Hebel diente die Verweigerung der jährlichen Tributzahlung.

Dazu versammelte der König seine Großen um sich und hielt eine Rede, ein rhetorisches Meisterwerk. Zwar ist diese Rede von Widukind niedergeschrieben worden. Doch wissen wir, daß der spätestens im Jahre 926 geborene Widukind, der als Fünfzehnjähriger ins Kloster Corvey eintrat, Zeitgenosse König Heinrichs war. Er muß viele Menschen gekannt haben, die gemeinsam mit dem König die große Ungarnschlacht geschlagen und Heinrich bei seiner Rede miterlebt hatten. Aus deren Schilderung muß er die Rede gekannt haben. In ihr wurde Heinrichs Wesen, seine Art, zu führen und Politik zu machen, lebendig. Sie lautete:

»Von welchen Gefahren euer Reich, das früher gänzlich in Verwirrung war, jetzt befreit ist, das wißt ihr selber nur zu gut, die ihr durch innere Fehden und auswärtige Kämpfe so oft schwer zu leiden hattet. Doch nun seht ihr es durch die Gnade des Höchsten, durch unsere Bemühung, durch eure Tapferkeit befriedet und geeinigt, die Barbaren besiegt und unterworfen. Was wir jetzt noch tun müssen, ist, uns gegen unsere gemeinsamen Feinde, die Awaren (Ungarn), vereint zu erheben. Bisher habe ich, um ihre Schatzkammer zu füllen, euch, eure Söhne und Töchter ausgeplündert, nunmehr müßte ich die Kirchen und Kirchendiener plündern, da uns kein Geld mehr, nur das nackte Leben geblieben ist. Geht daher mit euch zu Rate und entscheidet euch, was wir in dieser Angelegenheit tun sollen. Soll ich den Schatz, der dem Dienste Gottes geweiht ist, nehmen und als Lösegeld den Feinden Gottes ausliefern? Oder soll ich nicht eher mit dem Gelde die Würde des Gottesdienstes erhöhen, damit uns vielmehr Gott erlöst, der wahrhaft sowohl unser Schöpfer als Erlöser ist?« Widukind fährt fort:

»Darauf erhob das Volk seine Stimme zum Himmel und rief, sie wollten durchaus von dem lebendigen und wahren Gott erlöst werden, weil er treu sei und gerecht in all seinen Wegen und heilig in seinen Werken. Und sie gelobten dem König Hilfe gegen das wilde Volk und bekräftigten mit zum Himmel erhobener Rechten den Vertrag. Nachdem also der König einen solchen Vertrag mit dem Volke geschlossen hatte, entließ er die Menge.«[36]

Kein demokratischer Politiker könnte geschickter formulieren, besser die Menschen mit einbeziehen in den Entscheidungsprozeß, so daß in ihnen die Überzeugung entsteht, daß das, was geschieht, des Volkes Wille ist.

Der König hob hervor, daß die Gnade Gottes, die Führungskunst des Königs, aber auch die Tapferkeit des Volkes das Reich geeint und die Barbaren besiegt habe.

Dann fragte er, ob er nun auch das Geld der Kirche, das Gold Gottes, das ja für ihrer aller Seelenheil da war, ob er auch dieses Geld dem Feinde opfern solle.

»Das Seelenheil«, das ist der zentrale Lebensinhalt der mittelalterlichen Welt. Mochte das irdische Leben auch aus Drangsal und Qual bestehen, mochten Feuer und Schwert Leben und Land verwüsten, mochten Hungersnöte und Seuchen das Leben bedrohen, einmal würde alle Erdenpein überwunden sein und alle Bitternis sich auflösen in die Seligkeit Gottes.

Auf die Frage des Königs konnte das Volk nur mit einem flammenden NEIN antworten.

Der König befahl nicht, er fragte sein Volk. Und als es sich zum Kampf entschieden hatte, da schloß er einen »Vertrag« mit seinem zum Kampfe entschlossenen Volk.

Der Sieg über die Ungarn an der Unstrut war das Ergebnis dieses Bündnisses zwischen König und Volk. Heinrich, dem großen Kommunikator, war es gelungen, Gemeinsamkeit zwischen sich und den Seinen zu schaffen, so daß alle Stämme zum Ungarnkampf antraten.[37]

Ohne Zweifel hat der gemeinsam erstrittene Sieg an der Unstrut die Zusammengehörigkeit der deutschen Stämme gestärkt und sie weitergeführt auf dem Wege zum Deutschen Reich.

Noch einem weiteren Hinweis Widukinds müssen wir Aufmerksamkeit schenken:

»Nach seiner Heimkehr als Sieger stattete der König auf alle Weise der Ehre Gottes, wie es sich gehörte, Dank ab für den Sieg, den ihm Gott über seine Feinde verliehen hatte: er gab den Tribut, den er den Feinden zu geben gewohnt war, dem göttlichen Dienst zu eigen und bestimmte ihn zu den Schenkungen an die Armen. Das Heer aber begrüßte ihn als Vater des Vaterlandes, großmächtigen Herrn und Kaiser.«[38]

Das Heer machte Heinrich, nach antikem Vorbild, zum Vater des Vaterlandes und zum großmächtigen Herrn und Kaiser. Konsequent ignorierte Widukind später auch die Kaiserkrönung Ottos des Großen im Jahre 962 durch den Papst in Rom. Auf dem Schlachtfeld errang Otto, genau wie sein Vater Heinrich, die Kaiserkrone. Anscheinend siegte in diesem Punkt in Widukind der sächsische Aristokrat über den Kleriker, denn er gestand weder dem Papst noch den Römern zu, den Kaiser zu krönen und zu akklamieren.

König Heinrichs Hausordnung von 929

In seiner Hausordnung zeigte sich Heinrich als weiser Fürst und Politiker, der aus den Fehlern der Vergangenheit seine Lehren zu ziehen wußte.

In einer Urkunde, die er am 16. September 929 in Quedlinburg ausstellte, überschrieb er seiner »liebsten Frau Mathilde« die volle Verfügungsgewalt über die Güter Quedlinburg, Pöhlde, Nordhausen, Grone und Duderstadt als Wittum im Falle seines Todes.

Dann brach Heinrich mit der karolingischen Tradition der Erbteilung des Reichs unter die Söhne des Königs.

Der Gedanke der Reichseinheit, von Ludwig dem Frommen im Jahre 817 proklamiert und später von ihm verraten, lebte wieder auf und zwar in einem noch entschiedeneren Sinne. Denn Heinrich schloß alle jüngeren Söhne von der Teilhabe am Königtum aus und dekretierte seinen ältesten Sohn Otto (geb. 23. 10. 912, gest. 7. 5. 973 zu Memleben) zum alleinigen Thronfolger. Damit fand das Gesetz der Primogenitur seinen Durchbruch im ostfränkischen Reich.

Heinrichs jüngster Sohn Brun (geb. 1. Hälfte 925, gest. 11. 10. 965 zu Reims) wurde der Kirche übergeben und erfüllte als Erzbischof von Köln und Erzherzog von Lotharingien seinen geschichtlichen Auftrag für Krone und Reich.

Der zweitgeborene Sohn Heinrich (geb. um 920 in Nordhausen, gest. 1. 11. 955 zu Regensburg), ein Liebling seiner Mutter Mathilde, verblieb am Königshofe als Ersatzmann oder Nachfolger, falls dem Thronfolger ein früher Tod beschieden sein sollte. Dieser Möglichkeit mußte man bei der geringen Lebenserwartung der Zeit in Anbetracht der Tatsache, daß der König damals ja auch noch kämpfender Krieger war, Rechnung tragen.

Durch die Ausschließung der jüngeren Söhne von Königtum und Teilkönigtum wurde die Stellung der Herzöge im Reich gesichert. Teilkönige und Herzöge wären im Streit um ihre Stellung im Reich in grimmige Machtkämpfe verwickelt worden. So aber sollten, das war Heinrichs Absicht, die Herzöge im Gleichklang mit dem König zu Verteidigern der Reichseinheit werden.

Dann sorgte sich Heinrich um eine Frau für den Sohn und Thronfolger. Die Karolinger und auch Heinrich selbst hatten sich ihre Frauen unter den Töchtern der Großen des Landes erwählt. Heinrich verfuhr anders.

Er verband den Sohn mit der englischen Prinzessin Edgith (geb. um 904, gest. 946), die stammverwandt war mit dem englischen König Oswald, der in England wie in Sachsen als Heiliger verehrt wurde. So sollte diese Prinzessin aus sakralem Königsgeschlecht helfen, das Thronrecht seines Sohnes Otto zu sichern. Tatsächlich rechtfertigten die kommenden Ereignisse die Bemühungen des König Heinrich.

Einen weiteren wichtigen Hinweis für Heinrichs Willen, das Thronfolgerecht Ottos sichtbar zu machen, finden wir im Verbrüderungsbuch der Abtei Reichenau. Hier sind in einem Eintrag verzeichnet: König Heinrich und seine Frau Mathilde, die drei Söhne Otto, Heinrich und Brun, die Töchter Gerberga und Hadwig, der Schwiegersohn und Lotharinger Herzog Giselbert und weitere Personen aus der Verwandtschaft des Königs.

Der Eintrag auf der Reichenau wurde gemacht in der Zeit von Januar bis April 930, also nach der Heirat Gerbergas mit Giselbert, jedoch vor der Heirat Ottos mit der englischen Prinzessin Edgith, deren Name im Eintrag nicht vorhanden ist.

Von besonderer Wichtigkeit ist dabei, daß zwar alle drei Söhne des Königs genannt sind, daß aber nur hinter Ottos Namen der Titel »rex« erscheint.

Damit wird nochmals der Wille des Vaters dokumentiert, daß nur Otto sein Nachfolger sein solle. Deshalb steht schon im Jahre 930 hinter seinem Namen das Wort »rex«.

König der Könige

Den größten unter den Königen Europas nennt Widukind Heinrich. Und nach dem Ungarnsieg nennt er ihn sogar »Imperator«.[39] Und wenn Heinrich im Jahre 934 Rückschau hält, dann erblickt er eine große, überwältigende Lebensleistung.

Die zerstrittenen deutschen Stämme sind vereint, die äußeren Feinde bezwungen, Lotharingien ist in den Reichsverband zurückgeholt, und durch die Hausordnung sind Festigkeit und Bestand der neuen Dynastie begründet.

Nun aber stellt er im Jahr 934 neben den Ungarnsieg noch die Bezwingung der Dänen.

Vom Kampfgeschehen selbst wissen wir wenig. Die alten Schriftsteller Ruotger von Köln und Liudprand von Cremona sehen im Dänensieg eine von Heinrichs größten Waffentaten. Von Widukind haben wir nur die karge Nachricht: »Nachdem er alle Völker ringsumher unterworfen hatte, griff er die Dänen, welche die Friesen mit Seeräuberei heimsuchten, an. Er besiegte sie, machte sie zinspflichtig und veranlaßte ihren König Knuba, die Taufe zu empfangen.«[40]

Adam von Bremen (gest. 1081), Domscholaster und Verfasser der vier Bücher der »Geschichte des Hamburger Erzstiftes« weiß mehr.[41] Aber er war nicht mehr Zeitgenosse und nicht mehr so nahe an den Ereignissen.

Adam beschreibt, wie der König tief ins dänische Reich eindrang. Unter der Wucht seines Angriffs bat der Dänenkönig um Frieden. Als Sieger zog Heinrich die neuen Grenzen des Reiches bei Schleswig, setzte einen Markgrafen ein und legte eine sächsische Kolonie an.

Als Kleriker registriert Adam, daß von dieser deutschen Mark an der Schlei durch Erzbischof Unni von Hamburg die Christianisierung der Dänen ausging.

König Heinrich, der Pazifikator Europas

Heinrich war nicht nur ein großer Kriegsherr, er war in noch größerem Maße Friedensstifter, wie eine Einlassung Widukinds zeigt:

». . . Deshalb besuchten ihn auch die Großen anderer Königreiche und verehrten ihn, da sie Gnade vor seinen Augen zu finden suchten und die Treue eines so herrlichen, so großen Mannes erprobt hatten. Unter diesen bat Heribert (Graf von Vermandois), Hugos Schwager, als ihn Rudolf (König von Westfranken), der wider Fug und Recht König geworden war, bekriegte, daß König Heinrich ihn bei seinem Herrn schützen möge; denn der König (Heinrich) war von der Art, daß er seinen Freunden nichts abschlug. So brach er nach Gallien auf, hielt mit dem König eine Besprechung und kehrte nach Erledigung dieser Sache nach Sachsen zurück.«[42]

Hinter diesem sparsamen Text verbirgt sich eine außerordentlich diplomatische Leistung des Sachsenkönigs, das sogenannte Dreikönigstreffen in Ivois an der Chiers im Jahre 935, an der Westgrenze des ostfränkischen Reiches. Teilnehmer waren: König Heinrich, König Rudolf (Raoul) von Westfranken und der König Rudolf von Hochburgund. Ferner die westfränkischen Großvasallen, Herzog Hugo von Francien, der den westfränkischen König stützte, sowie der westfränkische Großgraf Heribert von Vermandois, der im Streit mit Hugo von Francien und dem westfränkischen König lag.

Außerdem waren beteiligt der Westfranke Boso, ein Bruder von König Rudolf (Raoul), der bei Herzog Giselbert, Schwiegersohn König Heinrichs, Ansprüche auf Güter und Benefizien in Südlotharingien erhob. Aber auch Interessen des Königs Hugo von Italien spielten in den Fragenkomplex mit hinein.

Welche europäische Position König Heinrich errungen hatte, zeigt sich daran, daß diese Gipfelkonferenz nicht mehr auf einem Kahn an einer Flußgrenze zwischen Ost- und Westfranken stattfand, wie beim Königstreffen von Bonn im Jahre 921, sondern auf dem Staatsterritorium König Heinrichs. Das Gemenge gegensätzlicher Ansprüche entschied der König erstens durch seine Autorität, zweitens durch Güteraustausch und Ausgleich, drittens befriedete er aus eigenem Vermögen bestimmte Ansprüche und schlußendlich band er alle Kontrahenten in einen Freundschaftspakt ein. Das heißt, er erweiterte den Freundschaftspakt, den er mit König Rudolf von Hochburgund im Jahre 926 in Worms geschlossen hatte, und nahm den westfränkischen König Rudolf mit auf, zusammen mit den nunmehr befriedeten Großvasallen.

Dies war der Schlußstein von König Heinrichs ausgleichender Politik, die ihm zugleich eine Hegemonialstellung in Europa zuwies.

Man mag das Verhalten Heinrichs Opportunismus nennen oder auch große Staatskunst. Heinrich schloß mit allen Verträge, Freundschaftspakte, solange er im Mittelpunkt des Geschehens blieb. Er war kein Mann, der Vergangenem nachtrauerte. Er stellte sich sofort auf jede neue Situation ein. Nicht das Gestern, das Heute und Morgen bestimmten sein Handeln. Er war ein Mann der Gelassenheit, von großer innerer Unverletzlichkeit. Er verstand es, jeden neuen Faktor, jede neuauftauchende politische Potenz in sein Planspiel um die Hegemonie in Europa einzubauen.

Als Heinrich I. am 2. Juli 936 zu Memleben einem Schlaganfall erlag, und seine imponierende Gattin, die Königin Mathilde, ihn zu Quedlinburg bestattete, hatte der Einundsechzigjährige in siebzehnjähriger Regierungstätigkeit ein bedeutendes Königswerk vollbracht. Die deutschen Stämme waren geeint und der Staatsraum geschaffen, in dem sich das Schicksal der Deutschen in den kommenden Jahrhunderten erfüllen konnte.

Namentlich die Geschichtsschreibung des Dritten Reiches hat in Heinrich ihren »deutschen König« gesehen.

Für sie war er der ungesalbte König, der seinen Herrschaftsanspruch keiner kirchlichen Autorität verdankte. Er hatte nicht den Weg nach Rom angetreten, den man als verderblich, als undeutsch ansah.

Doch Widukind von Corvey senkt der Deutschtümelei einen Dorn ins Herz. Hören wir seine Stimme. Er schreibt über Heinrich:

»Zuletzt, als er alle Völker im Umkreis bezwungen hatte, beschloß er, nach ROM zu ziehen, unterließ aber, da ihn Krankheit befiel, den Zug.«[43]

Auch Heinrich wäre also nach Rom gezogen, dem Herzpunkt der abendländischen Christenheit, hätte nicht das Schicksal selber das Ende gesetzt.

Heinrich gehört zu den tragenden Vätergestalten der Weltgeschichte, die die Fundamente für den künftigen, strahlenderen Ruhm ihrer Söhne legten.

Ihm hat die Nachwelt den Beinamen »der Große« nicht verliehen.

Sie liebt den Helden, der ungebeugt und unbeirrbar durch

das Unglück schreitet, auch wenn er es durch die Torheit eigener Taten selbst heraufbeschwört.

Dem aber, der durch kluges, weises Vorausschauen das Unglück meidet, dem flicht sie nicht den Kranz.

II.
Der König,
der ein Kaiser war

Die sächsische Dynastie war unter Heinrich durch drei Söhne abgesichert, aber auch die beiden Töchter waren im Sinne des sächsischen Hauses verheiratet worden. Die älteste, Gerberga, wir erfuhren es schon, war im Jahre 928 an den Herzog Giselbert von Lotharingien verheiratet worden, um das unruhige Herzogtum fester an die Krone zu binden. Nach dem Tode ihres Mannes Giselbert im Jahre 939 heiratete sie den westfränkischen König Ludwig IV. (936–954) und wurde ein wichtiger Fixpunkt in den Beziehungen zwischen Ost- und Westfranken.

Die jüngere Schwester Hadwig wurde dem mächtigen Herzog Hugo von Francien angetraut, der wohl der einflußreichste Großvasall im westfränkischen Reich war. Mit ihrer beider Sohn Hugo Capet, König von Frankreich (987–996), beginnt die große Königsreihe des capetingischen Geschlechts.

Die Sächsin Hadwiga ist ihre Stammutter.

So war das Reich, auch in seinen außenpolitischen Positionen, beim Tode König Heinrichs I. wohlbestellt.

Er hatte einige Monate vor seinem Tod noch einmal einen Hoftag zu Erfurt einberufen und die Großen des Reiches auf die Thronfolge seines Sohnes eingeschworen.[1]

Zu gut wußte der alte König um die Macht des germanischen Teilungsrechtes. Ja, des Königs eigene Frau bevorzugte den jüngeren Sohn Heinrich. Erhoffte sie sich bei dem Jüngeren größeren persönlichen Einfluß?

Für den jüngeren Heinrich sprach auch, daß er in Heinrichs Königszeit gezeugt worden war. Der Glaube der Zeit besagte, daß in diesen von einem König Gezeugten und »in aula regali«, in dem Hause des Königs, Geborenen, die Macht und Gnade des Königsheils anwesend war.

Aber Heinrichs I. erster Sohn Otto war der designierte König.

Von Ottos vorköniglicher Zeit wissen wir wenig.

Wir finden seinen Namen, wie erwähnt, in einem Gedenkeintrag im Verbrüderungsbuch des Klosters Reichenau aus dem Jahre 930, wo sein Name mit dem Attribut »rex« ausgezeichnet war.

Wir wissen, daß er sich in den Slawenkämpfen ausgezeichnet hatte, wie es einem sächsischen Prinzen zukam. Es ist bekannt, daß er mit einer vornehmen slawischen Gefangenen, ein Jüngling noch, ein Kind gezeugt hatte, den späteren Erzbischof Wilhelm von Mainz (gest. 968).

An der Regierung des Reiches war er zu Lebzeiten seines Vaters nicht beteiligt gewesen. Während in vorkarolingischer und karolingischer Zeit es üblich war, die thronfolgeberechtigten Söhne zu Mitkönigen zu erheben, um die Nachfolge unanfechtbar zu machen, verzichtete König Heinrich auf diese Möglichkeit. Gleichwohl sahen wir ihn bemüht, wie die Hofordnung von 929 und der Erfurter Hoftag beweisen, die Nachfolge des Sohnes zu sichern und den Gedanken der Reichseinheit zu stärken.

Otto und seine Frau Edgith schwinden nach 930 aus dem Gesichtskreis der Geschichte und erscheinen erst wieder beim Krönungsakt in Aachen, am 7. August 936.

Die Königskrönung in Aachen
als Regierungsprogramm

Als Otto sich, 24jährig, in Aachen krönen ließ, war dies ein Bekenntnis zur karolingischen Tradition, aber noch mehr.

In Aachen stand das Münster Karls des Großen, stand sein Thron, der erste Thronsitz des Reiches.

Erleben wir gemeinsam mit Widukind von Corvey die Inthronisierung des neuen Königs:

»Nachdem nun der Vater des Vaterlandes und der größte und beste der Könige, Heinrich, entschlafen war, da erkor sich das ganze Volk der Franken und Sachsen dessen Sohn Otto, der schon vorher vom Vater zum König bestimmt

worden war, als Gebieter. Und als Ort der allgemeinen Wahl bezeichnete und bestimmte man die Pfalz zu Aachen . . . Und als man dorthin gekommen war, versammelten sich die Herzöge und die ersten Grafen mit der Schar der vornehmsten Ritter in dem Säulenhof, der mit der Basilika Karls des Großen verbunden ist, und sie setzten den neuen Herrscher auf einen hier aufgestellten Thronsessel; hier huldigten sie ihm, gelobten ihm Treue und versprachen ihm Hilfe gegen alle seine Feinde und machten ihn so nach ihrem Brauch zum König. Während dies die Herzöge und die übrige Beamtenschaft taten, erwartete der Erzbischof (Hildebert von Mainz, 927–937) den Aufzug des neuen Königs. Als dieser eintrat, ging ihm der Erzbischof entgegen . . . Dann zum Volke gewandt, das ringsumher stand – es waren nämlich in dieser Basilika Säulengänge unten und oben herum –, so daß er von allem Volke gesehen werden konnte, sprach er also: ›Sehet, hier bringe ich euch den von Gott erkorenen und vom einst großmächtigen Herrn Heinrich bestimmten, nun aber von allen Fürsten zum König gemachten Otto; wenn euch diese Wahl gefällt, so bezeugt dies, indem ihr die rechte Hand zum Himmel erhebt.‹ Darauf hob alles Volk die Rechte in die Höhe und wünschte mit lautem Zuruf dem neuen Herrscher Heil . . . Hildebert trat an den Altar, nahm hier das Schwert mit dem Wehrgehenk und sprach zum König gewendet: ›Empfange dieses Schwert und treibe mit ihm aus alle Widersacher Christi, die Heiden und schlechten Christen, da durch Gottes Willen alle Macht im Frankenreiche dir übertragen ist, zum bleibenden Frieden aller Christen.‹
Sodann nahm er den Mantel und die Spangen und bekleidete ihn damit, indem er sagte: ›Die bis auf den Boden herabreichenden Zipfel deines Gewandes mögen dich erinnern, von welchem Eifer im Glauben du entbrennen und in Wahrung des Friedens beharren sollst bis in den Tod.‹ Darauf nahm er Zepter und Stab und sprach: ›Diese Abzeichen sollen dich ermahnen, in väterlicher Zucht deine Untertanen zu leiten und vor allem den Dienern Gottes, den Witwen und Waisen die Hand des Erbarmens zu reichen; und niemals möge dein Haupt des Öls der Barmherzigkeit ermangeln, auf daß du in Gegenwart und in Zukunft mit ewigem Lohne

gekrönt wirst.‹ Darauf wurde er alsbald mit dem heiligen Öl gesalbt und mit dem goldenen Diadem gekrönt von den Bischöfen Hildebert und Wichfrid, und als nun die rechtmäßige Weihe vollzogen war, wurde er von eben denselben Bischöfen zum Thron geführt, zu dem man auf einer Wendeltreppe hinanstieg, und er war zwischen zwei marmornen Säulen von wunderbarer Schönheit so errichtet, daß er von hier aus alle sehen und von allen wiederum gesehen werden konnte. Nachdem man das ›Te deum laudamus‹ gesungen und das Messeopfer feierlich begangen hatte, stieg der König herab in die Pfalz; hier trat er an die marmorne, mit königlicher Pracht geschmückte Tafel und setzte sich mit den Bischöfen und allem Volk; die Herzöge aber warteten auf. Der Herzog der Lotharinger, zu dessen Machtbereich dieser Ort gehörte, ordnete die ganze Feier. Eberhard (Herzog der Franken und Bruder des verstorbenen Königs Konrad I.) besorgte den Tisch, Hermann der Franke (seit 926 Herzog von Schwaben) führte die Mundschenken, Arnulf (Herzog von Baiern) sorgte für die ganze Ritterschaft und für die Wahl und Absteckung des Lagers; Siegfried (Graf Siegfried von Merseburg, ein Bruder des Markgrafen Gero) aber, der Sachsen Trefflichster und der zweite nach dem König, Schwager des einstigen Königs, jetzt auch dem neuen König verschwägert, verwaltete um diese Zeit Sachsen, damit nicht unterdessen ein feindlicher Einfall stattfände, und hatte als Erzieher den jungen Heinrich bei sich. Der König aber ehrte jeden der Fürsten königlicher Freigebigkeit gemäß und entließ die Menge mit aller Fröhlichkeit.«²

Widukind hat uns mit diesem Krönungsbericht über wichtige Veränderungen informiert. Den ungesalbten König, der sich nicht allzusehr über die erheben wollte, durch deren Huld er König geworden war, gab es nicht mehr.

Dieser neue König war gesalbt mit dem heiligen Öl, »rex et sacerdos« zugleich. Neben der weltlichen Macht der Krone umgab ihn sakraler Glanz. Er stellte sich in die Position, die Thietmar von Merseburg so beschreibt:

»Vielmehr nehmen es (das Recht der Vergabe der Bistümer) ganz allein unsere Könige und Kaiser wahr, die auf unserer

Pilgerfahrt als Stellvertreter für den höchsten Lenker bestellt sind, und nur sie stehen zu Recht über allen Hirten, denn es wäre sehr unpassend, wenn Männer, die Christus um seinetwillen als die Ersten auf Erden eingesetzt hat, einer anderen Herrschaft unterständen als derer, die wie der Herr durch den Glanz der Weihe und der Krone alle Sterblichen überragen.«[3]

Otto hatte mit dem Ritual seiner Krönung die schlichte, weltliche Königsauffassung seines Vaters weit hinter sich gelassen. Jetzt wird auch klar, warum ihn sein Vater seit 930 nicht zum Mitkönig erheben konnte.

Hier hatten sich, bei Vater und Sohn, zwei verschiedene Herrschaftsauffassungen herausgebildet, die nicht gleichzeitig miteinander praktiziert werden konnten.

Die Aufgabe, die Otto seinen Herzögen beim Krönungsmahl zuwies, bestätigte Ottos Auffassung von Königsmacht und Herrlichkeit. Die Herzöge, die die symbolhafte Bedeutung ihres Tuns wohl nicht erkannten, sahen in ihrem Auftrag als Diener der königlichen Tafel ein glanzvolles Spiel und bemerkten nicht, daß der König ihnen in der Hierarchie des Reiches einen neuen Platz zuwies. Sie waren nicht mehr Freunde des Königs, die durch Amicitia-Pakte mit dem König und untereinander verbunden waren, sondern im besten Falle seine ersten Diener.

Und es ist kein Wunder, daß zwei dieser vier Herzöge, die an der Königstafel Dienst taten, der Lotharingier Giselbert und der Franke Eberhard, drei Jahre später sich im Aufstand gegen den König befanden.

Auch die Söhne des Baiernherzogs Arnulf, der 937 starb, mußte König Otto bekämpfen und vertreiben. Sie wollten nicht auf das ihrem Vater zugestandene Privileg der Herrschaft über die bairische Kirche verzichten.

Dieser Kampf gegen die Söhne des Baiernherzogs war vom Standpunkt der Krone und des Reiches aus unverzichtbar. König Heinrich hätte sicher nicht anders gehandelt. Die Aufstände des Eberhard und des Giselberts aber wären vermeidbar gewesen, wie wir später sehen werden.

Die Wahl Aachens als Krönungsort, das Ritual der Salbung, die Inthronisation auf dem Stuhle Karls des Großen, die

Ausübung der Erzämter durch die Herzöge, kurz, die Rückkehr zu karolingischen Traditionen war eine Demonstration
König Ottos. Er wollte zeigen, daß er die Machtfülle der alten
karolingischen Könige verkörperte.

1. Arbeiter – Kämpfer – Beter

Was war das für eine Welt, in der Otto der Große sein Königtum antrat? Stellt man sich das Mittelalter vor, so hört man Rossestampfen, Pferdegewieher, Schwerterklang. Reisige Ritter ziehen vorbei, und Banner flattern im Wind, edle Damen neigen das Haupt und grüßen von hohem Altane. Ein schönes Bild, aber nur ein winziger Teil dessen, was war. Die Wirklichkeit des Mittelalters hat Gerhard, der Bischof von Cambrai (1012–1051), in seiner Dreiständelehre in den Satz gegossen: »Von Anbeginn war das Menschengeschlecht dreigeteilt: in Beter, Bauern, Kämpfer.«[4] Sein Verwandter, Bischof Adalbero von Laon (977–1030), karolingischen Ursprungs wie Gerhard, sagt das gleiche: »Hier auf Erden beten die einen, andere kämpfen, und noch andere arbeiten ...« So war die Formel gefunden, sanktioniert, ja sakralisiert, wonach die vielen für die wenigen arbeiten mußten.

Die Arbeiter

Die da arbeiteten, das waren vor allem die Bauern. Das Mittelalter war eine agrarische, eine bäuerliche Welt, die von Säen und Ernten, vom Ablauf der Jahreszeiten bestimmt war. Viehzucht und Kleintierhaltung waren wichtige Faktoren des bäuerlichen Lebens. Die Imkerei mit ihren Endprodukten Honig und Bienenwachs war ein wichtiger Zweig der bäuerlichen Produktion. War doch der Honig das einzige Süßungsmittel und die Bienenwachskerze die edelste Form des Lichtes im Vergleich zu blakenden Talglichtern und

rußendem, funkensprühendem Kienspanlicht. So finden
wir in den mittelalterlichen Urkunden oftmals den Kloster-
zins in Form von Wachsabgaben (Wachszins) für die gottesdienstlichen Handlungen. Wichtiger Zweig der bäuerlichen
Welt waren Wald und Holzwirtschaft, aber auch die Jagd
und vor allem die Eichelmast für die Schweine.
Inmitten der agrarischen Welt lagen die Städte wie Inseln.
An der Rheinlinie waren die alten Römerstädte Basel, Straßburg, Worms, Mainz, Koblenz, Bonn, Köln, Neuss und
Xanten von Bedeutung. Die Städte in Sachsen zeigen schon
durch ihren Namen Sinn, Bedeutung und Auftrag. Magdeburg, Merseburg, Hamburg waren Fortifikationen zur
Grenzsicherung.
In Sachsen, Ottos eigentlicher Heimat, hatte sich das freie
Bauerntum, einstmals germanisches Lebensideal, noch am
besten gehalten, obwohl auch hier der Abschmelzungspro-
zeß und das Hinübergleiten in Abhängigkeit und Hörigkeit
im Fortschreiten war. In den Städten, aber auch auf den
Gütern und Dörfern lebten die Handwerker. Karl der Große
benennt in seinem Capitulare de Villis c. 45 bereits folgende
Berufe:»Grob-, Gold- und Silberschmiede, Schuster,
Drechsler, Stellmacher, Schildmacher, Fischer, Falkner, Sei-
fensieder und Brauer.«
Sie alle gehörten zum Heer der hart arbeitenden Menschen
und waren durch Stand, Familie und Sippe in ihr Schicksal
eingebunden.

Das germanische Ideal des freien Stammesgenossen, der
sich im Frühjahr auf dem Maifeld mit den anderen versammelte und mit seinem König in den Krieg zog, der danach
seine anteilige Beute erhielt und wieder nach Hause ging,
um seinen Hof zu bestellen, verblaßte ab dem 9. Jahrhundert
mehr und mehr.
Dieser Strukturwandel innerhalb der germanischen Stam-
mesgesellschaft vollzog sich auf zwei Wegen, einmal von
unten nach oben und wiederum von oben nach unten.
Das auslösende Moment zu diesen Verschiebungen war in
beiden Fällen das gleiche:»der Panzerreiter«.
Bereits bei den Karolingern hatte sich der Panzerreiter als

schlachtentscheidende Waffengattung herausgestellt. Bei
der Schilderung der Schlacht von Löwen erfahren wir gar,
daß die Franken des Fußkampfes gänzlich entwöhnt waren.
Dieser Prozeß hatte sich fortgesetzt. Wir wissen, daß es ein
gepanzertes Reiterheer unter König Heinrich I. war, das die
Ungarn an der Unstrut im Jahre 933 besiegte.
Und als im Jahre 955 König Otto I. auf dem Lechfelde seinen
schicksalhaften Sieg über die Ungarn focht, war es der gepanzerte deutsche Reiter, der das Kampfgeschehen be-
herrschte und entschied.
Nur war die Ausrüstung eines Panzerreiters sehr teuer.
Pierre Riché hat ermittelt, daß ein Panzerreiter mit Pferd,
Brustpanzer, Schwert und Scheide, Lanze, Schild und Helm
etwa 300 Denare kostete. Das entspricht im groben Vergleich
dem Wert einer Rinderherde von 20 bis 30 Rindern.
Dies war eine Kostengröße, die von einem einzelnen Bauern
nicht zu bewältigen war, obwohl er zum Kriegsdienst ver-
pflichtet war. So bot sich ihm der Ausweg, mit mehreren
Bauern einen Panzerreiter auszustatten. Aber der einfachere
Weg war, sich in die Munt eines Herrn, das heißt in die
Hörigkeit, zu begeben. Das war der Weg von unten nach
oben. Der Weg von oben nach unten sah so aus:
Der König verlieh einem Manne, der sich besonders kriegstüchtig erwiesen hatte, ein Beneficium (wörtlich: Wohltat).
Dieses Beneficium konnte seinen Ausdruck finden in einem
Amt, in Privilegien, aber auch in der Würde und den Ein-
künften eines Laienabtes.
Meistens aber war das Beneficium Landgabe des Königs an
den Vasallen. So konnte dieser Herrschaft ausüben und zwar
nicht nur über das Land, sondern vor allem über Menschen,
die dieses Land bebauten. Dies konnten Sklaven sein, Menschen, die dem Grundherrn leibeigen gehörten. Doch bald
fand man heraus, daß Sklavenwirtschaft teuer und unrenta-
bel war. Der Herr mußte den Sklaven ernähren, auch wenn
kein Arbeitsanfall vorlag.
Da war es weitaus wirtschaftlicher, freie Bauern in die Hörigkeit zu bringen, die sich auf ihren Hufen selbst ernährten
und versorgten und dem Grundherrn in vielfältiger Form
fronen konnten, sei es durch Zinszahlung, Naturalabgaben

oder andere Dienstbarkeiten, wie z. B. Spanndienste oder die Bearbeitung des Sallandes (Herrenland). Unter »Hufe« verstand man im Mittelalter die bäuerliche Hofstätte mitsamt dem Ackerland und der Teilhabe an der Allmende, dem Gemeineigentum an Wald und Wiesenflächen. Die Durchschnittsgröße der Hufe war etwa zehn Hektar, jedoch differierten die Größen nach Bodenqualität, Klimalage und anderen Kriterien.

Wie aber kann man Menschen dazu bringen, sich freiwillig in die Hörigkeit, in die Selbstverknechtung, zu begeben?

Aus dem Anfang des 8. Jahrhunderts ist uns ein westfränkisches Urkundenformular für eine Selbstverknechtung erhalten:

»An meinen Herrn: soundso, (ich) der soundso. Da, veranlaßt durch das Drängen meines Prozeßgegners, meine Unfähigkeit (zu bezahlen) immer größer wurde und ich in große Schwierigkeiten geriet, so daß ich mein Leben hätte verlieren können, habt Ihr in Eurer Barmherzigkeit mich, der ich schon zum Tode verurteilt war, mit Eurem Gelde losgekauft und zur Buße und Bezahlung meiner Verbrechen ansehnliche Vermögensstücke hingegeben. Ich besitze nun kein Vermögen mehr, womit ich Eure Wohltaten vergelten könnte; deshalb habe ich beschlossen, dafür den Stand meiner Freiheit Euch unterwürfig zu machen, derart, daß ich von diesem Tage an aus Eurem Dienst mich durchaus nicht begeben werde, sondern ich gelobe, auf Euren und Eurer Beamten Befehl alles zu tun, was Eure übrigen Knechte tun. Wenn ich dies nicht tun werde oder mich in irgendeiner Absicht Eurem Dienst entziehen will oder unter die Herrschaft eines anderen zu kommen trachten will, sollt Ihr das Recht haben, mich nach Eurem Ermessen mit beliebiger Strafe zu belegen oder zu verkaufen oder mit mir zu tun, was Ihr sonst beschließen wollt. Nach vollzogener Verknechtung am Tage . . .«[6]

Der Fall ist klar: Ein Mann ist am Ende, er unterwirft sich auf Gedeih und Verderb als Höriger einem Herrn.

Dieser Herr kann weltlicher oder geistlicher Grundherr sein.

Auch die Motive sind unterschiedlicher Art, ebenso der Grad der Unfreiheit, wie wir aus der Urkunde, in der sich der Freie

Werinbreht dem Bischof Albrich von Osnabrück (1036–1052)
übergibt, ersehen:

»Kund sei allen Christgläubigen in Gegenwart und Zukunft,
daß der Freigelassene Werinbreht mit Billigung und Zustimmung seines rechtmäßigen und nächsten Erben Heio seinen
untenbeschriebenen Grundbesitz mit den untengenannten
Unfreien dem Bistum Osnabrück übergeben hat. Er übertrug
in die Hand des Bischofs Albrich und seines Vogtes Wal,
indem er nach üblichem Brauch ihnen mit dem Finger die
sofortige Auflassung der Schenkung versprach, die folgenden Grundstücke und Unfreie: in Buscon 2 Hufen, in Thiene
1 Hufe, in Walsum 1 Hufe und in Hörsten 1 Hufe. Und
folgende Unfreie (55 Namen) sowie alle anderen, die er
besitzt oder künftig besitzen wird, deren Namen er nicht
wußte. Kurz darauf aber übergab er sich selbst dem Bistum
mit allem seinem gegenwärtigen und zukünftigen Besitz aus
Liebe und Verehrung für den Bischof. In feierlicher Ver-
pflichtung, wie ein abhängiger Höriger von Rechts wegen
muß, schwor er Bistum und Bischof die Treue. Deshalb
übergab der Bischof in Gegenwart seiner Getreuen, Kleriker
und Laien, durch die Hand seines Vogtes diesem Werinbreht
alles das zu Lehen, was er übergeben hatte, und außerdem
zwei Pfund vom Zehnten und von den Abgaben, die ihm
jährlich bei seiner Bereisung von den Gütern des Abtes von
Corvey geschuldet werden . . . Weiter sollen alle wissen, daß
Werinbreht besonders zugesichert worden ist, daß ihn kein
Bischof noch jemand anders zwingen kann, an einem Kriegszug teilzunehmen oder auf einen Königshof zu kommen . . .
Und damit dies glaubhaft erscheine, hat der Bischof diese
Urkunde, die zum Gedächtnis und zur Anerkennung dieses
Sachverhaltes niedergeschrieben wurde, mit dem Abdruck
seines Siegels gekennzeichnet. Zeugen: der Vogt Wal (9
Männer), vom Hofgesinde (8 Männer).«[7]

Dies allerdings ist ein Dokument anderer Qualität.

Hier begibt sich kein Bankrotteur in die Hörigkeit, sondern
ein wohlhabender Mann flieht in die Muntgewalt des Bischofs von Osnabrück, wobei er für sich die Befreiung vom
Kriegsdienst aushandelt. Zugleich sagt uns diese Urkunde,
daß auch ein Besitz von fünf Hufen (ca. 500000 qm Acker-

land) mit 55 Hörigen sich nicht in der Lage sah, einen Panzerreiter auszurüsten. Ferner überzeugen uns diese Dokumente, daß es, um mit Edith Ennen zu sprechen, verschiedene Abstufungen der Hörigkeit gab. Hörigkeit bedeutete nicht nur Unterwerfung, sondern auch Schutz. Vor allem konnte sich der hörige, vom Kriegsdienst befreite Bauer auf seine Landwirtschaft konzentrieren. Zwar gehörte er zum Stande derjenigen – und das waren sicher über 90 Prozent der Bevölkerung –, die arbeiten mußten, dafür aber genossen sie den Schutz der Kämpfer und das Gebet der Beter, das ihnen den Weg aus den Beschwernissen des Daseins in eine himmlische Zukunft eröffnen sollte.

Die Kämpfer

Die Kämpfer, das waren diejenigen, die durch den König oder einen seiner Großvasallen ein Beneficium – ein Land zu Lehen – erhalten hatten und dadurch zu ihm in das Rechtsverhältnis der Vasallität getreten waren.

Sie übten die Grundherrschaft über Land und Menschen aus, und aus ihren Erträgen, die die hörigen Bauern erarbeiteten, flossen ihnen die Mittel zu, dem König oder Oberherrn Heeresfolge mit einem oder mehreren gepanzerten Reitern zu leisten. Das Bindende zwischen Vasall und Oberherrn war die Treue. Ihr kam sakrale Bedeutung zu. Sie wurde beschworen in der Kommendation des Vasallen an seinen Oberherrn. Darum wurde sie auch in feierlicher Form begangen.

Der Dichter Ermoldus Nigellus (um 826/828) berichtet uns über die Kommendation zwischen zwei Fürsten. Sie vollzog sich zwischen dem Dänenkönig und Kaiser Ludwig dem Frommen im Jahre 828. »Mit zusammengelegten Händen übergab er sich aus freien Stücken dem Kaiser ... Und der Kaiser empfing diese Hände in seinen ehrwürdigen Händen.«

Der rituelle Vorgang nannte sich die »immixtio manuum«. Die Hingabe der Hände des Vasallen in die geöffneten Hände des Herrn war sowohl der Ausdruck der körperlichen

Verbindung zweier Rechtspersonen als auch zugleich Treue-
gelöbnis. Die Treue (ahd. Triuwa) war nicht umsonst eine
der höchsten Tugenden unter den moralischen Tugenden
der vasallitischen Gesellschaft, denn auf ihr beruhte die
Wehrkraft des Reiches. Treue wurde definiert »als die sittli-
che Haltung der Beständigkeit, die man nicht um eigener
Vorteile willen aufgeben darf, auf die der andere ›vertrauen‹
kann.«[8]
Die Treue war es, die die Vasallität adelte und weit über die
Bindung von Herrn und Untertan hinaushob. Denn nicht
nur der Vasall stand in der Treuepflicht, sondern auch der
Herr. Er stand für den Schutz des Vasallen ein, für seine
Wohlfahrt, daß ihm Gerechtigkeit widerfahre und daß im Rat
seiner Stimme Gewicht gegeben werde.
Heinrich Mitteis sei hier aus seinem klassischen Werk »Der
Staat im hohen Mittelalter« zitiert:
»Wenn der Kronvasall seinem obersten Lehnsherrn die
Treue brach, handelte er dann nicht treulos gegen sich selbst,
und war nicht der Vasall verpflichtet, als das bessere Ich
seines Herrn, ihn zu sich selbst zurückzuführen und ihm
damit den größeren Dienst zu leisten?
Und wenn der oberste Lehnsherr selbst den Weg des Rechts
verließ und zum Tyrannen wurde, brach er dann nicht die
Herrentreue, mußten seine Vasallen ihm nicht Widerstand
leisten? Denkt man den Treuebegriff zu Ende, findet man in
ihm selbst die Wurzel des feudalen Widerstandsrechts.«[9]
Erst vor dem Hintergrund des Treuebegriffs wird die Proble-
matik erkennbar, die in den Auseinandersetzungen Ottos
des Großen mit Halbbruder, Bruder, Sohn und Schwiegersohn so dramatische, das Reich fast zerstörende Formen
annahm.
Sagen wir verkürzt: Sinn des Lehnswesens – nach Josef
Calmette und Marc Bloch »Société féodale –, das sich auf
Vasallität aufbaute, war es, ein Heer gepanzerter Reiter zu
schaffen. Die Bindung der an diesem Prozeß Beteiligten war
die »Treue«.

Die Beter

Über das Reich der Ottonen spannte sich das Glaubensdach der Kirche.

Im deutschen Reich gab es sechs Kirchenprovinzen, an deren Spitze der Metropolit, der Erzbischof, stand. Dem Erzbischof unterstanden die Bischöfe seiner Erzdiözese, und doch stand jeder Bischof für sich in der Nachfolge der Apostel.

Innerhalb seines Bistums war der Bischof Leiter und Hüter der Herde. Und diese Herde, die Gemeinschaft der Gläubigen, war ihm von Gott anvertraut. Nach dem Willen Gottes spendeten seine Hände das Heilige. Die frühen Bischöfe galten bis zum 10. Jahrhundert als Heilige.

Das ist nicht ohne Logik. Denn wer das Heilige spendete, mußte Teilhaber am Heiligen sein.

Die geistliche Macht wurde dem Bischof durch die Gnade Gottes übertragen und durch das Ritual der Salbung und Weihe. So wurde der Bischof zum Gesalbten des Herrn. Nicht nur sein Kopf wurde mit dem heiligen Chrisam gesalbt, auch seine Hände. Jetzt konnte er durch Handauflegung göttliche Gnade weitergeben. Er konnte die Priesterfunktion übertragen, indem er die dazu Auserwählten mit dem heiligen Öl salbte. Nur wer von ihm eingesetzt war, durfte das Meßopfer darbringen, durfte Teufelsaustreibungen vornehmen oder die Sühneformeln aussprechen.

Der Bischof zeugte als geistiger Vater seinen Klerus selbst. Durch die Salbung erwarb er die Gabe der Sapientia, der Einsicht, der Durchsicht, durch den äußeren Schein zum Kern der Wahrheit durchzudringen.

Der Bischof war nicht nur ein Meister des Wortes, sondern auch der Interpret von Gottes Wort. Er besaß die Schlüssel zur Wahrheit, aus der ihm die Pflicht erwuchs, sie weiterzugeben und zu verkünden.

Als Helfer in seinem geistlichen und metaphysischen, das heißt übersinnlichen Auftrag standen dem Bischof sein Klerus, vor allem aber seine Domschule zur Seite. Hier wurden die Homilien geschrieben, um der Predigt innerhalb des Bistums eine einheitliche Ausrichtung zu geben. Auch wurden Texte kopiert und über Gottes Wort nachgedacht in dem Bemühen, den Willen des Herrn zu erfüllen.

Der Bischof war fast immer ein Adeliger, der den alten Geschlechtern entstammte. Auf dem Bischofsstuhl von Konstanz finden wir drei Bischöfe aus der Familie der Salomone. Die bereits erwähnten Bischöfe Adalbero von Laon und Gerhard von Cambrai waren Verwandte. Sie entstammten dem Ardenner Grafenhaus und waren somit Karolinger.

Man kann darin Nepotismus sehen oder auch den Glauben, daß bestimmte Familien durch Adel und Charisma zu diesem Mittleramt zwischen Gott und den Menschen prädestiniert waren.

Die Beter im Kloster

Die Inkarnation des Beters war der Mönch, das Kloster der Ort der Ausübung des Gebets.

Das Gebet war im Mittelalter nicht nur eine spirituelle, sondern auch eine reale Macht. Es nahm Einfluß auf den Himmel, aber auch auf die Erde.

Nur so konnte das Mittelalter es sich erlauben, Abertausende junger Männer und Frauen in die Klöster zu entsenden, mit der Aufgabe, durch das Gebet die Gegenwart und die himmlische Zukunft zu gewinnen. Der Mönch und die Nonne, obwohl sie die Einsamkeit suchten, lebten nicht an den Rändern der Gesellschaft, sondern waren integrierter Bestandteil.

Das Mönchstum kam aus Palästina, aus Syrien und Ägypten. Es stellte sich nicht nur in Form des Eremitentums dar, sondern auch in der Form des Gemeinschaftslebens.

Über Südgallien fand es Eingang ins Frankenreich. Unter Ludwig den Frommen setzte der Reichsabt Benedict von Aniane (750–821) die Regel des Benedict von Nursia (480–547?) als verbindlich in allen Klöstern des fränkischen Großreiches durch.

Die Aufnahme in die Klostergemeinschaft setzte meistens eine Schenkung an Land oder anderen Gütern voraus.

Dann mußte die innere Eignung zum Klosterleben erwiesen

werden. Nach der Benediktinerregel mußte sich der Anwärter einer vier- bis fünftägigen inneren Prüfung unterziehen. Diese Zeit verbrachte er im Gästehaus des Klosters. Dann wechselte er als Novize über in die »cella noviciorum«, die noch immer außerhalb des »claustrum« lag. Nach zwei Monaten wurde ihm die Ordensregel vorgelesen. Die erneute Lesung der Regel erfolgte nach sechs Monaten und die letzte Lesung vier Monate später.

Nach diesem Prüfungsjahr erst erfolgte die Aufnahme in die Mönchsgemeinschaft. Erst jetzt schlossen sich die Klostermauern hinter dem Neuen. Nun leistete der junge Mönch die Profeß, das Versprechen, von nun an im Kloster zu bleiben (stabilitas loci), sittlichen Lebenswandel (conservatio morum) und Gehorsam (oboedientia) zu üben.

Von nun an galt das Leben des jungen Mönches der Erfüllung eines moralisch anspruchsvollen Pflichtenkatalogs: »Vor allem Gott den Herrn zu lieben aus ganzem Herzen, von ganzer Seele, mit aller Kraft. Dann, den Nächsten lieben wie sich selbst ... Sich selbst verleugnen, um Christus nachzufolgen. Den Leib züchtigen. Sinnliche Lust nicht hegen. Das Fasten lieben. Die Armen erquicken. Die Nackten bekleiden. Kranke besuchen. Den Trauernden trösten. Sich dem Treiben der Welt entfremden ... Böses nicht mit Bösem vergelten. Kein Unrecht tun, aber es geduldig ertragen. Die Feinde lieben. Nicht stolz sein ... Das Gute, das man an sich bemerkt, Gott zuschreiben, nicht sich selbst. Das Böse aber stets als sein eigenes Werk erkennen und sich selbst zuschreiben ... Seine früheren Sünden unter Tränen und Seufzen täglich vor Gott im Gebet bekennen ... Die Begierde des Fleisches nicht befriedigen. Den Eigenwillen hassen. Den Befehlen des Abtes in allem gehorchen ...«

Sicher waren nicht alle Mönche diesen moralischen Selbstverleugnungsansprüchen gewachsen, viele mußten wohl im Gefühl des persönlichen Scheiterns leben. Das wird den frommen Ordensgründern schon klar gewesen sein. Dennoch, die hohen Ziele, nicht ihre unbedingte Erfüllung, haben das mönchische Leben getragen.

Auch wenn in einigen Klöstern das monastische Leben ver-
flachte, ja, entartete, immer wieder kamen Reformer, die das
Mönchsleben zurückführten auf die Regeln des heiligen
Benedict.

Der Beitrag der Klöster zum abendländischen Kultur- und
Geistesleben kann gar nicht hoch genug eingeschätzt werden. Die ganze karolingische Renaissance und ihre Weiterführung im Aufschwung des geistigen und künstlerischen
Lebens in ottonischer Zeit wäre ohne die Klöster mit ihren
Schulen, die das Wissen weitergaben, ohne ihre Schreibstu-
ben, in denen nicht nur Gottes Wort, sondern auch das
Kulturerbe der Antike niedergeschrieben wurde, nicht denkbar.

Hier hatte die Kunst ihre Heimat. Elfenbeinschnitzerei,
Gold- und Silberarbeiten, Buchmalerei und alle die heiligen
Gerätschaften, die dem Wunder der Eucharistie den mystischen Rahmen gaben, sie entstanden in der Stille der Klöster,
wuchsen empor aus der Tiefe der Herzen, die immer wieder
versuchten, sich selbst zu verleugnen und Gottes Größe zu
verherrlichen.

Auch die Mission wäre ohne die monastische Welt nicht
durchführbar gewesen. Genauso wie das Kloster Corbie an
der Somme die Patenschaft für das Kloster Corvey an der
Weser übernahm, so übernahmen viele Klöster des Westens
die Patenschaft über die Klöster im Osten. Viele der großen
Missionsbischöfe kamen aus der Stille der Klosterzelle und
trugen den Glauben in die Welt. Angefangen mit dem heiligen Bonifatius (672/75–754) bis zu Adalbert von Prag
(956–997). Der Märtyrertod war meistens die Krönung ihrer
Glaubenshingabe.

Das Kloster war so sehr Teil der mittelalterlichen Welt, daß
die Welt auch nach den Klöstern griff.

Hatten zuerst fromme Männer und Frauen die Klöster gegründet, so stifteten nun die Könige und ihre Familien
Klöster.

Zum christlichen König gehörte die Mission, und die besten
Helfer dazu waren die Klöster.

Bald ließ es sich jede große Adelsfamilie angelegen sein, ein
Kloster als Hauskloster und Grablege zu stiften. Wilhelm

von Aquitanien (†918) gründete das berühmte Kloster Cluny und blieb als weltlicher Schirmvogt auch Herr der weltlichen Macht, die das Kloster mit seinen reichen Besitzungen darstellte. So wie das Bischofsamt wurde auch das Kloster zur Adelsdomäne.

Das Nonnenkloster Gandersheim, eine liudolfingische Stiftung, hatte drei sächsische Prinzessinnen als Äbtissinnen. Damit lag das Interesse des Herrscherhauses immer auf Gandersheim.

Im Gegensatz zu Karl dem Großen hat Otto der Große nie in die geistlichen Inhalte seiner Kirche hineinregiert.

Den Reformbewegungen in Oberlotharingien, die von den Klöstern Gorze bei Metz, St. Maximin bei Trier und St. Aper bei Toul ihren Ausgang nahmen, stand er pragmatisch gegenüber. Er wollte Klöster mit funktionierendem Gemeinschaftsleben, in denen die Regeln eingehalten wurden, vor allem aber wollte er die wirtschaftliche Stabilität der Klöster, in denen er in gewisser Weise Institute des Reiches erblickte.

Klöster mit verlotterter Wirtschaft konnten ihm nicht die Truppenkontingente stellen, die er für seine Heere brauchte. Denn die Klöster mit ihren Klostervasallen waren von großer militärischer Bedeutung.

Die beiden Klöster Reichenau und St. Gallen haben seine Hand zu spüren bekommen.

Bei seiner Rückkehr aus Italien, im Jahre 965 und 972, hat er beide Klöster visitiert.

In der Reichenau hat er kurzentschlossen den Abt Ekkehard im Jahre 972 wegen schlechter Verwaltung abgesetzt und durch den Propst des Klosters, Roudmann, ersetzt. Der brachte rasch das heruntergekommene Wirtschaftsgefüge in Ordnung und setzte der Mißwirtschaft ein Ende.

Von ihm beraten, hat der Kaiser den Mönch Sandrad von St. Maximin bei Trier nach St. Gallen entsandt, in dem die gleichen Mißstände herrschten. Welche Bedeutung Otto diesen wirtschaftlichen Problemen entgegenbrachte, zeigt sich daran, daß er nach St. Gallen zusätzlich noch eine Kommission von acht Bischöfen und Äbten schickte, um dort die rechte Ordnung wiederherzustellen.

In beiden Fällen ging es bei diesen Klöstern nicht um die monastische Ordnung, sondern um die bedrohte Wirtschaftlichkeit.

Im übrigen hatte in Deutschland die Klosterzucht zu keiner Zeit so gelitten wie im benachbarten Frankreich und in Lotharingien.

2. Die ersten Jahre Ottos:
Rebellion gegen den König

Der Druck auf die Ostgrenzen
des Reiches

Ein Thronwechsel bedeutete in alter Zeit immer den Versuch der tributpflichtigen Völker, die Vorherrschaft der Tributärmacht abzuschütteln in der Hoffnung, daß die Zeit des Wechsels auch eine Zeit der Schwäche wäre. Die Böhmen hatten sich schon im Jahre 935 von der ostfränkischen Vorherrschaft befreit, als der deutschfreundliche Herzog Wenzel von seinem Bruder Boleslaw I. erschlagen worden war. Ein sächsisch-thüringisches Aufgebot hatten die Böhmen zurückgejagt und teilweise vernichtet. Bei diesem Feldzug war auch die Merseburger Schar, besser: die Merseburger Verbrecherschar, aufgerieben worden, von der Widukind so anschaulich erzählt:
»König Heinrich nämlich, sehr streng gegen die Fremden, war gegen seine Landsleute in allen Dingen milde; so oft er deshalb sah, daß ein Dieb oder Räuber ein tapferer Mann und tüchtig zum Kriege sei, gab er ihm Äcker und Waffen und befahl ihm, die Mitbürger zu verschonen, gegen die Barbaren aber, soviel sie sich getrauten, Raubzüge zu machen. Die aus solchen Leuten gesammelte Menge also stellte eine vollständige Heerschar zum Kriege.«[10]
Wenn also eine Truppe aus solch rauhen Gesellen von den Böhmen aufgerieben worden war, so mußte das ein Alarmzeichen sein.
Vierzehn Jahre noch loderten die Kämpfe an der böhmischen Grenze, bis sich Otto durchsetzen konnte.
Im Jahre 937 erschienen auch wieder die Ungarn; zwar konnte Otto ihren Einfall nach Sachsen abwehren, doch nicht verhindern, daß sie raubend, mordend und brennend

durch Schwaben, Franken und Lotharingien zogen. Von
dort pflügten sie ihre blutige Spur nach Burgund, Frankreich
und Italien. Wir erinnern uns, der Erfolg der Regierung König Heinrichs
hatte darin bestanden, daß er die deutschen Stämme einte
und so mit der Gesamtkraft des Reiches den Ungarn wehren
und die Slawengrenze sichern konnte. Aber die Einheit der
fünf Stämme war schon nach anderthalb Jahren Regierungszeit von König Otto zerbrochen. Was war geschehen?

Psychologie eines Aufstands

Einige wichtige Männer im Reich, Stützen von König Heinrichs Herrschaft, waren gestorben.
Dies waren unter anderem: Graf Bernhard, Befehlshaber an
der Slawenfront, und Graf Siegfried von Merseburg, den wir
schon als »secundus a rege« – als Zweiter nach dem König –
in Sachsen kennengelernt haben.
König Otto errichtete zwei Markgrafschaften. Die Markgrafschaft, in deren Gebiet der Graf Bernhard das Kommando
geführt hatte, übertrug der König dem Grafen Hermann
Billung, dem Jüngeren. Der ältere Bruder, Wichmann Billung, dem in der Hierarchie der Billungersippe die Stelle
zugestanden hätte, wurde übergangen. Die Empörung des
älteren Billunger Bruders Wichmann, der dazu noch mit Bia,
der Schwester der Königinwitwe Mathilde, verheiratet war,
war so groß, daß er das Heer, das nun unter Führung seines
jüngeren Bruders Hermann gegen die Slawen zog, Krankheit vorschützend, verließ. Bei Widukind, der ja seine Sach-
senherrscher fast immer positiv sieht, klingt die Verwunderung über diesen Affront seitens des Königs durch:
»Der König beschloß nun, einen neuen Heerführer zu bestellen, und wählte zu diesem Amte einen edlen, kraftvollen
und sehr klugen Mann namens Hermann. Durch diese hohe
Stellung aber erregte Hermann den Neid nicht allein der
übrigen Fürsten, sondern auch seines Bruders Wichmann.«[11]
Dem jüngeren Bruder Hermann Billung gibt Widukind die

Eigenschaften edel, kraftvoll und sehr klug. Das ist eine wohlwollende Charakterisierung.

Den älteren Bruder Wichmann aber zeichnet er so: »Denn es war Wichmann ein gewaltiger, tapferer Mann, hochstrebend, kriegserfahren und von solchem Wissen, daß sein Gefolge an ihm übermenschliche Kenntnisse rühmte.«[12]

Man sieht, auch Widukind ist über die Entscheidung des Königs erstaunt. Sein Kandidat wäre mit Sicherheit der ältere Bruder gewesen, denn ihn rühmt er als einen Mann von übermenschlichem Wissen, vor allem sieht er in ihm den Kriegserfahreneren, und das hätte doch bei dieser Position den Ausschlag geben müssen. Auch die anderen Fürsten akzeptierten den einsamen Beschluß des Königs mit Verwunderung. Die fein austarierten Gewichte der germanischen Adelsgesellschaft waren verschoben, der Konsens des Königs mit seinen Großen gestört.

Die Hintansetzung des älteren Billung zeitigte noch viele Jahre später Folgen, als sich die Söhne des Wichmann Billung gegen den König erhoben.

Eine weitere folgenschwere Entscheidung traf der König nach dem Tode des Grafen Siegfried von Merseburg im Jahre 937. Jetzt galt es, den verstorbenen, einflußreichen Mann zu ersetzen und gleichzeitig die neue vergrößerte Mark zwischen Elbe und Saale zu vergeben.

Der König setzte den Grafen Gero in dieses Markgrafenamt ein, den jüngeren Bruder des verstorbenen Grafen Siegfried. So weit, so gut.

Das Problem bestand darin, daß Ottos älterer Bruder Thankmar, der Sohn König Heinrichs mit seiner ersten Frau Hatheburg, begründeten Anspruch auf die Markgrafenschaft erheben konnte. Zum ersten war er des Königs Halbbruder, zum zweiten hatte er als Sohn der Hatheburg, die die Erbtochter des Grafen von Merseburg gewesen war, Anspruch auf das mütterliche Erbgut.

Widukind, der ja Partei und sächsischer Geschichtsschreiber ist, kommt nicht umhin, den Vorgang so zu schildern:

»Thankmar aber, der Sohn des Königs Heinrich, geboren von einer Mutter eines edlen Stammes, war stets fertig zum

Kampf, lebhaften Geistes, kriegskundig, aber im Kriege gab es für ihn Ehre und Sitte nicht. (Eigenschaften, die er mit vielen sächsischen Edlen gemeinsam hatte, denn die Rechtsbindung galt nur gegenüber dem Stammesgenossen.) Seine Mutter hatte einen großen Besitz, darum fühlte er sich, obwohl durch seinen Vater mit anderen Gütern reich ausgestattet, schwer gekränkt durch den Verlust seines mütterlichen Erbes und ergriff aus diesem Grund zu seinem und der Seinen Verderben die Waffen gegen seinen Herrn, den König.«[13]

Auch Thietmar von Merseburg, im Jahre 975 geboren und noch recht nahe an den Ereignissen, berichtet ähnlich. Als Bischof von Merseburg war er in besonderer Weise mit dem Schicksal und der Vergangenheit der Grafen von Merseburg vertraut, so daß sein Zeugnis Gewicht hat.

»Ferner kam es zu recht erheblichen Unstimmigkeiten unter unseren Landsleuten und Waffengefährten; sie veranlaßten Tammo (Thankmar), den Sohn des Königs und der Hatheburg, zum Aufstande, weil das von ihm beanspruchte Amt des Grafen Siegfried von Merseburg an Markgraf Gero verliehen und ihm obendrein sein mütterliches Erbgut entzogen worden sei.«[14]

Wie im Falle des älteren Billunger Bruders Wichmann hatte der König die Rechte seines Halbbruders übergangen und es versäumt, ihm die eines Königsbruders würdige Stellung im Reich zu geben.

Hatte schon König Heinrich unrecht gehandelt, als er nach der Trennung von Hatheburg deren merseburgische Erbgüter einbehielt, so wurde an Thankmar erneut Unrecht geübt, indem König Otto es unterließ, Thankmar durch Vergabe des Markgrafenamtes wieder in seine Rechte einzusetzen.

Noch dramatischer gestaltete der König sein Verhältnis zum Frankenherzog Eberhard.

Hatte Heinrich als Kernstück seiner Politik das Bündnis zwischen Franken und Sachsen betrachtet, so nahm Sohn Otto den ersten Anlaß wahr, den Frankenherzog zu deminuieren. Hatte er dabei ganz vergessen, daß es der Franke Eberhard gewesen war, der den Auftrag seines Bruders erfüllt hatte, dem Sachsenherzog Heinrich die Königskrone anzutragen?

Dabei hatte Eberhard auf die Möglichkeit einer eigenen Kronanwartschaft als Nachfolger seines kinderlosen Bruders, König Konrads I., verzichtet.

König Heinrich hatte die Tat des Frankenherzogs stets zu würdigen gewußt. Er hatte sofort mit ihm ein Amicitia-Bündnis geschlossen. Als praktisches Ergebnis dieser Politik setzte König Heinrich den Konradiner und Franken Hermann zum Herzog über Schwaben ein. Dadurch wurden die Konradiner zum mächtigsten Geschlecht nach dem König. König Otto änderte dieses Verhältnis sofort. Hören wir, was die Quellen berichten:

»Als aber die Kämpfe mit den auswärtigen Feinden aufhörten, begannen die Kämpfe im Innern. Die Sachsen nämlich, stolz geworden, weil sie einem König unterstanden, lehnten es ab, anderen Stämmen zu dienen, und verschmähten es, die Lehen, die sie besaßen, durch die Gunst irgendeines anderen als der des Königs zu haben. Darüber ergrimmte Eberhard (Herzog der Franken) gegen Bruning (der, obwohl Sachse, dem Frankenherzog lehnspflichtig, diesem die Lehnspflicht verweigerte), sammelte eine Schar und brannte dessen Burg Helmer nieder, nachdem alle Bewohner der Burg getötet worden waren. Als der König diese Anmaßung vernahm, verurteilte er den Eberhard, als Buße eine Anzahl Pferde zu liefern im Wert von hundert Pfund, und alle Kriegsobersten, die ihm dabei geholfen hatten, zu der Schande, Hunde zu tragen bis zu der königlichen Stadt Magdeburg.«[15]

Der Grimm der Franken war gewaltig. Hundetragen galt als eine der schimpflichsten Strafen.

Man fragt sich, was kann König Otto dazu getrieben haben, die Franken, seine treuesten Verbündeten und ihren Herzog, dem die Sachsen doch ihr Königtum verdankten, so zu demütigen? Der Sachse Bruning, das bezeugt Widukind eindeutig, hatte in blindem Hochmut gegen seinen Lehnsherrn, den Frankenherzog Eberhard, und gegen seine Pflichten als Lehnsmann gehandelt. Nicht Eberhard und seine Franken waren zu tadeln, sondern der Sachse Bruning.

Ottos Handlungsweise findet keine Erklärung in Staatsnotwendigkeiten.

Anders im Falle der Baiern.

Hier war der Herzog Arnulf gestorben, der gleiche, der, schon von seinen Großen zum König ausgerufen, von König Heinrich bewogen werden konnte, auf sein Königtum zu verzichten. Als Ausgleich dafür hatte König Heinrich dem Baiernherzog Königsrechte, zum Beispiel das Recht der Investitur, der Bischofseinsetzung, überlassen. Beim Tod des Herzogs Arnulf betrachtete König Otto diese Rechte als entzogen und der Krone zugehörig.

So kam es zum offenen Konflikt mit Arnulfs Sohn Eberhard, der schon 935 vom Vater zum Nachfolger designiert worden war. Es ist verständlich und paßt in den Rahmen von Ottos Herrschaftsidee, daß er die hochprivilegierten Baiern in das Rechtsgefüge der anderen Herzogtümer zurückholen wollte.

Otto wagte einen Feldzug, konnte sich aber wegen zu geringer Truppenmacht nicht gegen den aufsässigen Baiern durchsetzen und kehrte nach Sachsen zurück.

Der Aufstand des Thankmar und des Eberhard

Der um sein Erbe gebrachte Thankmar hatte sich mit dem gedemütigten Frankenherzog Eberhard verbündet und belagerte die Feste Belecke, nordöstlich von Arnsberg. Thankmar nahm die Burg, gab sie seiner Soldateska zur Plünderung frei und nahm als wertvollsten Schatz Heinrich, den jüngeren Bruder des Königs, der in ihr weilte, gefangen. Auch der ältere Billunger, Wichmann, gehörte am Anfang der Verschwörung an, wandte sich aber wieder dem König zu und blieb ihm, bis zu seinem Tode im Jahre 944, treu ergeben.

Thankmar lieferte den Königsbruder Heinrich an den Frankenherzog Eberhard aus. Dann wandte er sich der nördlich gelegenen Eresburg zu, die einmal mit der Irminsul sächsisches Nationalheiligtum gewesen war, bis Karl der Große sie zerstörte. Von der Eresburg aus führte Thankmar seine Raubzüge in die Umgebung. Der Aufstand nahm solche Formen an, daß König Otto mit einem größeren Heer gegen die Eresburg und seinen Halbbruder Thankmar ziehen mußte.

Die Besatzung der Eresburg erkannte schnell, daß sie sich gegen die Übermacht des Königs nicht halten konnte. Sie fiel von Thankmar ab und lieferte die Burg aus.

Die Sieger verfolgten Thankmar bis in die Burgkirche, die, was allerdings nicht sicher ist, von Papst Leo III. (795–816) konsekriert worden sein soll.

Auf dem Altar legte Thankmar seine Waffen nieder mitsamt seiner goldenen Kette. Mit dem Niederlegen der goldenen Kette verzichtete Thankmar, nach Ansicht bedeutender Historiker, darunter Percy Ernst Schramm, auf seine königlichen Rechte, die ihm nach seiner Meinung als Sohn König Heinrichs zustanden.

In diesem Augenblick wurde Thankmar vor dem Altar von einem Ritter, Mainica, von hinten mit einer Lanze durchbohrt (28.7.938). Die Quellen berichten, daß König Otto, als er vom Tode seines Halbbruders erfuhr, sehr bestürzt war.

Das ist durchaus glaubhaft. Denn König Otto verzieh allen Aufrührern, sofern sie nur hoch genug in der Hierarchie standen, sofort, wenn sie ihren Irrtum eingestanden, sich unterwarfen und so in die Welt der Rechtsvorstellungen Ottos zurückkehrten.

Schließlich zog das Heer des Königs nach der Burg Laer, in der Gegend des heutigen Meschede.

Die Besatzung wehrte sich tapfer und gab auch unter dem Eindruck der königlichen Übermacht nicht auf. Aber als ihr Hilfsersuchen an den Frankenherzog Eberhard ohne Erfolg blieb, streckte auch sie die Waffen.

Auch Herzog Eberhard von Franken suchte, unter dem Eindruck der königlichen Waffen, den Frieden. Der neue Erzbischof von Mainz, Friedrich (937–954), ein Mann, dem die Historie einen Platz zwischen Heiligkeit und Verrat zugewiesen hat, riet dem Herzog Eberhard zum Frieden mit dem König.

Majestas Domini, aus dem sogenannten Gerokodex (Evangeliar). Gero, Erzbischof von Köln (969–976), Neffe des Wendenbezwingers, des Markgrafen Gero. 971 Brautwerber in Byzanz um die Prinzessin Theophanu.
Miniaturmalerei auf Pergament, Herstellungsort Kloster Reichenau vor 969. Könnte sehr wohl ein Brautgeschenk des Erzbischofs für die Prinzessin Theophanu sein.
(Hess. Landes- und Hochschulbibliothek)

Otto I. der Große
Standbild auf dem Marktplatz in Magdeburg
(Archiv für Kunst und Geschichte, Berlin)

Kaiserskulpturen am Meissener Dom aus der Werkstatt des Naumburger Meisters um 1250.
Königin Edgith, Ottos erste Frau, oder Kaiserin Adelheid, Ottos zweite Frau?
Die Zuordnung ist ungewiß.
Doch wird von vielen Kunsthistorikern in der noblen und weltgewandten Frauendarstellung die
wegen ihrer Schönheit berühmte Kaiserin – Adelheid von Burgund – gesehen.
Bildarchiv Foto Marburg)

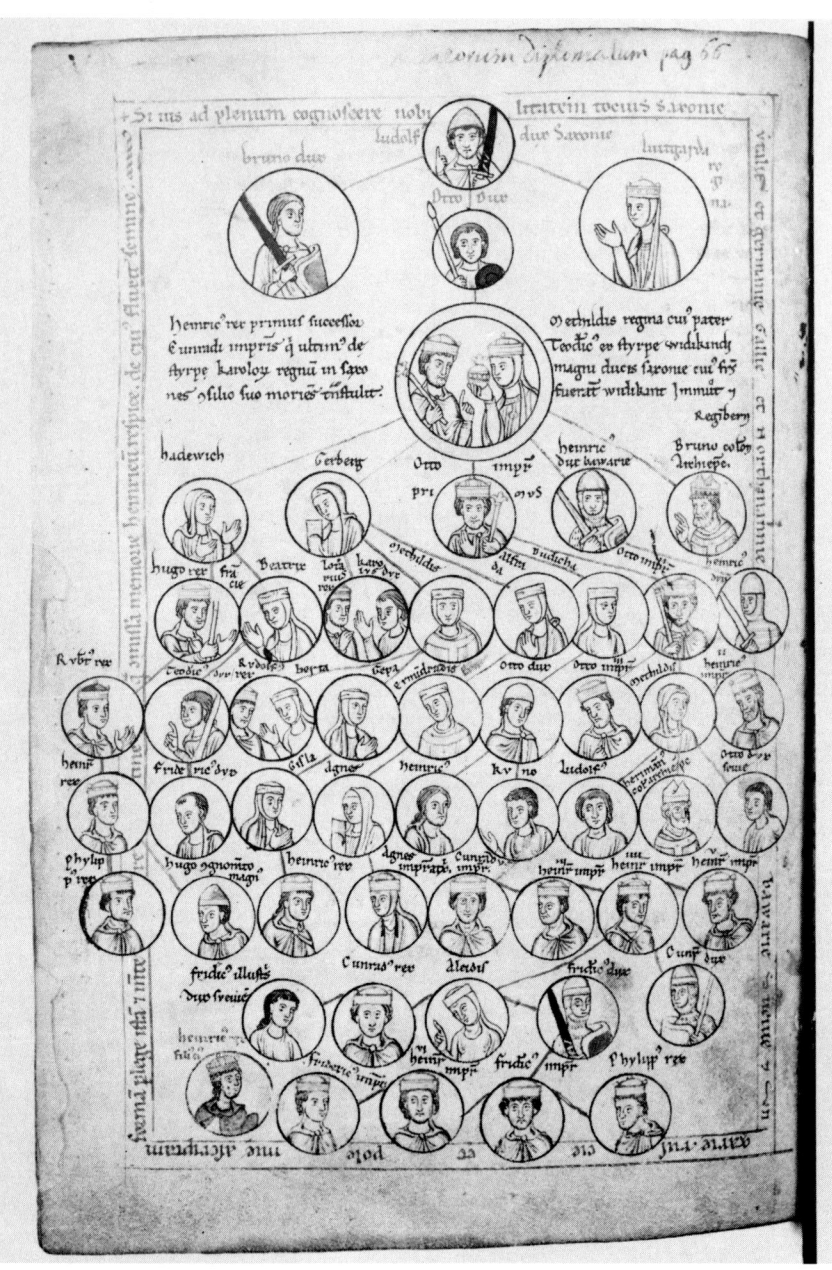

Der Stammbaum der Ottonen. Im dritten Medaillon von oben, dem größten der ganzen Tafel, König Heinrich I. und Königin Mathilde als Stammelternpaar der Ottonen sichtbar herausgehoben. Die Tafel entstand in einer Weltchronik, die bis 1237 reicht, und im Kloster St. Pantaleon entstanden ist. Das Kloster sah in Heinrichs jüngstem Sohn, Erzbischof Brun, seinen Gründer und markiert die nahe Beziehung zum Herrscherhaus.
(Chronica Sancti Pantaleonis. Wolfenbüttel, Herzog-August-Bibliothek)

Zunächst sandte Eberhard den gefangenen Königsbruder zurück an den König.

Aber zwischen den beiden Männern, Eberhard und Heinrich, hatte ein gefährliches Feuer zu glühen begonnen. Der gedemütigte Frankenherzog träumte wohl wieder von der Rolle des Zweiten im Reich nach dem König, der er in der Regierungszeit König Heinrichs gewesen war.

Und im Herzen Heinrichs lebte noch immer ein Hoffnungsfunke im Hinblick auf ein eigenes Königtum, war er doch von einem König, sein Bruder Otto aber nur von einem Herzog gezeugt. Die eigene Mutter hatte seinen Plänen nicht ferngestanden, und für viele der Großen, die Otto in nur zwei Regierungsjahren nicht ihren Ansprüchen oder ihrer Würde gemäß behandelt hatte, war er der neue, der wahre König, der sie alle zurückführen würde in die Rechtsformen, in denen König Heinrich regiert hatte.

Zunächst aber versuchte Heinrich bei seinem königlichen Bruder Verzeihung für seinen künftigen Verbündeten, den Frankenherzog Eberhard, zu erlangen. Nach kurzer, man möchte sagen ehrenvoller Haft in Hildesheim, unter Aufsicht des sächsischen Bischofs Thietgard, wurde Eberhard wieder als Herzog von Franken durch des Königs Gnade eingesetzt. Auch Erzbischof Friedrich von Mainz, der ja der erste Bischof des Reiches war, hatte bei dieser Regelung mitgewirkt. Er war wohl nie wirklich ein Verräter am König, auch wenn er sich in entscheidenden Phasen an der Seite der Herzöge befand. Er war der Mann der Mitte, des Ausgleichs, der an der Staatsidee König Heinrichs festhielt, in Gemeinschaft mit den Herzögen zu regieren. Er sah auch wohl in König Heinrichs Kollegialkonzept die Regierungsform, die es am besten erlaubte, die Kräfte des Reichs zur Abwehr der äußeren Feinde zusammenzufassen. Und in der Forderung der Herzöge nach Wiederherstellung der alten Amicitia-Pakte sah er keine Rebellion, sondern die Rückkehr zum guten, alten Recht.

Die Ungarn, die inneren Streitereien des Landes nutzend, fielen jetzt in Sachsen ein. Aber diesmal blieb ihnen der Erfolg versagt. Die sächsischen Burgen, ein Erbe Heinrichs I., leisteten Widerstand und schlugen den Feind bei der

Steterburg nahe Wolfenbüttel. Eine andere ungarische Hee-
resgruppe wurde von einem geländekundigen Slawen in
eine unwegsame Moorgegend zwischen Aller und Ohre,
nördlich von Helmstedt, in einen Hinterhalt gelockt und
erschlagen. Ihre Anführer wurden gefangengenommen und
konnten sich nur gegen hohes Lösegeld freikaufen.

Für den König war jetzt die Stunde gekommen, sich gegen
Baiern zu wenden, das ja noch immer im Aufstand lebte und
die Rückgabe der dem verstorbenen Herzog Arnulf gewähr-
ten Königsrechte verweigerte.

Die Einzelheiten dieses zweiten Feldzuges nach Baiern sind
nicht überliefert. Wohl aber wissen wir, daß der König
siegte. Der Baiernherzog Eberhard wurde in die Verbannung
getrieben. Auch seinen Brüdern blieb das Herzogsamt ver-
schlossen. Der König übertrug das Herzogtum Baiern ihrem
Oheim Berthold, dem Bruder ihres verstorbenen Vaters,
Herzog Arnulf. Herzog Berthold stand bis zu seinem Tode
treu an der Seite des Königs.

Damit waren die bairischen Privilegien beendet und das
Herzogtum in die gleiche Rechtsordnung, die auch in den
übrigen Herzogtümern galt, zurückgeführt.

Die große Rebellion

Die Rebellion des Königsbruders Heinrich und der beiden
Herzöge Eberhard von Franken und Giselbert von Lotharingien war eine Rebellion anderer Qualität als der vorherige
Aufstand des Thankmar und des Eberhard. Fühlte sich
Thankmar übergangen und um sein Erbe gebracht und Eberhard bis zur Unerträglichkeit gedemütigt und beleidigt, so
bot sich jetzt in der Person des Königsbruders Heinrich ein
Kronprätendent, eine Alternative zu König Otto, an. Das
hätte Rückkehr zu der Regierungsform König Heinrichs I.
bedeutet, das heißt, Konsens mit den Mittelgewalten, den
Herzögen. Regierungsverantwortung, eingebunden in die
von König Heinrich praktizierte Form der Amicitia-Bünde.
Heinrichs, des jüngeren Bruders Ottos, Verhalten war gera-
dezu ein Fanal, daß er an die Regierungsform seines Vaters,

König Heinrichs, anschließen wollte. In Saalfeld im Thüringerwald lud er seine Mitverschworenen zu einem »convivium«, einem Festmahl, ein. Solche Festmähler gehörten zum Brauch der »Gebetsvereinigungen« und waren Ausdruck ihres gemeinschaftlichen Lebens.

Historiker wie Karl Schmid, Gert Althoff und Hagen Keller haben die »Gebetsvereinigungen« ins Blickfeld unserer Zeit gestellt und nachgewiesen, daß diese Vereinigungen auch Organisationsformen zur Durchsetzung von politischen Zielen und Beistandsverpflichtungen sein konnten.

Die Saalfelder Versammlung kam zu dem Ratschluß, Heinrich solle seine Burgen in Sachsen in den Händen seiner getreuen Vasallen lassen und selber nach Lotharingien gehen, um sich dort mit Herzog Giselbert gegen den König zu vereinen.

Heinrich, in den Traditionen seines Vaters den Rat seiner Großen achtend, ging mit einer Schar Getreuer zu Herzog Giselbert. Ein großes Heer wurde aufgebracht, und man zog gemeinsam zum Rheinstrom hin.

Widukind schildert uns dieses Geschehen:

»Der König aber, als er solche Kunde vernahm, glaubte anfangs nicht daran; zuletzt, da er die Botschaft als zuverlässig und bewährt fand, zog er unverweilt mit seinem Heere hinter seinem Bruder her. Wie er nun vor die Burg namens Dortmund kam, die mit einer Besatzung seines Bruders verwahrt war, da wagten in Erinnerung an Thankmars Geschick die Mannen darin nicht, den König in der Burg zu erwarten, sondern verließen sie und ergaben sich dem König. Es war aber Agina, welcher jene Burg zu Handen Heinrichs bewahren sollte. Dieser wurde vom König mit einem schweren Eide verpflichtet, daß er, wenn er es vermöchte, seinem Herrn vom Kriege zu Frieden und Eintracht zurückführe oder wenigstens selbst zum König zurückkehre; also entlassen suchte er seinen Herrn auf. Das Heer aber gelangte unter des Königs Führung bis an die Ufer des Rheins.«[16]

Die Mission des Agina scheiterte, denn die Verschworenen blieben bei ihrem Vorhaben. Agina aber erfüllte seinen Schwur und kehrte zum König zurück, während das Aufge-

bot der Lotharinger gegen Osten zog, dem König den Rheinübergang zu verwehren.

Das Wunder von Birten

Bei Birten, einem Orte südlich von Xanten, dem alten Römer-
kastell Vetera, standen sich die Heere gegenüber, getrennt
nur durch den Stromlauf des Rheins.
Einer, im besten Fall zwei Hundertschaften gepanzerter
sächsischer Reiter war schon der Rheinübergang gelungen,
und nun stand diese kleine Schar vor der lotharingischen
Übermacht. Nur ein Teich lag noch zwischen ihnen. Eine
dramatische Situation, die den sicheren Untergang der kleinen königlichen Reitertruppe oder ihre Gefangenschaft bedeutete. Schiffe, um rasch Entsatztruppen über den Rhein zu
bringen, waren in ausreichender Zahl nicht vorhanden.
Darum war ja der Trupp sächsischer Reiter auf der linken
Rheinseite, der jetzt mit der plötzlich aufgetauchten lotharin-
gischen Übermacht konfrontiert war, so klein.
Was tat nun der König, den sicheren Untergang seiner
Panzerreiter vor Augen? Beriet er sich nochmals mit seinen
Heerführern, wie der verlorene Haufe auf der anderen
Stromseite zu retten sei? Signalisierte er den Verlassenen
dort drüben, ihr Heil in der Flucht zu suchen?
Nein.
Der König betete!
Er wandte sich an Gott. An den Gott, in dessen Namen er
gesalbt war. An den Gott, der ihm als seinem Stellvertreter
die Herrschaft über die Völker anvertraut hatte.
Es war nicht Zeit für Menschenmacht und Tun. Gott mußte
jetzt seine Allmacht an ihm, dem König, erweisen. Gott
mußte sichtbar machen aller Welt, daß die Wenigen über die
Vielen siegen können, wenn Gott mit den Wenigen ist.
Der König stieg vom Pferd. Er pflanzte die Heilige Lanze mit
den Kreuzesnägeln Christi auf und betete vor ihr.
Er, der Gesalbte des Herrn, der Stellvertreter Christi auf
Erden, rief den an, durch dessen Gnade und Wille er hier die
Macht auf Erden hatte.

Vor der Kulisse des gewaltigen Stromes war nun der König alleine vor Gott, der jetzt an ihm das Königsheil erfüllen mußte, damit die Rechtmäßigkeit seines Königtums und die Macht des Herrn der schwankenden Welt zur Gewißheit wurde.

Und nun vollzog sich vor den staunenden Augen des sächsischen Heeres das Gotteswunder.

Die kleine sächsische Schar jenseits des Rheines hatte sich zum Kampf gegen den übermächtigen Feind entschlossen in der Gewißheit, daß Flucht, hier mitten in Feindesland, der sichere Tod war.

Vor dem Teich, der die wenigen Sachsen von der lotharingischen Übermacht noch trennte, teilte sich die kleine Schar und griff mit zwei Gruppen von zwei Seiten den Feind an.

Lotharinger und Sachsen hatten in den letzten Jahren oftmals miteinander in gemeinsamen Heeresaufgeboten gekämpft. So kam es, daß einige sächsische Reiter ein paar Brocken des lotharingisch-ripuarischen Idioms beherrschten. Und so riefen sie den Lotharingern in der Not ihrer Herzen zu: »Flieht, flieht, rette sich wer kann!«

Dann droschen sie auf die Feinde ein. Und da im Herzen der Menschen immer ein Löwe und ein Hase miteinander schlafen, erwachte im Herzen der Lotharinger der Hase, und unter seinem Panier flohen sie.

Sie mußten ihre Flucht mit vielen Toten bezahlen. Widukind notiert:

»An diesem Tag wurden von den Unseren viele verwundet, wenige auch getötet, darunter Ailbert, genannt der Weiße, der, von einem Geschoß Herzog Heinrichs getroffen, wenige Tage nachher starb. Die Feinde wurden entweder alle getötet oder gefangen oder wenigstens in die Flucht getrieben und alles Gepäck und Gerät unter die Sieger verteilt. Von seiten der Lotharinger soll in diesem Kampf Godofried, genannt der Schwarze, wacker gekämpft haben. Aber auch Mainica (der Thankmar, den Halbbruder des Königs meuchlings gemordet hatte) fiel an diesem Tage.«[17]

Der Bischof Liutprand von Cremona weiß es noch besser: »Denn infolge seines (des Königs) Gebets wandten sich die Feinde sämtlich zur Flucht, während von den Seinen keiner umkam. Von jenen aber wußten manche nicht einmal, warum sie flohen, da sie den verfolgenden Feind seiner geringen Zahl wegen gar nicht sehen konnten. Sehr viele wurden erschlagen, und Heinrich erhielt einen gewaltigen Schwertstreich am Arm; wiewohl das starke, dreifache Panzerhemd die Schneide des Schwertes nicht bis zum Fleisch hindurchließ, so verursachte doch die Wucht des erbitterten Hiebes eine solche Quetschung, daß keine Sorgfalt der Ärzte sie zu heilen vermochte, daß er nicht jedes Jahr einen heftigen Schmerz verspürte. Deshalb hat man auch lange nachher gesagt, er sei an den Folgen dieser Tat gestorben.«[18]

Mehr noch als seine Krönung und Salbung, seine Thronsetzung auf den Stuhl Karls des Großen, hat das Wunder von Birten den König geprägt.

Von nun an hielt er, durch Verrat und Untreue schreitend, von inneren und äußeren Feinden bedrängt, unbeirrbar an seiner Königsidee fest. Niemals strebte er den Konsens mit den Herzögen an, sondern immer nur die Durchsetzung des Königswillens. Das Wunder von Birten gab dem König eine Unverletzlichkeit, eine Sicherheit im Handeln, die ihn nie verließ, auch wenn die Lage so aussichtslos war, daß, wie Widukind befürchtet:

»... alle Hoffnung schwand, daß die Sachsen noch ferner den König stellen. Aber der König zeigte bei dieser Verwirrung eine solche Standhaftigkeit und Befehlsgewalt, obgleich er nur von wenigen Vasallen umgeben war, als ob ihm gar keine Schwierigkeit in den Weg getreten wäre.«[19]

Der Sieg von Birten und seine Folgen

Der Sieg von Birten wurde von Dadi, dem königstreuen Grafen des Hassegaus, geschickt ausgenutzt. Er gab an die Burgen in Sachsen, die noch in der Hand von Heinrichs Vasallen waren, die Zweckmeldung, ihr Herr Heinrich sei in der Schlacht bei Birten gefallen. Diese gezielte Falschmeldung brachte die Befehlshaber von Heinrichs Burgen dazu, sich zu ergeben und der Gnade des Königs zu empfehlen.

Nur die Burgen Scheidungen an der Unstrut und Merseburg ergaben sich nicht und blieben Heinrich treu.

Als dieser den Abfall seiner Vasallen erfuhr, warf er sich mit wenigen Getreuen in den Sattel und erreichte, ganz Sachsen durchquerend, das ihm getreue Merseburg. Daraufhin schloß der König mit seinem Heere einen Belagerungsring um die Stadt. Nach zweimonatiger Blockade übergab Heinrich die Festung mit der Auflage eines dreißigtägigen Waffenstillstands für sich und seine Männer.

Daraufhin wandte sich Heinrich mit seinen Getreuen wieder nach Westen, nach Lotharingien, zu seinem Verbündeten, dem Herzog Giselbert.

Der König nutzte die Waffenruhe, um seinen an der Ostgrenze schwer ringenden Markgrafen Gero zu entlasten. Unser Chronist Widukind gibt uns einen Situationsbericht, der zugleich und ungewollt ein hohes Lied auf den Freiheitswillen der slawischen Völker ist, aber auch die Unerbittlichkeit dieser Kämpfe zeigt:

»Die Barbaren aber, durch unsere Schwierigkeiten übermütig geworden, hörten nirgends auf, mit Morden und Brennen das Land zu verwüsten, und trachteten danach, den Gero, den der König über sie gesetzt hatte, mit List zu töten. Er aber kam der List mit List zuvor und räumte ungefähr an die dreißig Fürsten der Barbaren, die nach einem großen Gastmahl von Wein und Schlaf trunken waren, in einer Nacht aus dem Wege. Da er aber gegen alle Völkerschaften der Barbaren allein zu schwach war – es hatten sich nämlich um diese Zeit auch die Abodriten empört, unser Heer vernichtet und den Anführer desselben namens Haika erschlagen –, so führte der König selbst mehrere Male ein Heer gegen sie, fügte ihnen vielen Schaden zu und brachte sie fast in das äußerste Verderben. Nichtsdestoweniger zogen sie den Krieg dem Frieden vor, indem sie alles Elend der teuren Freiheit gegenüber gering achteten. Es ist nämlich dieser Menschenschlag hart und scheut keine Anstrengung; gewöhnt an die dürftigste Nahrung, halten die Slawen für eine Lust, was den Unsern als schwere Last erscheint. Wahrlich, viele Tage gingen darüber hin, während auf beiden Seiten verschieden gekämpft wurde, hier für Kriegsruhm und Ausbreitung der Herrschaft, dort für Freiheit und gegen schlimmste Versklavung. Die Sachsen hatten überhaupt in jenen Tagen unter vielen Feinden zu leiden, Slawen im Osten, Franken im Süden, Lotharinger im Westen, im Norden Dänen und gleichfalls Slawen; und deshalb zog sich auch ihr Kampf mit den Barbaren lange hin.«[20]

Es ist keine schöne Welt, die uns da im Sommer des Jahres 939 geschildert wird.

König Otto hatte als Preis für seine Königsidee die Einheit der fünf Stämme gesprengt, und genau so, wie einstmals bei König Konrad I., brach die feindliche Umwelt über das Reich herein, dessen Uneinigkeit nutzend für eigenen Freiheitsdrang, Rache, Raub und Verheerung.

Und genau wie ehemals stand auch der Abfall Lotharingiens bevor.

Der Königsbruder Heinrich an der Seite Giselberts von Lotharingien nahm Beziehungen zu König Ludwig (936–954, der Überseeische) auf, und im Juni 939 huldigte Herzog Giselbert mit anderen lotharingischen Großen dem westfränkischen Karolinger.

Das Erbe von König Heinrich I. schien zerbrochen. König Otto eilte von den slawischen Grenzmarken herbei, hin zum Rhein. Er schloß Herzog Giselbert, der sich auf seine sichere Festung Chevremont in der Nähe von Lüttich zurückgezogen hatte, ein. Der König konnte aber die als uneinnehmbar geltende Festung nicht brechen.[21]

Wie es das Muster damaliger Kriegsführung wollte, verheerte er indessen das Land des Gegners.

Aber es gelang ihm ein großer politischer Erfolg.

Der Huldigung Herzog Giselberts an den westfränkischen Karolinger stellte er ein Bündnis mit dessen Feinden, dem Herzog Hugo von Francien, der dem sächsischen Herrscherhaus seit zwei Jahren durch die Ehe mit Ottos Schwester Hadwig verbunden war, entgegen. Hinzu kamen andere, dem westfränkischen König feindlich gesinnte Großvasallen, der mächtige Graf Heribert von Vermandois, der als Enkel des unglückseligen Karlsenkels Bernhard von Italien (797–818) selber Karolingerblut in sich trug und somit ein gefährlicher und fast ebenbürtiger Kronrivale für König Ludwig sein konnte. Dazu stießen Herzog Wilhelm Langschwert von der Normandie und der machtvolle Graf Arnulf von Flandern. Sie alle verbündeten sich mit König Otto gegen ihren westfränkischen Lehnsherrn, König Ludwig IV.

Dann gelang es dem König, eine Hauptstütze von Giselberts Herrschaft in Lotharingien in Gegensatz zu dem Herzog zu bringen, einen Grafen namens Immo, dessen Gegnerschaft Giselbert zu dem Ausspruch brachte: »Mit Immo kann ich leicht alle Lotharinger unterwürfig halten, doch mit allen Lotharingern kann ich ihn allein nicht unterwerfen.«[22]

So hatte König Otto eine politische Antwort auf die Huldigung des Lotharingerherzogs an den westfränkischen König gefunden. Im Schutze der neuen Bündnisse konnte der König es wagen, erneut an die gefährdete Slawengrenze zu eilen.

Der westfränkische König schien diesen Zeitpunkt abgewartet zu haben, denn er erschien im August 939 mit Heeresmacht im Elsaß, das er als zu Lotharingien gehörend betrachtete.

Aber Ottos neues Bündnis funktionierte.

Feindseligkeiten seines Großvasallen Herzog Hugo von Francien brachten König Ludwig IV. rasch dazu, sein lotharingisches Abenteuer abzubrechen und ins Westfrankenreich zurückzukehren.

Nun aber griff auch wieder der Otto feindlich gesinnte Frankenherzog Eberhard ins Kriegsgeschehen ein.

Er marschierte ins Elsaß und besetzte die Festung Breisach, die damals auf einer Rheininsel lag. Damit schuf er sich ein Bollwerk gegen den unerschütterlich königstreuen Herzog Hermann von Schwaben.

Wiederum mußte Otto die umkämpfte Ostgrenze verlassen.

Es war fast wie ein Wägespiel, immer dort zu sein, wo die Not am größten war. Im September 939 rückte der König, vermutlich durch ein schwäbisches Aufgebot verstärkt, gegen Breisach. Bevor es aber zum Kampfe kam, machte Otto, wohl sich auch der Schwäche der eigenen Lage bewußt, einen Vermittlungsversuch.

Dazu hatte er Friedrich, den Erzbischof von Mainz, Primas

von Ostfranken und Vicar, das heißt Stellvertreter des Papstes im Reich, ausersehen.

Selbst die Gegner des Erzbischofs rühmen ihn als einen frommen, fast heiligmäßigen Priester. Er versuchte, der Mann des Ausgleichs und der Gerechtigkeit zu sein, und setzte sich so zwischen alle politischen Stühle.

Adalbert von Weißenburg, der spätere Erzbischof von Magdeburg, charakterisiert Friedrich so: ».. . ein Mann, in der heiligen Religion sehr eifrig und löblich, der nur darin tadelnswert schien, daß er, wo immer ein Feind des Königs auftauchte, sich sogleich als zweiter hinzugesellte.«[23]

Vielleicht ist aber auch Erzbischof Friedrichs Schicksal nur das des guten Menschen in der Politik.

Tatsächlich schloß der Erzbischof mit Herzog Eberhard in Breisach einen Vertrag. Den Inhalt kennen wir nicht. Es ist aber sicher, daß es kein Unterwerfungsvertrag war. Zwar erst unter König Otto Erzbischof geworden, war Friedrich doch ein Mann, der unter König Heinrich seine Prägungen erhalten hatte und der darum in den Herzögen Vertragspartner der Krone sah.

Als jedoch Friedrich mit dem Vertrag vor dem König erschien, einem Vertrag, dessen Durchführung er eidlich beschworen hatte – nichts Ungewöhnliches, wenn ein so hoher Vermittler bemüht wurde –, verwarf der König das »pactum«.

Er wollte keinen Vertrag, er wollte Unterwerfung, zumindest aber Rückführung der Empörer unter das Recht der Krone mit der Gewißheit königlicher Gnade.

Der Erzbischof war desavouiert.

Jetzt erreichte den König von Breisach die Kunde, daß die Herzöge Eberhard von Franken und Giselbert von Lotharingien in die Offensive gegangen waren. Sie hatten den Rhein überschritten und drangen in ostrheinische Gebiete vor. Erzbischof Friedrich und Bischof Ruodhard von Straßburg brachen ihre Zelte ab und verließen das Lager des Königs.

Aber auch viele seiner Vasallen hielten die Sache des Königs für verloren und verließen das königliche Heer. Jetzt aber zeigte sich die Ruhe, die Standhaftigkeit und Unbeirrbarkeit des Königs, von der Widukind berichtet.[24]

Unser italischer Gewährsmann, der Bischof von Cremona, weiß aus diesem Geschehen eine Episode zu berichten, die, wenn sie nicht wahr sein sollte, doch die Herrschaftsauffassung des Königs wiedergibt:

»Es war nämlich bei ihm (dem König) damals ein gewisser sehr reicher Graf, dessen zahlreiches Kriegsgefolge im Heer des Königs glänzte. Als dieser nun sah, daß so viele von des Königs Heer entwichen und zum Feinde übergingen, begann er, indem er nur den äußerlichen, nicht den inwendigen Menschen betrachtete, folgende Überlegung im stillen bei sich anzustellen: Alles, was ich vom König verlange, der sich in solcher Bedrängnis befindet, werde ich ohne Zweifel erlangen, zumal da uns ein harter Kampf bevorsteht und er befürchten muß, daß ich ihn verlasse. Er schickte also Boten an den König und bat um Überlassung der reichbegüterten Abtei Lorsch, um aus deren Besitz sich und seinen Kriegern verschaffen zu können, woran es ihnen mangelte. Dem König aber, der mit der Klugheit nicht nur der Tauben, sondern auch der Schlangen ausgerüstet war, konnte die Bedeutung dieser Bitte nicht entgehen; er gab daher dem Boten folgende Antwort: ›Meine Meinung darüber will ich dem Grafen lieber mündlich sagen als durch Boten mitteilen.‹ Als dies der Absender der Boten vernahm, wurde er über die Maßen froh, denn er meinte, seine Forderung sei ihm gewährt. Jeder Verzug war ihm darum unerträglich, er begab sich sogleich zum König und bat ihn, seine Entscheidung kundzutun. Da sprach zu ihm der König vor allem Volk:

›Man muß Gott mehr gehorchen als den Menschen. Denn wer sieht bei gesunden Sinnen nicht, daß dies nicht eine demütige Bitte, sondern eine drohende Forderung von dir gewesen ist. Es steht geschrieben: Ihr sollt das Heiligtum nicht den Hunden geben. Diese Worte sind zwar nach den Äußerungen der Lehrer der Kirche im geistigen Sinne auszulegen; ich aber meine doch, daß ich das Heiligtum den Hunden gebe, wenn ich die Güter der Klöster, die von frommen Männern den Streitern Gottes geschenkt worden sind, wegnehme und den Streitern dieser Welt übergebe. Dir aber, der du so dreist Unrechtes forderst, erkläre ich, und das ganze Heer soll Zeuge sein, daß du weder dieses noch irgend etwas anderes von mir erhalten sollst. Wenn dein Sinn danach steht, mit den übrigen Treulosen davonzugehen: je eher desto besser.‹ Als das der Graf vernahm, offenbarte die Röte des Gesichtes die Scham des Herzens (denn das Gesicht des Menschen ist seiner Seele Spiegel), und schleunigst stürzte er sich zu des Königs Füßen und bekannte, daß er gefehlt und sich schwer vergangen hatte.«[25]

Mag auch der König die biblischen Worte nicht gesprochen haben, die ihm der Bischof Liutprand von Cremona in den Mund legt, seine Haltung jedoch wird offenbar. Die Festung Breisach belagernd, von seinen Bischöfen verlassen, abtrünnige Vasallen vor Augen, die ihn verlassen oder erpressen wollen – der König weicht keinen Zentimeter von seinen moralischen Positionen. Die Würde der Krone bleibt ihm in Not und Verrat, ja über die eigene Existenz hinaus unantastbar.

Nun wird sichtbar, warum dieser Mann den Vertrag, den der Erzbischof Friedrich mit Herzog Eberhard ausgehandelt hatte, nicht annehmen konnte. Das Königtum durfte nicht geschmälert werden.

Folgen wir den Worten der Quellen über den Breisacher Vertrag:

»Den Grund des Abfalls (der Bischöfe und Vasallen) mitzuteilen und das königliche Geheimnis zu enthüllen, steht mir nicht zu, doch glaube ich, der Geschichte genügen zu müssen; lasse ich mir dabei etwas zuschulden kommen, so möge man mir verzeihen«, so schreibt Widukind und fährt weiter fort: »Der Erzbischof, der zu Herzog Eberhard zur Herstellung des Friedens und der Eintracht geschickt wurde, setzte, da ihn hiernach dringend verlangte, bei dem gegenseitigen Vertrag seinen Eid zum Pfande und soll deshalb gesagt haben, er könne nicht davon abgehen. Der König aber, der durch den Bischof eine Antwort sandte, die seiner Würde angemessen war, wollte sich durch nichts binden lassen, was der Bischof ohne sein Geheiß getan hatte.«[26]

Wer Ottos Wesen verstehen will – hier ist der Schlüssel zum Selbstverständnis dieses Mannes, zu seiner Königsauffassung.

Er hatte den Erzbischof zu Eberhard gesandt, um Frieden und Eintracht herzustellen, nicht aber, um einen gegenseitigen Vertrag zu schließen. Ein Herzog war kein Vertragspartner, er unterstand dem Willen der Krone.

Der König wollte den Herzog wieder in die Pflicht nehmen, wollte ihn zurückführen in das Recht. Dazu aber mußte der Herzog sein Unrecht erkennen, anerkennen, dann erst konnte der König verzeihen und Gnade und Huld gewähren.

Tatsächlich verzieh der König seinen Großvasallen immer wieder, wenn sie sich unterwarfen und das Königsrecht anerkannten.

Es ist Sünde, wider den König zu sein. Der König ist der Gesalbte des Herrn, ist Stellvertreter Gottes auf Erden. Mit Sündern konnte der König keine Verträge schließen. Sünder müssen bekennen, bereuen, dann sind sie der Gnade des Königs gewiß.

Das Durchdrungensein vom göttlichen Auftrag seines Königtums, die Gewißheit Ottos, auch in aussichtsloser Lage durch den Beistand Gottes zu siegen, der seinen Gesalbten nicht verläßt, ja, nicht verlassen kann, ist uns oftmals bezeugt.

Im Jahre 955, kurze Zeit nach dem großen Ungarnsieg auf dem Lechfeld, kam der König auf einem Slawenzug gegen den Slawenfürsten Stoinef in eine ausweglose Lage:

»Und so führte er, alles verheerend und verbrennend, das Heer durch jene Gebiete, bis er endlich am Flusse Raxa (meistens als Recknitz gedeutet), der wegen der Sümpfe sehr schwierig zu überschreiten ist, sein Lager aufschlug und hier von den Feinden umringt wurde.

In seinem Rücken nämlich wurde der Weg durch einen Verhack von Baumstämmen versperrt und mit einem Haufen Bewaffneter besetzt; vorne war der Fluß und der an den Fluß anstoßende Sumpf und die Slawen mit einem ungeheuren Heere, das den Kriegern sowohl die Arbeit als den Marsch wehrte. Aber auch durch andere Beschwerden wurde das Heer gepeinigt, durch Krankheit ebensowohl wie durch Hunger. Während solches viele Tage hindurch währte, wurde Graf Gero zu dem Fürsten der Barbaren

namens Stoinef gesandt, mit der Aufforderung, sich dem
Kaiser zu ergeben.«[27]
Das ist abenteuerlich!
Der König steckt mit seinem Heer in einer Falle. Hinter ihm
ein Waldgelände mit Baumbarrikaden, vom Feind besetzt,
vor ihm eine versumpfte Flußlandschaft und dahinter das
Gros des feindlichen Heeres. In dieser Lage kann der König
seine schärfste Waffe, die schweren Panzerreiter, nicht ein-
setzen.
Außerdem wütet im Heere Krankheit, wahrscheinlich
Sumpffieber, man leidet Hunger. Und in dieser Situation
schickt der König seinen unerschütterlichen Markgrafen
Gero zum Feind und fordert ihn, dem der Sieg sicher scheint,
auf, sich zu ergeben!
War das die Paradoxie eines Wahnsinnigen, eines mit Hybris
Geschlagenen? Oder war das der nie zu erschütternde
Glaube eines Menschen an den sicheren Beistand Gottes?
Ein Glaube, in Birten geboren, ein Glaube, der einstmals die
Märtyrer unversehrt durch die Flammen schreiten ließ? Wir
werden es sehen, der Glaube des Königs findet immer seine
Erfüllung.

Gott und der König siegen bei Andernach

Bei Andernach waren die beiden Herzöge, Giselbert von
Lotharingien und Eberhard von Franken, über den Rhein
gegangen, um ostrheinische Gebiete zu brandschatzen. Das
Heer der beiden Herzöge traf auf geringen Widerstand und
zog bald, mit reicher Beute beladen, wieder über den Rhein
nach Westen zurück. Die beiden Herzöge und ein ausge-
suchtes, aber nicht zahlreiches Gefolge waren am Ostufer
des Rheines geblieben. Die Herren tafelten dort und hielten
ein Siegesmahl. Zwei Grafen, der eine des königstreuen
Schwabenherzogs Hermann Bruder Udo, und sein Vetter
Konrad, die mit ihren Truppen zu schwach gewesen waren,
das Gesamtheer der beiden Herzöge anzugreifen, erfuhren
von dem Siegesmahl, fielen über die Zecher her und machten sie nieder.

Herzog Eberhard fiel im Kampf, Herzog Giselbert floh mit
einigen Begleitern in einem Kahn über den Rhein. Der mit
gepanzerten Männern überladene Nachen kenterte, und die
eisenbewehrten Ritter, mit ihnen der Herzog, ertranken im
Rhein. Eine andere Quelle berichtet, Herzog Giselbert habe
sich mit seinem Rosse in den Rhein gestürzt und sei im
Strudel der Wellen ertrunken.[28]
Liutprand von Cremonas etwas legendenhaft ausge-
schmückte Schilderung liest sich so:
»Als Eberhard und Giselbert erfuhren, daß der König im
Elsaß sei, versammelten sie, weil sie keine Sorge hatten, daß
noch jemand ihnen Widerstand leisten werde, ein sehr großes Heer, überschritten den Rhein bei Andernach und gingen dazu über, die Anhänger des Königs überall niederzuwerfen. Zwar standen auf seiner Seite Udo, der Bruder des
Schwabenherzogs Hermann, und Konrad, genannt der
Weise, die, wie oben erwähnt, dem König treu geblieben
waren. Aber ihre Scharen waren dem großen Heere jener
lange nicht gewachsen, und darum fürchteten sie sich, ihnen
entgegenzutreten. Allein durch Gottes Geheiß, nicht durch
ein ausdrückliches Wort, sondern durch innerliche Einge-
bung, folgten sie dem Feind auf dem Fuße, als dieser mit
Beute beladen heimkehrte. Sie waren noch nicht weit gezogen, als ihnen ein Priester weinend und jammernd begeg-
nete. Auf ihre Frage, woher er komme und warum er weine,
antwortete er: ›Ich komme von jenen Räubern her, die mir
mein einziges Roß, das ich besaß, genommen und mich
armen Mann noch elender gemacht haben.‹
Als Udo und Konrad solches hörten, erkundigten sie sich bei
ihm genau, ob er den Giselbert und den Eberhard gesehen
hätte. Als jener erwiderte, nachdem sie beinahe ihr ganzes
Heer mit der Beute über den Rhein geschafft hatten, hielten
sie selbst mit einer auserwählten Schar Ritter eine Mahlzeit
(möge sie ihnen schlecht bekommen!), da stürzten sie sich
auf sie mit solcher Schnelligkeit, daß man gesagt hätte, sie
ritten nicht, nein sie flögen, wenn man sie nicht gesehen
hätte. Was bedarf es da noch vieler Worte? Eberhard fiel
unter den Schwertern, Giselbert versank in den Fluten des
Rheines, und da er diese ihrer Menge wegen nicht austrin-

ken konnte, verließ ihn die Seele, so daß er starb. Von den übrigen entkam keiner, der nicht entweder in Gefangenschaft geriet oder durchs Schwert umkam.«[29]
Also geschehen am 2. Oktober des Jahres 939.
Wiederum hatte der Gott des Königs seinem Volke gezeigt, daß mit seiner Hilfe die Wenigen über die Vielen zu siegen vermochten. Zwei der gefährlichsten Gegner des Königs waren vernichtet. Als der König von dem Ereignis erfuhr, stieg er vom Pferde und dankte unter Tränen seinem Siege schenkenden Gott.

Die Situation war grundlegend verändert.
Eben noch in auswegloser Bedrängnis, war der König jetzt der Herr der Lage. Das belagerte, fast uneinnehmbare Breisach ergab sich. Damit war die Sache der Rebellen verloren.
Die beiden abgefallenen Bischöfe, der Erzbischof von Mainz, dem die eigene Stadt aus Furcht vor des Königs Zorn die Tore verschloß, wurde gefangengesetzt, ebenso der im Rufe großer Gelehrsamkeit stehende Bischof Ruodhard von Straßburg. Friedrich wurde unter die Aufsicht des Abtes Hadamar von Fulda gestellt, Ruodhard im Kloster von Corvey verwahrt.
Heinrich, der Königsbruder und Kronprätendent, stand allein. Er versuchte sich auf die Festung Chevremont zu retten, aber seine Schwester Gerberga, die Witwe des Lotharingerherzogs Giselbert, trat ihm mit den Worten entgegen: »Pfui! Hast du nicht genug an dem Jammer, der durch meines Gatten Tod über mich gekommen ist? Willst du dich auch noch in meine Festungen einschließen, damit sich des Königs Zorn wie eine Flut über dieses Land ergießt? Ich werde es nicht dulden, nicht ertragen, nicht zulassen; so töricht bin ich nicht geboren, daß du aus meinem Unglück dir Vorteile für dich verschaffst.«[30]
In seiner Verzweiflung suchte Heinrich Zuflucht beim französischen König Ludwig, der, als Otto vom Elsaß nach Franken zog, in Lotharingien eingefallen war, um das Stammland der Karolinger wieder an sein Haus zu bringen. Zur Festigung seiner Ansprüche heiratete Ludwig IV. die sieben Jahre ältere Gerberga, die Schwester König Ottos und

Witwe Giselberts. Sie wurde in Reims durch Erzbischof Artold zur französischen (westfränkischen) Königin gesalbt.[31]

Gerberga war eine kluge und gebildete Frau. Sie verstand es, ihre Heirat mit dem französischen König positiv für das sächsische Herrscherhaus und zum Nutzen beider Länder zu gestalten.

In der Ausweglosigkeit seiner Lage unterwarf sich Heinrich nun doch seinem königlichen Bruder. Liudprand von Cremona bringt einen bezeichnenden Ausspruch des Königs, der, wenn auch sicher nicht wörtlich, seine Auffassungen widerspiegelt:

»Da Heinrich nichts mehr anderes zu tun wußte, so nahm er einige Bischöfe, die sich für ihn verwenden sollten, zu sich, trat eines Tages vor den ahnungslosen König, warf sich ihm zu Füßen und flehte um Gnade. Der König entgegnete ihm: ›Dein unwürdiger Frevel verdient kein Erbarmen. Da ich dich aber vor mir gedemütigt sehe, so will ich das Unglück nicht über dich bringen.‹«[32]

Dieses Wort ist bezeichnend für den König.

Durch die Unterwerfung und Demütigung des Bruders war die Würde seines Königtums, nach dem Heinrich freventlich getrachtet hatte, wiederhergestellt. Nun konnte der König verzeihen. Heinrich wurde in ehrenvolle Haft genommen. Ja, im Jahre 940 wurde ihm das Herzogtum Lothringen verliehen. Offenbar hatte der König erkannt, daß dem Bruder ein Anteil an legitimer Macht zustand.

Heinrich aber konnte sich nicht gegen die lotharingischen Großen durchsetzen und mußte das Land wieder verlassen.

In seiner Bitternis versuchte er nochmals, im Jahre 941, den Bruder vom Throne zu stoßen, ja, er schreckte vor Bruder- und Königsmord nicht zurück. Der Anschlag auf das Leben des Königs wurde jedoch entdeckt, die Beteiligten, fast ausnahmslos Angehörige des sächsischen Adels, wurden hingerichtet.

Lediglich Heinrich wurde wieder verschont. Am Weihnachtstage des Jahres 941 warf er sich im Büßergewande dem König zu Füßen und erlangte erneut Gnade und Verzeihung.

Auch hier war die Unterwerfung Voraussetzung für die Wiederaufnahme in die königliche Huld.

Der König war, das muß man feststellen, von jeglicher Rachsucht frei. Allerdings gehörte zum Tugendkatalog des mittelalterlichen Königs gelebte Milde und Gnade.

Dies war Heinrichs letzter Aufstand gegen den Bruder. Fortan gehörte er zu den treuesten und entschiedensten Vasallen des Königs.

Das Jahr 939 in der Rückschau

Das Jahr 939 war sicher eines der dramatischsten und gefährdetsten Jahre in König Ottos Herrscherleben. Im Frühjahr unternahm er einen Feldzug gegen seinen Bruder Thankmar und eroberte die Burg Dortmund. Von dort aus zog er weiter zum Niederrhein und erlebte den wundervollen Sieg von Birten. Dann kehrte er vom Rhein zurück nach Sachsen zur Einschließung von Merseburg, in das sich sein aufständischer Bruder Heinrich verschanzt hatte. Nach zweimonatiger Belagerung von Merseburg erfolgte ein Waffenstillstand mit Heinrich, der daraufhin nach Lotharingien floh. Am 7. Juni urkundete der König in Magdeburg und machte seiner Lieblingsstiftung, dem dortigen Moritzkloster, eine Schenkung.

Daraufhin eilte er im frühen Sommer zur Slawengrenze, dem hart bedrängten Markgrafen Gero Hilfe bringend.

Von dort zog Otto zurück nach Lotharingien und schloß den Herzog Giselbert auf seiner, allerdings uneinnehmbaren, Festung Chevremont ein.

Es folgte das Treffen mit den französischen Großvasallen, dem Herzog Hugo von Francien, dem Herzog Wilhelm von Normandie, den Grafen Arnulf von Flandern und Heribert von Vermandois, das mit einem Bündnis gegen den französischen König endete.

Dann ritt Otto erneut zur Slawengrenze. Seine Anwesenheit wird bezeugt durch eine Urkunde vom 11. September 939, ausgestellt in der Königspfalz Werla.

Der Einfall des französischen Königs Ludwig ins Elsaß

zwang König Otto zum drittenmal an den Rhein. Es folgte die Einschließung Breisachs durch den König, da Herzog Eberhard von Franken die Stadt und Festung besetzt hatte, als eine wichtige Position gegen den königstreuen Schwabenherzog Hermann.

Dann erlöste der Sieg bei Andernach mit dem Tode der beiden feindlichen Herzöge Giselbert und Eberhard König Otto aus all seinen Bedrängnissen.

Das war die Wende.

Lotharingien war jetzt fest in des Königs Hand, die Bezwingung des aufständischen Bischofs Adalbero von Metz ein Problem zweiter, wenn nicht dritter Ordnung.

Im Winter kehrte Otto nach Sachsen zurück.

Ein bitteres Jahr, ein Jahr der Kämpfe und der Treulosigkeiten, aber auch ein Jahr gnadenvoller Siege und glänzender Erfolge.

Die Situation im Reich schien stabilisiert.

In Baiern regierte Herzog Berthold, königstreu, als Amtsherzog der Krone. Schwaben wurde gehalten durch den bewährten Herzog Hermann. Das Herzogtum Franken war nach Eberhards Tod direkt der Krone unterstellt, ebenso wie das Stammland Sachsen mit Thüringen, wo die Grafen des Königs nach seinem Willen regierten. Sogar das wankelmütige Lotharingien war wieder in die Ordnung des Reiches zurückgebracht, überall galt der Wille des Königs.

Betrachtet man die Kämpfe des Jahres 939, so stellt man fest, daß dies keine Stammeskämpfe waren. Vielmehr liefen die Parteiungen quer durch die Stämme. Der sächsische Adel war gespalten. Der größere Teil zwar stand auf der Seite des Königs, aber es waren auch beachtliche Adelsgruppen, die, der ewigen Slawenkämpfe müde, sich mit dem Königsbruder Heinrich gegen den König verbanden.

Das Haus der Konradiner war zerrissen. Der Konradiner Herzog Hermann von Schwaben und dessen Bruder Udo mit seinem Vetter Konrad standen treu zum König.

Das eigentliche Haupt der Konradiner aber, Herzog Eberhard von Franken, Bruder des verstorbenen Königs Konrad I., und der Lotharinger-Herzog Giselbert, Schwager des

Königs, trugen gemeinsam mit dem Königsbruder den Aufstand.

Der Baiernherzog Berthold gehörte zur Gruppierung der Königstreuen.

Eine zerklüftete und undurchsichtige politische Lage stellt sich dem oberflächlichen Blick dar. Sie klärt sich aber sofort, wenn wir die Kämpfe, die das Reich zutiefst erschütterten, als das sehen, was sie waren: als Auseinandersetzung zweier Herrschaftsvorstellungen.

Der König, der die unbedingte Machtfülle erzwingen wollte, der die Allgewalt karolingischer Herrschaft als Königsziel sah – und demgegenüber die Gruppe der Herzöge, die sich um Heinrich scharte, der das Regierungsprinzip seines Vaters personifizierte: eine Herrschaft mit genossenschaftlichen Zügen, die sich in gegenseitigen Amicitia-Pakten band und stützte, eine Herrschaft des Königs *mit* den Herzögen.

Die Großen des Reiches rangen um eine Gewaltenteilung, deren unerbittlicher Gegner König Otto war.

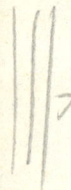

Hätte sich die Herrschaftsauffassung König Heinrichs I. durchgesetzt, so wäre vielleicht die »Magna Charta Libertatum« nicht im England des Jahres 1213, sondern im zehnten oder elften Jahrhundert in Deutschland geschrieben worden.

Das wäre dann sicher nicht der Beginn der Demokratie gewesen, genausowenig wie das die Magna Charta war, aber es wäre doch der Anfang einer Gewaltenteilung gewesen, wie sich das in der Ladung des englischen Parlaments des Jahres 1295 ausdrückt:

»Quod omnes tangit al omnibus approbatur.«
»Was alle berührt, muß von allen gebilligt werden.«

Doch die Göttin der Geschichte hat es anders gewollt. Sie erwählte sich Otto den Großen, der auf einem Leidenswege, unnachgiebig gegen sich und andere, seinem imperialen Königsziel zum Durchbruch verhalf, als ein wirklicher Begründer der deutschen Kaiseridee.

Familienpolitik als Mittel der
Reichsstabilisierung

Die Zeit von Ottos Thronerhebung im Jahre 936 bis zur endgültigen Unterwerfung seines Bruders Heinrich in den Weihnachtstagen des Jahres 941 war eine Zeit innerer und äußerer Erschütterungen, in der es Otto dennoch gelang, eine langfristig angelegte Reichspolitik zu entwickeln. Vor allem aber muß in ihm die Erkenntnis gewachsen sein, es sei notwendig, den jüngeren Bruder, aber auch die Mitglieder der königlichen Familie am Herrschaftssystem des Reiches zu beteiligen.

Dies wird bei der Begnadigung des Bruders Heinrich, der ihm ja nicht nur nach der Krone, sondern auch nach dem Leben getrachtet hatte, eine Rolle gespielt haben ebenso wie der Einfluß der Königinmutter Mathilde, deren Liebling Heinrich immer gewesen war. Heinrich war in seinen Jugendjahren ein schöner, liebenswürdiger Mann gewesen. Die Härte und Schroffheit späterer Jahre lag noch in der Ferne der Zukunft.

Als nun der treue und tapfere Baiernherzog Berthold, der im August 943 den Ungarn eine empfindliche Niederlage zugefügt hatte, im November 947 starb, belehnte der König seinen Bruder Heinrich mit dem Herzogtum Baiern. Außer seiner königlichen Abstammung prädestinierte Heinrich die Tatsache, daß er seit 936/37 mit Judith, der Tochter des königlich regierenden Baiernherzogs Arnulf, verheiratet war.

Im Jahre 944, nach dem Tode Ottos von Verdun, der nach dem Scheitern Heinrichs die Herzogsgewalt ausgeübt hatte, vergab der König das Herzogtum Lotharingien an den Franken Konrad den Roten, der seit längerem zu seinen Vertrauten zählte.

Um den neuen Lotharingerherzog Konrad, den künftigen Stammvater des salischen Königshauses, an sich und seine Dynastie zu binden, gab ihm König Otto seine Tochter Liudgard im Jahre 947 zur Frau.

Auch für des Königs Sohn ergab sich ein Herzogtum. Liutprand von Cremona schildert uns in blumiger Sprache:

»Als nach dem Tode Eberhards und Giselberts und nach der Gefangenschaft Heinrichs, des Bruders des Königs, die Großen herbeieilten, um dem König Glück zu wünschen, da kam auch ein sehr reicher Mann, der Schwabenherzog Hermann, der dem König seinen Glückwunsch darbrachte, dann aber folgende Worte an ihn richtete: ›Es ist meinem Herrn nicht unbekannt, daß ich bei meinem ausgedehnten Landbesitz und unermeßlichem Reichtum an Geld ohne Söhne bin; außer einer kleinen unmündigen Tochter ist niemand da, der mich bei meinem Tode beerben soll. Es gefalle also dem Könige, meinem Herrn, daß ich seinen kleinen Sohn Liudolf an Kindes Statt annehme, damit er sich mit meiner einzigen Tochter vermähle und nach meinem Tode als mein Erbe mächtig werde.‹ Weil dieser Rat dem König gefiel, erfüllte er seinen Wunsch ohne Zögern.«[33]

Diese Ehe mußte beiden Häusern gefallen. Denn nachdem der Frankenherzog Eberhard gefallen war und der König das Herzogtum direkt der Krone unterstellt hatte, war der getreue Schwabenherzog Hermann das Haupt der Konradiner. So war die liudolfingisch-konradinische Koalition, die ja einmal Ausgangspunkt von König Heinrichs I. Herrschaft gewesen war, wiederhergestellt. Des Schwabenherzogs Tochter Ida konnte an Liudolfs Seite Königin und das Herzogtum Schwaben fest mit der Krone verbunden werden, eine Symbiose beider Geschlechter.

Im Jahre 949 starb Herzog Hermann von Schwaben, und der König verlieh seinem Sohne das Herzogtum.

Schon vorher hatte der König seinen Sohn als Thronfolger herausgestellt.

Im Jahre 946 traf den König ein Schicksalsschlag. Die vornehme Engländerin Königin Edgith starb. Wenn es jemals in Fürstenehen Liebe gab, hier darf man sie vermuten. Als König Otto siebenundzwanzig Jahre nach ihrem Tode starb, ließ er sich an der Seite der stillen und feinen Frau begraben, obwohl er doch danach zweiundzwanzig Jahre mit der glanzvollen Adelheid von Burgund verheiratet gewesen war, einer Frau von hoher Bildung, die als Schönheit ihrer Zeit galt und darüber hinaus eine Heilige (1097) wurde.

Widukind berichtet über den Tod der Königin Edgith so:
»Dieses Jahr war bemerkenswert durch einen Trauerfall für
das ganze Volk, nämlich den Tod der Königin Edgith seligen Angedenkens, deren Sterbetag am 26. Januar mit den
Klagen und Tränen aller Sachsen begangen wurde. Sie
stammte aus dem Volk der Angeln und glänzte nicht min-
der durch hohe Frömmigkeit als durch ihre Abkunft aus
königlichem Geschlecht. Zehn Jahre teilte sie des Königs
Herrschaft, im elften starb sie. In Sachsen aber lebte sie
neunzehn Jahre.[34]
Sie hinterließ einen Sohn namens Liudolf, der an Trefflich-
keit des Leibes und der Seele keinem Sterblichen in jener
Zeit nachstand, sowie eine Tochter namens Liudgard, die
dem Herzog Konrad verheiratet war. Sie liegt aber begraben
in der Stadt Magdeburg in der neuen Basilika im nördlichen
Schiffe gegen Morgen.«[35]
Wenn der König sich Ende der vierziger Jahre in seinem
Reich umschaute, so konnte er wohl zufrieden sein. Das
Prinzip der Einheit des Reiches und damit verbunden das
der Erbfolge durch Primogenitur war siegreich durchgesetzt. Die königliche Familie war in das Machtgefüge des
Reiches eingebaut. Die Herzogtümer Sachsen und Franken
unterstanden direkt der Krone, in Baiern regierte des Königs Bruder, Herzog Heinrich, durch seine Heirat mit Ju-
dith, der Tochter des verstorbenen Herzogs Arnulf von
Baiern, dem Geschlecht der Liutpoldinger angesippt. In
Schwaben übte des Königs Sohn Liudolf das Herzogsamt
aus, durch seine Ehe mit Ida der schwäbisch-konradini-
schen Herzogskontinuität verbunden. In Lotharingien,
dem problematischen westrheinischen Teil des Reiches,
herrschte der Vertraute des Königs, Herzog Konrad der
Rote, durch seine Ehe mit des Königs Tochter Liudgard
Schwiegersohn des Königs und Mitglied des sächsischen
Herrscherhauses. Sah der König über die Grenzen des Reiches nach Europa hinaus, so bot sich auch hier ein freundliches Bild.
Die Freude über das versöhnte Reich spiegelt sich wider in
einem Eintrag des Widukind von Corvey:
»Und der Brüder Friede und Eintracht, die Gott wohlgefäl-

lig und den Menschen eine Freude war, wurde bald auf dem ganzen Erdkreis gepriesen, da sie einmütig das Reich vergrößerten, die Feinde bekämpften und ihr Volk mit väterlicher Herrschaft regierten.«[36]

3. Der Weg zur europäischen Hegemonialmacht

Im November des Jahres 926 hatte der Welfe König Rudolf II. von Burgund auf dem Hoftag zu Worms König Heinrich I. die Heilige Lanze überreicht und war damit in ein vasallitisches Verhältnis zum ostfränkischen Reich getreten.

Auf dem Dreikönigstreffen in Ivois an der Chiers im Jahre 933 hatte König Heinrich I. die bestehenden Spannungen zwischen König Rudolf (Raoul) von Westfranken und seinen Großvasallen, Hugo von Francien und Heribert von Vermandois, aber auch die Probleme zwischen Westfranken und dem Königreich Burgund beigelegt. Ebenso hatte König Hugo von Italien sein Verhältnis mit König Rudolf II. von Hochburgund dadurch bereinigt, daß dieser nun endgültig auf seine Kronansprüche in Italien zugunsten König Hugos verzichtete.

Aber beim Tode König Rudolfs II. von Burgund im Jahre 937 wurde die vier Jahre vorher in Ivois vereinbarte Ordnung von König Hugo von Italien zerrissen. Er drang in Burgund ein, heiratete die Königinwitwe Berta und verlobte deren Tochter Adelheid mit seinem Sohn Lothar.

Den Thronerben Konrad versuchte er auf seine hochburgundischen Stammlande zurückzudrängen.

Aber Otto der Große kam dieser italischen Expansionspolitik, die auch von Westfranken mit getragen wurde, zuvor. Er brachte den jungen Konrad, der schon in Lausanne gewählt und gekrönt worden war, an seinen Hof und unterstellte das Königreich Burgund seinem Seniorat. So befand sich Burgund, nach Kaiser Arnolf und König Heinrich I., zum drittenmal unter der Vorherrschaft des Reiches.

Gestützt auf die königliche Macht Ottos, konnte König Konrad dann ab 942 seine Herrschaft in Hochburgund und beiderseits des Jura bis hinab nach Lyon und Vienne fest etablieren. Die Verbindung der ottonisch-rudolfingischen Familien wurde immer enger. Nicht nur daß König Otto im Jahre 951 König Konrads Schwester Adelheid von Burgund heiratete, sondern Konrad heiratete seinerseits die Nichte König Ottos, Mathilde, die Tochter von Ottos Schwester Königin Gerberga.

König Konrad von Burgund hat das gute Verhältnis zum ottonischen Reich stets gepflegt. Wir sehen ihn im Jahre 946 auf dem westfränkischen Feldzug an der Seite Ottos des Großen. Er erschien im Jahre 960 am Mittelrhein und 967 am Hofe Ottos in Verona. Otto verhalf ihm dazu, seine Königsansprüche auf die Provence durchzusetzen.

Ausdruck der ottonisch-rudolfingischen Politik sind die Eigenklöster Lure, Münster-Granfelden, Peterlingen und Romainmôtier, die unter anderem die Aufgabe hatten, den Alpenübergang über den Großen St. Bernhard zu sichern.

Über diese weitgespannte Politik überliefert uns Widukind folgendes:

»Der König aber, der von Tag zu Tag an Macht zunahm, begnügte sich nicht mit seinem väterlichen Reich allein, sondern zog nach Burgund und brachte den König (König Konrad) samt seinem Reich in seine Gewalt. Der zweite, den er mit den Waffen bezwang und gleichfalls sich untertänig machte, war Hugo. (Wohl Hugo der Schwarze von Niederburgund.) Dessen goldene Spange, welche er dem König zum Geschenk überließ, wunderbar durch den mannigfaltigen Schimmer edler Steine, sehen wir auf dem Altar des heiligen Stephan (in Corvey, aber nicht mehr vorhanden), des Erstlings unter den Blutzeugen, glänzen.«[37]

Frankreich und die »heilige und Generalsynode« des Jahres 948 zu Ingelheim

Zusammen mit der innenpolitischen Stabilisierung von Ottos Reich war auch seine Bedeutung nach außen gewachsen. Der von 922 bis 929 regierende Karolinger in Paris, Karl der Einfältige, war mit der Engländerin Edgiva, der Schwester von Ottos Frau Edgith, verheiratet. Diese floh während der

Zeit der Thronokkupation durch den Kapetinger Robert und den Burgunder Rudolf, in den Jahren von 926 bis 936, mit ihrem Sohn Ludwig IV. (der Überseeische) nach England.

Es waren aber nicht nur die verwandtschaftlichen Beziehungen der Ottonen ins Westreich, vielmehr war es der dortige Machtkampf im Inneren, der den Einfluß der sächsischen Könige so vermehrte, daß ihnen eine Schiedsrichterstelle im westlichen Frankenreich zuwuchs.

Nach dem Tode König Rudolfs (Raoul, 923–936) hatte Herzog Hugo von Francien, um eine Thronsetzung seines Nebenbuhlers Heribert von Vermandois zu verhindern, den im englischen Exil lebenden Karolinger Ludwig IV. ins Land gerufen und ihn wieder auf den Thron gebracht.

Dabei hatte er gehofft, am Hofe des zurückgekehrten Königs die Rolle des allmächtigen Hausmeiers spielen zu können. Dem widersetzte sich der Karolinger. Daraufhin schloß Hugo von Francien mit seinem Nebenbuhler um die Macht, Heribert von Vermandois, ein Bündnis. Dann verbündeten sich beide mit König Otto gegen ihren Lehnsherrn, König Ludwig IV., der das Elsaß und Lotharingien wieder an sich reißen und sich zu diesem Zweck Herzog Giselberts und des Königsbruders Heinrich bedienen wollte. Um Hugo von Francien noch stärker an sich zu binden, vermittelte Otto eine Ehe Hugos mit seiner Schwester Hadwig im Jahre 937. Daraufhin heiratete Ludwig IV. die Witwe Giselberts von Lotharingien, ebenfalls eine Schwester Ottos des Großen, und glaubte so, seine Rechtstitel auf Lotharingien zu verfestigen. Wie auch die Pläne und Absichten sein mochten, Tatsache war schließlich, daß in den westfränkischen Machtzentren, an der Seite des Königs wie seines mächtigsten Opponenten, zwei sächsische Schwestern residierten. So war es nicht zu verwundern, daß König Ludwig IV. seinen Schwager, König Otto, um Vermittlung eines Friedens zwischen den zerstrittenen westfränkischen Parteien bat.

Ende des Jahres 943 kam es zu einem Versöhnungstreffen in Visé an der Maas. Wenn dieser Frieden auch nicht lange hielt – der westfränkische Anspruch auf Lotharingien und das Elsaß wurde endgültig aufgegeben, und Ottos Schiedsrichterrolle im Abendland war deutlich sichtbar geworden.

Als nach dem Tode des Grafen Heribert von Vermandois König Ludwig IV. in normannische Gefangenschaft geriet, lieferten ihn die Normannen an den Herzog Hugo von Francien aus, dessen Stellung im Westreich immer mehr zu einer unkontrollierbaren Größe wurde.

Jetzt intervenierte König Otto für Ludwig IV. mit einem Heereszug im Jahre 946, der ihn bis vor Reims, Paris und Rouen führte. Im Tausch gegen die Festung Laon und unter dem Eindruck der ostfränkischen Waffen, verstärkt durch burgundische Truppen unter der Führung ihres Königs Konrad, gab Herzog Hugo Ludwig IV. seine Freiheit zurück.

Widukind beschreibt den Vorgang vollmundig:

»Dann zog der König auf die Heerfahrt nach Gallien, sammelte sein Heer in der Stadt Cambrai und eilte, in das Reich Karls einzudringen, um die Kränkung seines Schwagers Ludwig zu rächen. Als dies Hugo hörte, sandte er eine Botschaft und schwor bei der Seele seines Vaters (König Roberts, 922–923), der schon längst zugrunde gegangen war, als er sich wider Gott und den eigenen König auflehnte: er habe eine so große Streitmacht, wie sie der König bisher nicht gesehen. Und er fügte noch Spott hinzu, redete eitel und aufgeblasen über die Sachsen, daß sie unkriegerisch seien und daß er leicht in einem Zuge sieben Speere der Sachsen verschlucken könne. Darauf gab der König die bekannte Antwort: er aber werde eine solche Menge Strohhüte haben (sächsische Kopfbedeckung), die er ihm zeigen müsse, wie weder er noch sein Vater sie je gesehen ... Der König aber zog mit seinem Heere nach Laon und griff es mit Waffengewalt an, von da aus rückte er gegen Paris vor und belagerte hier den Hugo; auch brachte er dem Andenken des Märtyrers Dionysius die gebührende Huldigung dar. Von hier wurde das Heer gegen die Stadt Reims geführt, wo ein Neffe des Hugos war, der wider göttliches und menschliches Recht die bischöfliche Würde erhalten hatte, obgleich der rechtmäßige Bischof noch lebte. Als er aber die Stadt mit Gewalt einnahm, vertrieb er den unrechtmäßig eingesetzten Bischof und gab den rechtmäßigen (Ebf. Artold) seiner Kirche und seinem Stuhle zurück.«[38]

Und somit sind wir bei den Problemen der »heiligen und Generalsynode des Jahres 948 in Ingelheim«.

Sie hatte die Aufgabe, das Schisma des Reimser Bischofsstuhls zu beseitigen, sie ist aber auch der Beginn der ottonischen Slawenmission.

Folgendes war vorausgegangen: Im Jahre 940 hatte Herzog Hugo von Francien die Stadt Reims erobert, den wichtigsten Bischofsstuhl des westfränkischen Reiches, dem das Recht zustand, den westfränkischen König zu krönen.

Hugos Bundesgenosse bei der Eroberung der Stadt war der Graf Heribert von Vermandois. Um diese Unterstützung zu belohnen, setzte man Graf Heriberts Sohn Hugo auf den erzbischöflichen Stuhl. Dieser Vorgang war von scheinbarer Logik, hatte doch dieser Hugo schon einmal die erzbischöfliche Würde innegehabt und zwar in den Jahren 925–932. Allerdings hatte dieser Erzbischof damals gerade das zarte Alter von fünf Jahren erreicht. Dabei schreibt das Kirchenrecht für Bischofswürde und Amt das Mindestalter von dreißig Jahren vor. Diesen eklatanten Bruch des Kirchenrechts wollte der damalige westfränkische König Rudolf (Raoul) heilen und ersetzte den inzwischen zwölf Jahre alten Erzbischof Hugo durch Artold, einen Mönch des Klosters St. Remy. Nunmehr, im Jahre 940, wurde Erzbischof Artold durch den jetzt zwanzigjährigen – und damit noch immer nicht bischofswürdigen – Hugo vertrieben.

Auf der Synode von Mouzon im Jahre 948 hatte eine Versammlung der Bischöfe der alten Provinz Belgica versucht, das Schisma zu beenden, was nicht gelungen war. Der Erzbischof Hugo war nicht erschienen, hatte aber verkündet, keine Entscheidung des Konzils anzuerkennen.

Papst Agapet II. (946–955) war gefordert. Er entsandte einen Legaten, den Bischof Marinus von Bomarzo, mit dem Auftrag, einer Generalsynode vorzustehen und das Schisma zu beenden.

Die Synode wurde eröffnet:

»Im Namen der heiligen und unteilbaren Dreifaltigkeit. Im Jahre nach der Fleischwerdung des Herrn 948, in der sechsten Indiktion am 7. Juni, im dreizehnten Regierungsjahr des erhabenen Königs Otto, wurde in seiner und des glänzenden

Königs Ludwig Gegenwart zu Ingelheim, in der Kirche des heiligen Bekenners Remigius, im Nahegau, eine heilige und allgemeine Synode versammelt. Den Vorsitz hatte der Apokrisiar des Herrn Papstes Agapet, der Bischof der ehrwürdigen Kirche von Bomarzo, Marinus.[39]

Es waren anwesend: Erzbischof Friedrich vom heiligen Sitze zu Mainz, Erzbischof Ruotpert vom heiligen Sitze zu Trier, Erzbischof Wichfrid von der heiligen Kirche zu Köln, Erzbischof Artold von der heiligen Kirche zu Reims, Erzbischof Adaldagus von Hamburg, Erzbischof Heroldus von der heiligen Kirche zu Salzburg, Richgowo, Bischof von Worms, Odalrich, Bischof von Augsburg, Bernhard, Bischof von Halberstadt, Diethart, Bischof von Hildesheim, Konrad, Bischof von Konstanz, Starkandus, Bischof von Eichstätt, Dudo, Bischof von Paderborn, Reginbald, Bischof von Speyer, Bobbo, Bischof von Würzburg, Adalbero, Bischof von Metz, Gozlinus, Bischof von Toul, Berengar, Bischof von Verdun, Balderich, Bischof von Utrecht, Wichard, Bischof von Basel, Duodo, Bischof von Osnabrück, Eberisco, Bischof von Minden, Hildebold, Bischof von Münster, Varabert, Bischof von Tongeren, Volgberd, Bischof von Cambrai, Rudolf, Bischof von Lyon, Michael, Bischof von Regensburg, Adalbert, Bischof von Passau, Liopdag, Bischof von Ripen, Oredus, Bischof von Schleswig, Reginbrand, Bischof von Aarhus, dazu die Äbte, Kanoniker und Mönche.«[40]

Es war eine hochkarätige Kirchenversammlung, die sich da in der Kirche des heiligen Remigius in Ingelheim eingefunden hatte. Zwei Könige, ein päpstlicher Apokrisiar und alle deutschen Metropoliten mit den meisten ihrer Suffragane.

In der Begleitung des Erzbischofs Artold befand sich auch der Chronist der Synode, der Domkleriker Flodoard von Reims (†966), der gemeinsam mit seinem Erzbischof Haft und Vertreibung geteilt hatte.

Nach dem Einzug der Könige und einer Einleitung des präsidierenden Bischofs Marinus von Bomarzo erhob sich König Ludwig. Unter Tränen, so das Synodalprotokoll, prangerte er die Treulosigkeit des Herzogs Hugo von Francien an. Man habe ihn über das Meer geholt und mit der Zustimmung aller gekrönt. Dann aber habe der Herzog

Hugo ihn gefangengesetzt, und erst, nachdem man ihm die Festung Laon abgepreßt hatte, wieder in Freiheit gegeben.

So wie im Jahre 916 die Synode von Hohenaltheim sich vor König Konrad gestellt hatte, so setzte jetzt die Synode von Ingelheim ihre gesamte Autorität für den französischen König ein. Genau wie in Hohenaltheim wurde den Übeltätern gegen die Krone das »göttliche Anathem« und der Verlust aller Gnadenmittel beim ewigen Gericht angedroht.

Kirchen-bann

Und es war eine fast ausschließlich von deutschen Erzbischöfen und Bischöfen beschickte Synode, die, von deutschem Boden aus, dem französischen König geistlichen Schutz spendete.

Nach König Ludwig verlas der vertriebene Erzbischof Artold seine Anklageschrift. Für die beiden Könige wurde der lateinische Text ins Deutsche übersetzt, was den Schluß zuläßt, daß der französische König der deutschen Sprache mächtig war. Das ist verständlich, wenn man bedenkt, daß er mit einer Deutschen, König Ottos Schwester Gerberga, verheiratet war.

Der Herzog Hugo fand vor der Synode keinen Verteidiger, wohl aber der schismatische Erzbischof Hugo von Reims. Der Kleriker Sigibold, der diese Rolle übernommen hatte, konnte durch die beiden Bischöfe Rudolf von Laon und Fulbert von Cambrai als Fälscher überführt werden. Er ging seiner geistlichen Würden verlustig und wurde ins Exil geschickt.

Die Synode rehabilitierte und bestätigte den Erzbischof Artold und verdammte den Hugo als »perversor« der Reimser Kirche sowie alle, die ihn geweiht und die er geweiht hatte, wenn sie sich nicht bis zum 8. September 948 in Trier zur Kirchenbuße einfänden.

Wie vorausgeplant trat am 8. September 948 in Trier die Synode unter dem Vorsitz des päpstlichen Apokrisiars und des örtlichen Metropoliten zusammen. Herzog Hugo wurde mit dem Kirchenbann belegt. Otto der Große soll darauf bestanden haben. Nur ein öffentliches Schuldbekenntnis vor dem päpstlichen Apokrisiar oder dem heiligen Vater selbst sollte ihn vom Bannfluch lösen. Aber der Herzog Hugo von Francien war ein Mann aus hartem Holz. Er widerstand dem Bann.

Um die Größe dieses Verhaltens zu ermessen, muß man sich vorstellen, daß der Gebannte, neben dem Verlust kirchlicher Gnadenmittel, keinen Anspruch auf Treue und Gefolgschaft hatte. Auf diesen Fundamenten aber war das mittelalterliche Gemeinwesen erbaut.

Auf einer Synode im Jahre 949 erklärte Papst Agapet in St. Peter erneut die Verdammung des Herzogs Hugo und seinen Ausschluß aus der Gemeinschaft der Christen, bis er dem König Ludwig IV. Genugtuung geleistet habe.

Das Entscheidende der Ingelheimer Synodalbeschlüsse aber war, daß hinter ihnen die Macht König Ottos stand. Auf seinen Befehl marschierte nun Herzog Konrad der Rote mit einem lotharingischen Aufgebot gegen den Herzog Hugo und seine Stützpunkte.

Schließlich kam auch durch den Willen Ottos eine Verständigung zwischen König Ludwig und seinem Großvasallen Hugo zustande. Vermittler war wohl Konrad der Rote.

Neben der Bestätigung der hegemonialen Macht König Ottos in Europa ging von der Ingelheimer Synode ein wichtiger Impuls aus.

Im Jahre 831 war Hamburg bereits zum Erzbistum erhoben worden. Zum Kennzeichen des Erzbischofs, des Metropoliten, gehörte aber die Unterstellung von mindestens zwei Suffraganbischöfen. Der Hamburger Erzstuhl verfügte über keinen Suffraganbischof.

Zur geistlichen Ausstattung eines Erzbistums gehörte es ferner, daß darin Bischofsweihen vorgenommen werden konnten. Dazu waren aber mindestens drei Bischöfe nötig.

Über ein Jahrhundert hatte das nordische Erzbistum unter diesem Mangel gelitten. In der Bischofsliste der Synode von Ingelheim finden wir aber nun die Bischöfe Liopdag von Ripen, Horath von Schleswig und Reginbrand von Aarhaus, die neuen Suffraganbischöfe der Erzdiözese Hamburg.

Im Oktober 948 beurkundete Otto der Große weiterhin in Magdeburg die Einrichtung der neuen Bistümer Branden-

burg und Havelberg: »mit Beschluß des ehrwürdigen Bischofs Marinus, des Legaten der römischen Kirche«.[41]
Damit waren die kirchlich organisatorischen Voraussetzungen zur Nord- wie zur Slawenmission geschaffen.
Die Unterwerfung des Böhmenherzogs Boleslaw und die Eingliederung Böhmens ins ottonische Reich sind ein weiterer Punkt in der Liste der erfolgreichen Reichspolitik im Westen wie im Osten.

Der Griff nach Italien

Unabhängig davon, daß der Mann, der den Thronsessel Karls des Großen in Aachen zu seiner Königserhebung gewählt hatte, damit die Zielsetzung seines politischen Wollens klargemacht hatte, war König Ottos Stellung in Europa so gewachsen, daß die italischen Fragen ihn berührten, ob er wollte oder nicht. Und Otto wollte, obwohl er sich aus innenpolitischen Gründen zunächst zögernd verhielt.
Immerhin war er schon Ende der dreißiger Jahre des Jahrhunderts dem Expansionsdrang König Hugos von Italien entgegengetreten und hatte Burgund und seinen jungen König Konrad unter den Schutz des Reiches gestellt.
Im Jahre 941 erschienen italische Emigranten an König Ottos Hof, unter ihnen der gefährlichste Gegner König Hugos von Italien, Berengar, der Markgraf von Ivrea, der durch seine Mutter Gisela ein Enkel Kaiser Berengars I. (888–924) und wiederum ein Urenkel Kaiser Ludwigs des Frommen war. Ein Mann von hohem Geblüt, der schon berechtigt war, große Träume zu träumen. Er leistete König Otto einen Treueid und kehrte mit dessen Billigung und einem Kontingent schwäbischer Reiter nach Italien zurück.
Damit war dem Expansionsdrang König Hugos von Italien ein Ende gesetzt, denn die Gewaltherrschaft Hugos in Italien brach nach Berengars Erscheinen zusammen. König Hugo setzte sich mit seinen Schätzen in die Provence ab. Sein Sohn Lothar behielt den Namen eines Königs von Italien. Berengar aber, der seine Markgrafschaft Ivrea zurückerhielt, war nun der wirkliche Herrscher des Landes. König Lothar hatte sich

inzwischen mit seiner sechzehnjährigen Braut, Adelheid von Burgund, vermählt, die damit Königin von Italien geworden war.

Aber der Tod zerschlug den gordischen Knoten von Ansprüchen und Gegenansprüchen. Am 10. April starb König Hugo von Italien in Arles, und sein Sohn, König Lothar, folgte ihm am 22. November 950 in den Tod.

Für Berengar war nunmehr der Weg zum italischen Königsthron frei. Er ließ sich und seinen Sohn Adalbert, in der Sicherung der Nachfolge, am 15. Dezember 950 in der alten Königsstadt Pavia zum König wählen und krönen.

Dabei hatte er in der Eile seines Tatendrangs und der sich überstürzenden Ereignisse vergessen, daß er gegenüber König Otto eine vasallitische Bindung eingegangen war. Es wäre seine Pflicht gewesen, die Genehmigung seines Oberherrn einzuholen.

Eine zweite Gefahr hatte er übersehen oder in ihrer Tragweite nicht erkannt. Da war ja noch die junge Königinwitwe Adelheid, die über das Königtum ihres Mannes, König Lothar, aber auch über ihren toten Vater, König Rudolf II. von Burgund, Kron- und Nachfolgeansprüche geltend machen konnte. Um sie als Kristallisationspunkt sammelten sich die Widersacher des Berengar.

Da gab es auch einen bedeutenden Präzedenzfall, auf den sie sich beriefen: »die Königin Theodolinda«.

Theodolinda (gest. 627/28) war eine bairische Prinzessin gewesen. Ihr Vater war der Baiernherzog Garibald, ihre Mutter die Langobardenprinzessin Walderada. Man sieht, die transalpinen Interessen Baierns sind uralt. Im Jahre 589 wurde Theodolinda an den Langobardenkönig Authari verheiratet, der aber nach knapp anderthalb Jahren im Jahre 590 verstarb. Theodolindas königliches Ansehen im Langobardenreiche aber war so groß, daß das Königtum bei ihr verblieb und dann auf den Langobardenherzog Agilulf, den sie zwei Monate nach dem Tode ihres ersten Mannes heiratete, überging. König Agilulf regierte als König noch bis zum Jahre 615. Hier war also der seltene Fall, daß die Krone von der Frauenseite auf den Mann übertragen wurde.

Und dies genau war die Forderung der Gegner des Berengar.

Unsere mittelalterlichen Quellen sind in ihren Inhalten meistens übereinstimmend, nur unterscheiden sie sich in der Art und Weise ihrer Berichterstattung. Widukind von Corvey berichtet über das folgende Geschehen kurz und hält sich an die Tatsachen. Der Bischof Liutprand von Cremona gibt sich ganz dem Haß hin, den er für Berengar und dessen Frau Willa empfindet. König Berengar wird bei ihm zum wüsten Tyrannen, Willa gar zur Hure. Adalbert von Weißenburg, der Fortsetzer der Chronik des Regino von Prüm, ist knapp, aber frei von irgendwelchen Ausbrüchen. Der Bischof Thietmar von Merseburg vermittelt eine ausgewogene Darstellung und berichtet recht ausführlich:

»Inzwischen war Berengar in das Reich Lothars eingebrochen, hatte dessen Witwe Adelheid am 20. April 951 in Como gefangen und beraubt; nun bedrängte er sie gar kläglich mit Haft und Hunger. Von ihrer Schönheit und ihrem Anstand hatte unser König (Otto) gehört; er schützte deshalb eine Romfahrt vor; doch als er auf seinem Zuge in die Lombardei kam, knüpfte er durch Gesandte Verhandlungen mit der Herrin an, die damals schon durch Flucht der Gefangenschaft entkommen war, gewann durch Übersendung von Geschenken ihre Gunst und bewog sie, seiner Werbung nachzugeben; auch verschaffte er sich mit ihr zugleich die Stadt Pavia. Die Wendung bekümmerte seinen Sohn Dodo (Liudolf) schwer; schnellstens kehrte er in unser Land zurück und hielt sich in einer entlegenen, zu heimlichen Umtrieben geeigneten Gegend bei Saalfeld verborgen.«[42]

Wir erinnern uns, daß auch der Königsbruder Heinrich, als er seinen Aufstand gegen den König plante, seine Getreuen nach Saalfeld, zu einem convivium, einem Festmahl, eingeladen hatte.

Aber schauen wir uns doch noch einmal den Bericht des Widukind zum gleichen Geschehen an:

»Und da ihm (Otto) die Tugend der vorgenannten Königin nicht verborgen blieb, beschloß er, sich aufzumachen unter dem Vorwand, nach Rom zu ziehen. Und als man in das Langobardenreich gekommen war, versuchte er durch Geschenke und Gold die Liebe der Königin zu ihm zu erpro-

ben. Als er das zuverlässig festgestellt hatte, nahm er sie zu
sich als seine Frau, und er erhielt mit ihr die Stadt Pavia, der
Königin Wohnsitz. Als dies sein Sohn Liudolf gesehen hatte,
verließ er mißvergnügt den König, zog nach Sachsen und
hielt sich längere Zeit zu Saalfeld auf, einem Orte, der Unheil
ankündete durch einen früheren Anschlag.«[43]

Die burgundische Hochzeit

Die Bühne war gerichtet, das historische Szenario wartete
auf seine dramatischen Personen.
In Ostfranken herrschte ein europäischer Hegemonialkönig,
dem die Logik der Macht und seine Stellung den Weg nach
Italien wiesen.
In Italien regierte ein ungetreuer Vasall dieses Großkönigs,
der sich gegen den Willen seines Oberherrn zum König
aufgeschwungen hatte und dazu, um seinen Schurken-
streich noch deutlicher zu machen, eine schöne, junge Königin eingekerkert und ihr Thronanspruch und Schatz geraubt
hatte.
In Ostfranken – eigentlich dürfen wir jetzt schon »Deutschland« sagen – war durch die Instabilität der italischen Verhältnisse der Gegensatz der bairisch-schwäbischen Interessen aufgebrochen und fand seine Inkarnation in den Personen des Herzogs Heinrich von Baiern, dem Bruder des
Königs, und des Herzogs Liudolf von Schwaben, dem Sohn
des Königs.
Schon bevor der König zu seinem Italienzug ansetzte, brachen beide, Heinrich von Baiern und Liudolf von Schwaben,
in Italien ein.
Sie folgten den Spuren ihrer Vorgänger, Liudolf denen des
Schwabenherzogs Burchard I., der 926 bei der Verteidigung
der Kronansprüche seines Schwiegersohnes, König Rudolfs II. von Burgund, vor Novara gefallen war, und Heinrich denen seines Schwiegervaters Herzog Arnulf von Baiern, der seinem Sohne Eberhard das italische Königreich
erstreiten wollte, aber im Jahre 935 von König Hugo aus
Italien vertrieben wurde.

Die Motivationen der beiden Herzöge, außer Rivalität und Macht, hat die Forschung bis heute nicht offenlegen können. Die Auffassung des Adalbert von Weißenburg ist liebenswert, aber zum Teil doch zu blauäugig:

»Auf dieser Fahrt (dem Zug nach Italien) zog ihm sein Sohn Liudolf mit den Alemannen voraus in dem Bestreben, dem Vater zu gefallen, wenn dort bis zu dessen Ankunft eine tapfere Tat getan würde, doch vollbrachte er nicht, was er gewünscht hatte, vielmehr erwuchs ihm daraus, daß er den Vater nicht zu Rate gezogen und dadurch gekränkt hatte, der Keim der ganzen Rebellion und Zwietracht. Denn sein Oheim, Herzog Heinrich, neidisch auf alle seine Ehren und Erfolge, schickte aus Baiern über Trient seine Gesandten voraus nach Italien und wendete von ihm die Herzen aller Italiener ab, soweit er es vermochte, so sehr, daß weder Burg noch Stadt, die nachher den Bäckern und Köchen des Königs offenstanden, dem Sohne des Königs geöffnet wurden und er dort allerlei Unannehmlichkeiten und Widerwärtigkeiten erduldete.«[44]

Herzog Heinrich, dem Bruder des Königs, gelang es immerhin, die Stadt Aquileja zu erobern, wogegen der Königssohn anscheinend nur die Mißbilligung des Vaters einstecken mußte.

Jedenfalls werden auch die bairisch-schwäbischen Querelen König Otto dazu veranlaßt haben, die Italienfahrt so schnell wie möglich durchzuführen, wo ein Königreich und die Hand einer Königin auf ihn warteten.

Mit dem Vertrauen eines Hoftages ausgestattet, zog König Otto Anfang September 951 mit einem Heer über die Alpen zu seiner ersten Italienfahrt.

Die Zustimmung im Reich und im Heer zu dieser Fahrt war groß.

Die Rückführung Italiens ins Reich, die Fortführung karolingischer Kaisertradition fanden das Verständnis der Zeitgenossen. Und schließlich empfand man mit dem König, daß er, erst neununddreißig Jahre alt und seit sechs Jahren Witwer, eine neue Ehegefährtin brauchte.

Der König entfaltete seine ganze Macht. Mit im Heere zogen drei Herzöge, die Erzbischöfe von Mainz und Trier und der

925 geborene jüngste Bruder des Königs, Brun, der das Amt des Kanzlers der Königskanzlei ausübte.

Vor König Ottos Kriegsmacht floh König Berengar aus Pavia in die Berge auf die Apenninenfestung San Marino. Schon am 23. September zog König Otto ohne Schwertstreich in die Königsstadt Pavia ein.

Dann sandte er sofort Boten an Königin Adelheid und bat um ihre Hand.

Die energische junge Königin war längst aus den Kerkern des Berengar entflohen.

Der ihr freundlich gesinnte Bischof Adelhard von Reggio half ihr beim Entkommen. Ein Priester und eine Magd waren ihre direkten Helfer. Sie gruben einen unterirdischen Gang aus dem Kerker. Hrotswith von Gandersheim erzählt:

»Sie floh bei Nacht, soweit sie die zarten Füße trugen, und barg sich bei Tagesanbruch in Höhlen, Dickicht, Ackerfurchen, Ährenfeldern. Die Verfolger, schließlich Berengar selbst, kamen ihr wiederholt nahe; aber der Herr schirmte sie, und die Feinde mußten zu ihrem Spott umkehren.«[45]

So war jetzt Otto der Große genauso wie sein Vorbild Karl der Große »rex Francorum et Langobardorum«.

Aber er urkundete nicht lange mit den beiden Völkernamen, sondern begnügte sich mit dem einfachen Titel »rex«. Das muß nicht Bescheidenheit gewesen sein. Vielmehr konnte er auch, als der Hegemonialkönig des Abendlandes, diese Völkernamen eher als Beschränkung seiner wirklichen Macht empfunden haben.

Die Heirat Ottos mit Adelheid, die Anfang 952 vollzogen wurde, gab Otto zwar nicht die Herrschaft über ganz Oberitalien. Sein Machtbereich ging im wesentlichen nicht über den Lauf des Poflusses hinaus.

Dennoch war er durch die Herrschaft über Mailand, Lodi, Pavia, Piacenza, Parma und Reggio der eigentliche Herr Oberitaliens geworden, und der Weg zum Kaisertum schien vorgezeichnet.

So entsandte Otto kurz nach seinem Eintreffen in Pavia den ersten Bischof seines Reiches, Erzbischof Friedrich von Mainz, und den Bischof Hartbert von Chur nach Rom, um, wie uns Flodoard von Reims verrät, »pro susceptione sui« zu verhandeln.[46] Darunter kann man nur die Übernahme des Kaisertums verstehen.

Papst Agapet II. stand völlig unter dem Einfluß des römischen Stadtherrn Alberich. »Fürst von Gottes Gnaden, Senator aller Römer, Konsul und Herzog« nannte sich dieser. Es konnte diesem den Papst und die Stadt beherrschenden Manne nicht gefallen, sich ohne Not und Zwang einen kaiserlichen Oberherrn nach Rom holen zu sollen.

So war die Mission des Erzbischofs Friedrich von Mainz von vorneherein zum Scheitern verurteilt. Seine Erfolglosigkeit brachte ihm die Ungnade König Ottos ein, die sich darin ausdrückte, daß ihm zeitweilig das Erzkapellanat entzogen und auf den Königsbruder Brun übertragen wurde. Brun erwuchs durch die Doppelfunktion als Erzkapellan und Kanzler des Königs ein deutlicher Machtgewinn.

Verärgert ritt der Erzbischof nach Deutschland zurück. Der Verlust des Erzkapellanats, der wachsende Einfluß Bruns und des fuldischen Abtes Hadamar (927–956), der sich an der Diözesangewalt des Mainzer Erzbischofs rieb, vergrößerte die Spannungen. Und so verwundert es nicht, wenn wir den Erzbischof gemeinsam mit dem Königssohn Liudolf das Weihnachtsfest im Kreise von Vertrauten in Saalfeld feiern sehen.

Obwohl der König seine italischen Vorstellungen nicht durchgesetzt hatte, denn Berengar behauptete seine königliche Stellung südlich des Po, verließ er im Februar 952 die Lombardei und zog zurück in sein Reich. Zur Bekämpfung des Berengar oder zur Befriedung der italischen Situation ließ er seinen Schwiegersohn, Herzog Konrad von Lotharingien, in Pavia zurück.

Herzog Konrad kam wohl zu der Erkenntnis, daß die Kräfte, die der König ihm zurückgelassen hatte, nicht ausreichten, den König Berengar zu bezwingen.

Auch Berengar schien an einer friedlichen Lösung zu liegen. So kam es zu Verhandlungen. Das genaue Ergebnis ist uns nicht bekannt. Die späteren Ereignisse geben uns die hohe Wahrscheinlichkeit, daß König Berengar sich zur Unterwerfung bereit erklärte, das heißt gewillt war, den gebrochenen Zustand der Vasallität zu heilen und wieder herzustellen.

Ein Vorgang, der absolut im Rechtsverständnis der Zeit lag. Herzog Konrad hatte dafür dem Berengar die volle Verzeihung des Königs verbürgt und die Restitution in sein italisches Unterkönigreich.

Ein solcher Verhandlungsspielraum stand einem so hohen Fürsten und Mitglied der königlichen Familie, wie es Herzog Konrad von Lotharingien war, zu.

Zum Inhalt der Vasallität gehörte ja nicht nur Treue und Gefolgschaft des Vasallen zum Oberherrn, sondern auch dessen Recht und Pflicht »consilium atque auxilium« anzunehmen – Rat und Hilfe seitens des Vasallen.[47] Wurde der Rat des Vasallen vom Oberherrn nicht angenommen, zumindest nicht reiflich erwogen oder, schlimmer noch, brüsk zurückgewiesen, so lag darin eine Verletzung der dem Vasallen zustehenden Rechte.

Kurzum, Herzog Konrad hielt sich für berechtigt, König Berengar die gemachten Zusicherungen zu geben, und geleitete ihn nach Magdeburg, wo der König das Osterfest (18. April 952) mit seiner Frau, der Königin Adelheid, seinem Bruder Heinrich und seinem Sohn Liudolf feierte.

Die anwesenden Großen freuten sich, als sie die vorauseilende Kunde vernommen hatten, König Berengar komme zur Unterwerfung, und zogen ihm, wie es einem König gebührte, anderthalb Kilometer vor die Tore der Stadt entgegen, um ihn feierlich einzuholen, zu begrüßen und vor König Otto zu geleiten.

Man ersieht daraus, daß das Verhandlungsergebnis des Herzogs Konrad von seinen Standesgenossen als ein Erfolg angesehen wurde.

Anders König Otto. Wir sahen ihn schon in den Aufständen und Rebellionen Ende der dreißiger Jahre als unerbittlichen Hüter und Wahrer der königlichen Würde und Macht. Genauso, wie er im Jahre 938 das Verhandlungsergebnis zwischen seinem Beauftragten, dem Erzbischof Friedrich von Mainz, und dem aufständischen Herzog Eberhard von Franken verwarf und den Erzbischof Friedrich desavouierte, genau so verhielt er sich jetzt in Magdeburg. Er ließ den König Berengar drei Tage lang warten, ehe er ihn empfing. Natürlich ist zu bedenken, Berengar hatte seine Vasallenpflichten, die er eidlich beschworen hatte, gebrochen, als er sich ohne Genehmigung des Lehnsherrn zum König von Italien aufgeschwungen hatte.

Und da war ja auch noch des Königs Frau, die Königin Adelheid, die Berengar schwer gedemütigt, geschoren, in den Kerker geworfen und ihrer Schätze beraubt hatte.[48] Wem solches widerfahren ist, der hat große emotionale Barrieren zu überwinden, um im Staatsinteresse seine Königspflicht zu erfüllen, zu verzeihen und Gnade zu gewähren.

Otto und Adelheid konnten diese inneren Hindernisse schwer überwinden. König Otto soll sogar an einen Hochverratsprozeß gedacht haben.

Als sich das Königspaar in einem Akt der Selbstüberwindung entschloß, Berengar dennoch zu empfangen, kam es zu keinem wirklichen Ausgleich. Zwar entließ man Berengar nach Italien, aber er wurde auf einen Reichstag im August des Jahres 952 nach Augsburg zitiert, wo man sich näher mit seinem Schicksal befassen wollte.

Des Königs Bruder verstand es in der Zwischenzeit, sich geschickt ins Spiel zu bringen. War er zwar auch, wie des Königs Sohn, vor dem König in Italien eingerückt, so war es ihm doch gelungen, den Unmut des Königs alleine auf den Sohn zu lenken. Auch hatte er sich fast bedingungslos auf die Seite der neuen Königin Adelheid geschlagen, hoffend, den eigenen Einfluß dadurch zu steigern, während Liudolf der neuen Stiefmutter mit Ablehnung gegenüberstand.

Auf dem Augsburger Reichstag im August 952, der wohl auf dem historischen Lechfeld abgehalten wurde, fielen dann die Entscheidungen, aus denen das künftige Geschehen erwuchs.

König Berengar und sein Sohn Adalbert legten in vasallitischer Huldigung ihre Hände in König Ottos Hand und wurden dann durch Vergabe eines goldenen Zepters mit dem Unterkönigreich Italien belehnt.

Ottos Oberherrschaft war nunmehr wieder klar herausgestellt und wurde dadurch unterstrichen, daß König Berengar die Markgrafschaften Verona und Aquileja verlor.

Diese fielen an Herzog Heinrich von Baiern, den Bruder des Königs.

Herzog Heinrich war es gelungen, nachdem er jahrelang darum gekämpft hatte, der Erste im Reich zu sein, nunmehr unangefochten der Zweite nach dem König zu sein.

Im Reichsinteresse war die Entscheidung sicher richtig, die Pässe nach Italien durch das starke bairische Herzogtum hüten zu lassen. Seinen Sohn Liudolf aber hatte Otto damit von seiner Seite gestoßen.

Es scheint fast ein Zwang bei Otto gewesen zu sein, die Großen seines Reiches, wenn sie zu hoch in seiner und des Volkes Gunst gestiegen waren, zu demütigen. Sei es, daß er die Heerführer des Frankenherzogs Eberhard, dem die Sachsenkönige doch alles verdankten, Hunde tragen ließ, die schmählichste Strafe, die die Franken kannten, sei es, daß er den vom Volk und im Grund ja auch von ihm geliebten und bewunderten Herzog Konrad von Lotharingien demütigte, indem er seine Verhandlungsergebnisse desavouierte.

Und als Otto erfuhr, daß der Erzbischof von Magdeburg, Adalbert, Herzog Hermann, der für ihn stellvertretend Sachsen regierte und dadurch es Otto ermöglichte, seine Italienfeldzüge durchzuführen, mit königlichen Ehren empfangen hatte, traf den Erzbischof ebenfalls die Strafe der gekränkten Majestät.[49]

4. Die Reichskrise – Liudolfs Empörung

Seit der Eroberung von Pavia und der darauf folgenden Neuverheiratung des Königs mit Adelheid von Burgund hatte sich in der Umgebung des Königs emotionaler Zündstoff angesammelt, der sich immer mehr komprimierte und zur Entladung trieb, mit der Gefahr, daß das ottonische Reich auseinandergesprengt wurde.

Der ostfränkische Primas, Erzbischof Friedrich von Mainz, hatte seine römische Mission, die Erlangung der Kaiserkrone für Otto, nicht erfüllen können. So wurde ihm die königliche Gnade entzogen, der Erzbischof wurde aus dem Amte des Erzkapellans entfernt.

Konrad der Rote, Herzog von Lotharingien, Schwiegersohn des Königs und sein langjähriger Favorit, wurde desavouiert, weil die durch ihn herbeigeführte Verständigung mit König Berengar nicht den rigorosen Auffassungen von König Otto entsprach, obwohl die Großen des Reiches zu Magdeburg Konrads Verhandlungsergebnis mit Beifall begrüßt hatten.

Und das Schlimmste: des Königs Sohn Liudolf fühlte sich ins Abseits gedrängt.

Nach dem Tode seiner ersten Frau Edgith, Liudolfs Mutter, am 26. Januar 946, hatte der König seinen damals sechzehnjährigen Sohn durch Testament zum Nachfolger bestellt, und die Großen des Reiches hatten seine Wahl eidlich zugesichert. Liudolfs Frau, die Schwäbin Ida, nahm nunmehr auch die Rolle der ersten Dame im Reiche ein.

Durch die Ehe Ottos mit Adelheid verschoben sich diese Perspektiven. Adelheid war nicht nur schön, nicht nur gebildet, sie war auch eine herrscherliche Persönlichkeit, die noch auf dem Sterbebett sagte: »Ich bekenne, daß ich die irdische Krone geliebt habe, um des Dienstes willen, zu dem sie mich berief, und daß es mich viele Tränen gekostet hat, sie zu lassen.«[50]

Liudolf fühlte sich, seitdem er im Jahre 946 zum Thronfolger

ernannt worden war, durch seinen Onkel und seine Stiefmutter immer mehr um seinen Einfluß auf die Entscheidungen des Reiches gebracht. Als gar Königin Adelheid am Ende
des Jahres 952 einen Sohn gebar, sah Liudolf seine Stellung
als alleiniger Thronerbe bedroht. Gab doch die Geschichte
ausreichend Beweise dafür, daß es der zweiten Frau eines
Königs gelang, die Ansprüche ihrer nachgeborenen Söhne
gegenüber denen der verstorbenen ersten Frau durchzusetzen. War jetzt vielleicht wieder der Gedanke der Unteilbarkeit des Reiches, den König Heinrich durchgesetzt und den
König Otto in schweren Aufständen und Rebellionen auf-
rechterhalten hatte, bedroht?
Diese Sorgen und Ängste Liudolfs waren es, die ihn zum
Bündnis mit dem ebenfalls düpierten Herzog Konrad trieben
und die dann im Frühjahr 953 zu offener Empörung ausbrachen.
Der Aufstand Liudolfs ist nicht zu vergleichen mit der Rebellion des Thankmar, dem es um sein Muttererbe und um
seine Stellung im Reich ging, ebensowenig wie die Kämpfe
der Herzöge Eberhard von Franken und Giselbert von Lotharingien, die innerhalb ihrer Herzogtümer eine gewisse Souveränität für sich in Anspruch nahmen. Sie wollten als
Freunde des Königs gemeinsam mit diesem regieren, aber
nicht als befehlsempfangende Amtsherzöge. Der Aufstand
Heinrichs war der Versuch gewesen, den Bruder vom Thron
zu stoßen und selber die Krone zu erlangen.
Liudolfs Motivation jedoch war die Sicherung der Unteilbarkeit des Reiches und seine Nachfolge als Alleinherrscher.
Diese seine Rechtsposition sah er durch den gehässigen
Onkel, Herzog Heinrich von Baiern, und seine Stiefmutter,
Königin Adelheid, gefährdet.
Gunter Wolf sieht den Aufstand des Liudolf hauptsächlich in
einer Konkurrenz zwischen Liudolf und seinem Onkel, Her-
zog Heinrich von Baiern, begründet, die beide durch ihre
Frauen oberitalische Erbansprüche geltend machen konn-
ten. Auf dem Reichstag zu Augsburg setzte sich Herzog
Heinrich durch, denn er erhielt die wichtigen Marken Ve-
rona und Aquileja, wo hingegen Liudolf, des Königs Sohn,
leer ausging.[51]

Sicher werden die italischen Händel ihren Einfluß gehabt und den Haß zwischen Onkel und Neffe vertieft haben, aber daneben spielte sicher auch das Sinken des Einflusses des Thronfolgers, an dem der Onkel kräftig mitgewirkt hatte, eine große Rolle. Schreibt doch Widukind über das Verhältnis Liudolfs und Heinrichs auf dem Hoftage zu Magdeburg Ostern 952 folgendes:

»Hierdurch fand sich Konrad (Herzog von Lotharingien), welcher ihn (König Berengar) hingeleitet hatte, beleidigt, und Liudolf, des Königs Sohn, teilte diesen Unmut; beide suchten den Grund dafür bei Heinrich, dem Bruder des Königs, als ob ihn alter Haß dazu antreibe, und gingen ihm aus dem Wege. Dieser aber, welcher wußte, daß der Jüngling (Liudolf) der mütterlichen Hilfe beraubt war, fing an, ihn verächtlich zu behandeln, und ging so weit, daß er ihn auch nicht mit höhnischen Worten verschonte.«[52]

Man sieht, das Verhältnis zwischen Onkel und Neffe war bereits im April in Magdeburg vergiftet und wurde nach dem Reichstag zu Augsburg, auf dem Heinrich durch die Belehnung mit den Marken Verona und Aquileja über Liudolf triumphierte, zur wirklichen Feindschaft.

Aber auch Konrad von Lotharingien war verletzt, nicht nur durch die Desavouierung seines Verhandlungsergebnisses mit König Berengar, nein, auch er war auf der Leiter der königlichen Gunst zurückgestuft, und zwar zugunsten von Herzog Heinrich, der nunmehr als der zweite Mann im Reich erschien und sich obendrein das Vertrauen und die Huld der Königin Adelheid erworben hatte.

Heinrich muß als ein Mann mit brennendem Ehrgeiz gesehen werden. Zweimal war er gegen den König und Bruder aufgestanden, ja, einmal hatte er ihm sogar nach dem Leben getrachtet. Lag es nicht im Rahmen seiner alten Verhaltensweise, nunmehr zu versuchen, den Thronfolger Liudolf zu verdrängen und die Nachfolge auf einen der jüngeren Söhne der Königin Adelheid zu verlagern? Konnte er dann nicht für einen der jüngeren Söhne der Königin Adelheid, beim Tode seines Bruders Otto, Vormund und Regent des Reiches werden?

War Herzog Heinrich nicht davor zurückgeschreckt, den

Sohn des Königs mit Hohn und Spott zu bedenken, wie uns
Widukind übermittelt, so wird er auch nicht davor zurückgeschreckt sein, Herzog Konrad, den ehemaligen Favoriten des
Königs, seine Macht spüren zu lassen. So wird es verständlich, wenn die späteren Empörer Liudolf und Konrad immer
wieder behaupteten, nicht gegen den König, sondern nur
gegen den anmaßenden Heinrich zu kämpfen.

Die Geschichte hat immer versucht, im Aufstand des Liudolf
sachliche Gegebenheiten aufzuspüren. Gewiß, der bairisch-
schwäbische Gegensatz in den italischen Ansprüchen beider
Herzogtümer war vorhanden, aber allein kann er nicht das
auslösende Element gewesen sein, denn der Lotharingier-
herzog Konrad wurde von diesen Problemen schließlich
nicht berührt. Die Sorgen Liudolfs um sein Thronfolgerecht
waren sicher nicht unbegründet. Dennoch ist mit Helmut
Naumann grundsätzlich zu fragen,»ob im Bereich der Politik
sachliche (›ideelle‹) und persönliche Gründe getrennt werden können«.[53]

Die Gründe zu diesem Aufstand liegen eher im Charakter
der handelnden Personen. In einem König, der die Majestät
seiner königlichen Würde auf einen unantastbaren Gipfel
trieb. In einem Königssohn, der um sein Thronfolgerecht
und die Unteilbarkeit des Reiches bangen mußte, in Herzog
Konrad, jahrelang Favorit des Königs, jetzt zurückgesetzt
und in seiner Würde verletzt, in Erzbischof Friedrich, der
vermitteln wollte und nicht konnte, dessen Herz aber bei den
Rechtsvorstellungen der Empörer war, und schließlich in
Heinrich, dem Königsbruder, einem sittlich und moralisch
kaum zu begreifenden Manne, fast in der Rolle des absoluten
Bösen.

Zweimal hat er sich gegen den Bruder und König empört
und das Reich in tiefgreifende Krisen getrieben, ja, er ist vor
dem Gedanken des Brudermordes nicht zurückgeschreckt.

Der gleiche Mann stand nun scheinbar unerschütterlich an
der Seite des Bruders und Königs. Er war es, der den Haß der
Empörer auf sich zog, aber nicht weil er im Interesse des
Reiches gehandelt hatte, sondern von eigenem Vorteil und
Überheblichkeit getrieben. Er war es, der als der eigentliche
Gewinner aus den aufbrechenden Konflikten hervorging,

der durch den Erwerb der Markgrafschaften Aquileja und Verona zum mächtigsten Fürsten des Reiches aufstieg. Nur sein baldiger Tod beendete seinen überragenden und bedrückenden Einfluß.

Der offene Kampf der Empörer

In dieser Situation, über der ein Nebelschleier von Haß und verletzten Gefühlen lag, ritt der König, anscheinend ahnungslos, Anfang Januar des Jahres 953 in Begleitung des Abtes Hadamar von Fulda und seiner Brüder Brun und Heinrich von Frankfurt zum Oberrhein und hielt südlich von Straßburg bei Erstein eine Versammlung seiner dortigen Großen ab, von denen uns die Bischöfe Uto von Straßburg und Hardtbert von Chur bekannt sind. Seiner neuen Schwiegermutter Berta, der Herzoginwitwe von Schwaben, schenkte er das dortige Nonnenkloster, eine um 850 durchgeführte Gründung und Stiftung der Kaiserin Irmingard, der Gattin Kaiser Lothars I.

Adalbert von Weißenburg, der spätere Abt und Erzbischof von Magdeburg, in den Jahren von 953–958 Mitglied der Reichskanzlei, damals sicher einer der besten Kenner des Zeitgeschehens, gibt über die Ereignisse folgenden Bericht: »Der König feierte das Weihnachtsfest in Frankfurt. Von hier zog er ins Elsaß weiter und gab seiner Schwiegermutter Berta, der Mutter der Königin Adelheid, die Abtei Erstein. Da begannen bereits die Feindseligkeiten und heimlich gegen ihn gerichteten Pläne offen an den Tag zu treten und ein jeder zu zeigen, was er im Herzen verborgen hatte; denn da er aus dem Elsaß zurückkam, um in Ingelheim das Osterfest zu feiern, da hatten sich sein Sohn Liudolf und Herzog Konrad miteinander verbündet, wobei sie nichtswürdige Anhänger und vor allem junge Leute aus Franken, Sachsen und Baiern für sich gewannen, und befestigten so viele Plätze und feste Burgen als möglich für den künftigen Aufstand. Denn nun wurde auf das Ziel nicht mehr geheim hingearbeitet, sondern sie zeigten offen die Fahne des Aufstands.

Als nun der König, von wenigen seiner Getreuen geleitet, nach Ingelheim kam, hielt er es nicht für geraten, das Osterfest mitten unter seinen Feinden zu feiern, und ging von da nach Mainz. Hier mußte er, da Erzbischof Friedrich sich bereits den Verschwörern angeschlossen hatte, anders als es einem König geziemte, längere Zeit vor den Toren warten und erlangte nur mit Mühe Eintritt in die Stadt. Darauf kamen Liudolf und Konrad mit einer, wie sich später zeigte, geheuchelten Unterwürfigkeit vor ihn, sagten, daß sie nichts dieser Art gegen ihn unternommen hätten, leugneten jedoch nicht, daß sie seinen Bruder Heinrich festnehmen würden, wenn dieser zu Ostern nach Ingelheim käme. Der König nahm das ruhig und gelassen auf, fuhr zu Schiff nach Köln, zog von dort weiter und feierte das Osterfest in Dortmund.«[54]

Adalbert, als Mitglied der Hofkanzlei, berichtet hier etwas zu glatt und geschmeidig, um das Ansehen seines Königs nicht zu sehr zu ramponieren. Der Wahrheit des Geschehens kommen wir bei Widukind näher. Er stellt den Vorfall in Mainz zwischen dem König, seinem Sohn und dem Schwiegersohn zwar auch nicht in aller Offenheit dar, doch gewährt er uns einen besseren Einblick in das, was sich da vollzogen hatte:

»Nun aber hörte der König, als er die Lande und Burgen der Franken besuchte, daß ihm von seinem Sohn und Schwiegersohn Nachstellungen bereitet würden; deshalb wurde der Erzbischof von da, wo dieser nach gewohnter Weise vor dem Osterfest ein strengeres Leben mit Einsiedlern und Eremiten führte, zurückberufen und empfing den König zu Mainz, wo er ihn einige Zeit bewirtete. Sohn und Schwiegersohn erkannten, daß ihre ruchlosen Pläne verraten waren; auf den Rat des Erzbischofs baten sie um Gelegenheit, sich von dem Verdachte zu reinigen, und erhielten sie. Obgleich sie nun offen des Verbrechens beschuldigt wurden, gab dennoch der König ihren Behauptungen in allen Stücken nach, wegen der Gefährlichkeit des Ortes und der Umstände.«[55]

Das kann doch nur heißen, daß sich der König in der Hand der Verschwörer befand und ihre Bedingungen annehmen mußte. Im Unterschied zu Adalbert von Weißenburg gesellt Widukind den Erzbischof von Mainz nicht den Empörern zu, sondern verweist auf die Vermittlertätigkeit des Erzbischofs. Werden da Animositäten zwischen zwei Klerikern sichtbar? Auch weiß Widukind noch zu berichten, daß der König per Schiff nach Köln fuhr mit dem Willen, das Osterfest in Aachen zu begehen. Da aber Aachen für den Königsbesuch nicht gerüstet war, begab er sich ins sächsische Dortmund, wo ihm seine Mutter Mathilde einen glänzenden Empfang bereitete: ».. und erhob das königliche Ansehen, das er in Franken beinahe verloren hätte, in seiner Heimat wieder zur alten Herrlichkeit.«

Wir sehen, Widukind ist wesentlich offener als Adalbert, der Continuator Reginonis, der als Mitglied der Kanzlei zwar gut informiert war, aber das Ansehen des Königs schonen wollte.

Widukind hingegen bekennt ganz offen, daß der König sein Ansehen in Franken »beinahe verloren hätte«. Und ein Kapitel später enthüllt er uns auch das Desaster, wodurch der Ansehensverlust des Königs entstanden war:

»Denn ermutigt durch die Gegenwart seiner Freunde und seines eigenen Volkes vernichtete er den Vertrag, von dem er erklärte, daß er nur aus Not darein gewilligt habe, und befahl seinem Sohne und Schwiegersohne, die Urheber des ruchlosen Unternehmens zur Bestrafung auszuliefern; andernfalls wisse er, daß sie Feinde des Reiches seien. Der Erzbischof verwandte sich für den früheren Vertrag, gleich als ob er für Frieden und Eintracht sorgen wolle, und schien dadurch dem König verdächtig, des Königs Räten und Freunden aber durchaus verwerflich. Uns kommt es gar nicht zu, irgendein unbesonnenes Urteil über ihn zu fällen, aber was wir von ihm gewiß erachten, daß er groß war im Gebet bei Tag und Nacht, groß durch Reichlichkeit der Almosen, vorzüglich durch das Wort der Predigt, das haben wir nicht geglaubt verschweigen zu dürfen. Übrigens ist es der Herr, der da richtet über die vorgebrachten Beschuldigungen.« Nun hellt sich die undurchsichtige Situation auf und wird klar. Gestützt auf Widukind, wissen wir nun, daß der König in Mainz mit Liudolf und Konrad, durch Vermittlung des Erzbi-

schofs Friedrich, einen Vertrag geschlossen hatte, den er allerdings in Dortmund als erpreßt zerriß.
Dies ist eine gravierende Mitteilung. Die Verschwörer müssen ihm hart zugesetzt haben. Denn stets hatte der König es als unter seiner Würde erachtet, wie sein Vater Heinrich I. mit Herzögen Verträge abzuschließen. Verträge konnten nach Ottos Auffassung nur unter gleichrangigen Personen oder Institutionen abgeschlossen werden. Nicht aber mit Herzögen, die weit unter des Königs Majestät standen, die im Grunde Befehlsempfänger, aber nicht Vertragspartner sein konnten.
Den Inhalt des Mainzer Vertrages kennen wir nicht. Überlegt man aber, welche Probleme für Liudolf und Konrad anstanden, entsinnt man sich der Gründe ihrer Rebellion, so findet man Zugang zu den Themen, die dieser Vertrag beinhaltet haben muß.
Zunächst Begrenzung der Macht des Königsbruders, des provokanten Baiernherzogs Heinrich. Denkbar ist, daß in diesem Rahmen auch eine Neuverteilung der italischen Markgrafschaften Verona und Aquileja vorgenommen wurde. Mit Sicherheit wird Liudolf seinen Anspruch als Thronfolger und die Unteilbarkeit des Reiches in diesem Vertrag festgeschrieben haben.
Von besonderer Wichtigkeit ist, daß der Erzbischof Friedrich den König nach Dortmund begleitet hat. Das hätte er sicher nicht getan, wenn er sich schuldig gefühlt hätte, Mitglied einer Verschwörung gegen den König zu sein. Ja, er trat sogar in Dortmund eindeutig für die Beibehaltung des Vertrages ein. Das konnte er nur, wenn er überzeugt war, daß dieser Vertrag rechtmäßig zustande gekommen war.
Auch gilt es festzuhalten, daß Widukind, ein Sachse und Parteigänger des Königs, den Erzbischof als einen moralisch hochstehenden, ja fast heiligmäßigen Mann darstellt, über den er sich kein Urteil anmaßt, das er ausschließlich Gott vorbehält.
So ganz eindeutig wird die Rechtslage zwischen dem König und seinem rebellischen Sohn und Schwiegersohn demnach nicht gewesen sein.
Auch des Königs Befehl an Sohn und Schwiegersohn, »die

Urheber des ruchlosen Planes zur Bestrafung auszuliefern«,
ist kaum zu deuten.

Die Urheber des Planes waren doch sicher die Anführer der
Verschwörung, Liudolf und Konrad selbst. Ihre Anhänger
aber konnten die beiden jungen Fürsten nicht ausliefern,
ohne gegen Anstand, Recht und Ritterlichkeit zu verstoßen.
Diese Forderung des Königs bedeutete Kampf!

Auf einem Reichstag, noch immer im Frühjahr 953 zu Fritzlar, wollte der König über die Verschwörer Gericht halten.
Liudolf und Konrad erschienen aber nicht. Sie wollten sich
durch Verrat ihrer Anhänger nicht freikaufen.

Aber auch aus sachlichen Gründen konnten sie die Verschwörung nicht beenden, denn die Ziele ihres Aufstandes,
die sie in dem Vertrag mit dem König niedergelegt hatten,
waren ja, da er in Dortmund für nichtig erklärt worden war,
nicht erreicht.

Des Königs Bruder, Herzog Heinrich von Baiern, war in
Fritzlar erschienen. Er klagte die Verschwörer, aber vor allem
auch den Erzbischof Friedrich, an, der mannhaft den Vertrag
von Mainz, hier in Fritzlar vor des Königs Stuhl, verteidigte.

In Fritzlar wurden Liudolf und Konrad noch nicht ihrer
Herzogtümer enthoben. Ein Hinweis auf die nicht ganz
unhaltbaren Rechtspositionen der Empörer.

Lediglich zwei thüringische Grafen, Dadi vom Hassengau
und Wilhelm, wohl in Südthüringen ansässig, Männer, die
bei Birten wacker auf der Seite des Königs mitgestritten
hatten, wurden verbannt. Worin ihre Schuld bestand, wissen wir nicht. Doch ist es denkbar, daß sie an Liudolfs
Weihnachtsconvivium im Jahre 953 teilgenommen hatten,
wo die ersten Fäden der Verschwörung gesponnen wurden.

Brun – Erzbischof von Köln

In Lotharingien war indes die politische Lage in Bewegung
geraten. Da nunmehr bekannt war, daß der König nicht
mehr hinter Herzog Konrad stand, sammelten sich dessen
Feinde und konnten ihn nunmehr im Namen des Königs,
also innerhalb der Legalität, bekämpfen.

Ihr Anführer aus der Familie der alteingesessenen Reginare war ein Neffe des bei Andernach im Rhein ertrunkenen Herzog Giselbert, Graf Reginar III. vom Hennegau. An der Maas kam es zu einem blutigen Treffen. Konrad der Rote focht in vorderster Linie, besonders erbittert über den Tod seines Freundes und Namensvetters Konrad. Dieser war ein Sohn des ebenfalls bei Andernach gefallenen Frankenherzogs Eberhard. Es ist tragisch zu sehen, wie sich die Großen Generation um Generation mit wechselnden Fronten tödlich bekämpften. Da die Lotharingier immer neue Verstärkungen erhielten, mußte Konrad der Rote den blutigen Kampf am Abend einstellen. Graf Reginar behauptete zwar das Schlachtfeld, aber das Gefecht war unentschieden ausgegangen.

König Otto befand sich Anfang Juli auf dem Heereszug nach Franken. Vorher hatte er den Grafen Hermann in Sachsen als Herzog eingesetzt, damit sein Kernland gesichert war. Seit diesem Zeitpunkt wird Hermann sowohl bei Widukind als auch bei Adalbert von Weißenburg als »dux« bezeichnet.

In Lotharingien fand ein weiteres wichtiges Ereignis statt. Der seit langem kränkelnde Erzbischof Wichfrid von Köln, ein dem König allzeit getreuer Mann, starb am 9. Juli 953. Die Neubesetzung des Kölner Erzstuhles erfolgte in solcher Geschwindigkeit, daß sich die Annahme fast zwingend ergibt, man habe mit dem Ableben des Kölner Metropoliten seit langem gerechnet und entsprechende Maßnahmen getroffen. Noch während der Leichnam des Vorgängers aufgebahrt war, einigte sich das Wahlgremium unter der Leitung des Bischofs Gotfrid von Speyer, der wahrscheinlich königlicher Wahlbeauftragter war, auf den jüngsten Bruder des Königs, den Erzkanzler Brun. Ruotger, der Biograph des Erzbischofs Brun, gibt uns folgende Schilderung: »Obwohl seines Hirten beraubt, zeigte sich das Volk inmitten dieser Wirrnis nicht unschlüssig noch zwiespältig, sondern erwählte sich, dem Rat der Großen und des ganzen Klerus folgend, den einzigen und einzig gewünschten Trost im Herrn Bruno, dem hochherzigen und besterprobten Mann ... So waren alle einmütig und in Christus eines Sinnes. Man wählte daher, während der Leichnam seines

Vorgängers seligen Angedenkens noch unbestattet und dortigem Brauch gemäß öffentlich zur Schau gestellt war, vom ehrwürdigen Kapitel vier hochgestellte Geistliche und ebenso viele Laien, lauter gut unterrichtete Leute, die das alles am Hof vorbringen, die einstimmige Wahl, die man nach dem Trauerfall getroffen hatte, eröffnen und inständig um den erwähnten Trost für die Verwaisten bitten sollten. Kurz und gut: es gefiel, Gott sei Dank, dem höchsten Herrscher, für Zeit und Ort in der Weise zu sorgen, daß er ihn, der mit solcher Beharrlichkeit erbeten wurde, unverzüglich als Verweser zum Schutz der verwaisten Herde entsandte. Entlassen endlich aus den Lagern des irdischen Reichs, betrat er die Zelte des himmlischen Königs ... Die Bischöfe aber, die in großer Zahl zugegen waren, und der Senat unserer heiligen Geistlichkeit erhoben unter allgemeinem Jubel und Heilrufen den Mann (Brun), der von Gott und den Menschen erkoren worden war, auf den bischöflichen Thron.«[56]

Die Erhebung Bruns geschah zwischen dem 11. und 12. August 953. Was sich da aber in der Vita Brunonis des frommen Mönches Ruotger von St. Pantaleon in Köln als fast ausschließlich geistliches Ereignis darstellt, war in Wirklichkeit ein Geschehen von eminenter politischer Bedeutung.

Herzog Konrad der Rote und sein Anhang hatten versucht, den Erzstuhl von Köln in ihre Hand zu bringen. Dadurch wäre die Position der Aufrührer wesentlich verstärkt worden, denn der Erzbischof von Köln verfügte ja nicht nur über geistliche, sondern auch über weltliche Machtmittel. Nun war durch schnelles Handeln des Königs der Bruder des Königs Metropolit dieser wichtigen Stadt geworden, der darüber hinaus von Klerus, Adel und Bevölkerung mit Freuden angenommen worden war.

Indessen hatte der König mit seinem Heer die Stadt Mainz eingeschlossen, die in der Hand von Liudolf und Konrad war. Es muß ein harter Kampf gewesen sein, der um die Mauern von Mainz entbrannte, denn Widukind bezeichnete ihn »schlimmer als ein Bürgerkrieg und schmerzlicher als jedes Unglück«.

Die Stimmung im Heere der Belagerer wie der Belagerten war gespalten. Widukind schildert das so:

»Im ganzen war die Lage unentschieden durch das Zaudern, indem man den Herrn des Reiches außerhalb, in der Stadt aber den Nachfolger fürchtete.«[57]

Der Erzbischof Friedrich von Mainz stand noch immer bei vielen in hohem Ansehen, und auch der Sohn des Königs wurde gerühmt. Da war es schwer, eindeutig gegen ihn Partei zu ergreifen.

Als sich die Belagerung von Mainz bis in den August 953 hinzog, wuchs auf beiden Seiten wieder Verhandlungsbereitschaft. So wurde von seiten des Königs eine Geisel in die Stadt gegeben, ein Neffe der Königin Mathilde, wodurch etwaigen Unterhändlern sicheres Geleit garantiert wurde.

Darauf erschienen im Lager des Königs Herzog Liudolf und Konrad, die sich dem König zu Füßen warfen und sich bereit erklärten, jede Strafe des Königs hinzunehmen, wenn nur ihren Anhängern Straffreiheit zugesichert würde. Und nun kommt ein erstaunlicher Satz bei Widukind:

»Der König aber, der keine Möglichkeit sah, den Sohn nach Verdiensten zu bestrafen, verlangte die Auslieferung der Mitschuldigen seiner Verschwörung. Jene dagegen, durch gegenseitige Schwüre gebunden ... verweigerten dies durchaus.«

Welche Rechtsvorbehalte haben den König an der Bestrafung des aufständischen Sohnes gehindert?

Allein die Rücksicht auf die Geisel, des Königs Vetter Ekbert? Aber Otto hatte ja auch den Vertrag, den er mit den Verschwörern im Frühjahr vor Mainz geschlossen hatte, in Dortmund als erpreßt zerrissen.

Konnte hier, bei einem erneuten Majestätsverbrechen, nicht das Recht der Geisel gebrochen werden, um den höheren Rechten der Krone Genüge zu leisten?

Oder lebte im Rechtsempfinden der Zeit, ja selbst in den Rechtsvorstellungen des Königs, das germanische Fehderecht als legales Rechtsmittel weiter, so daß der König den Aufstand seines Sohnes als legal empfand und nicht strafend eingreifen konnte?

Vielleicht hilft uns hier ein Wort von Gerd Tellenbach weiter, der sagt:

»Die Fehde ist nicht ein ungesetzlicher Weg zur Erzwingung

des Rechts . . . sondern ein normales strafrechtliches Verfahren, das in germanischer Zeit sich nicht in Konkurrenz zu einem staatlichen Verfahren befindet . . . Das Fehderecht hat, wenn auch vielfach abgeschwächt und eingegrenzt, das ganze Mittelalter hindurch seinen Platz in der Friedensordnung behauptet!«

Die Verhandlungen führten zu keinem Ende. Schließlich stellte sich heraus, daß der Baiernherzog und Königsbruder Heinrich die Triebkraft zum Bösen war, der von beiden Seiten Ungeliebte. Auch die Parteinahme der Vita Brunonis für diesen Bruder des Königs ist sehr verhalten. Dagegen macht der Autor aus seiner Sympathie für Liudolf kein Hehl. Er läßt den Erzbischof Brun den Königssohn folgendermaßen anreden:

»Weißt du denn nicht, du Bester unter der Jugend, die die Erde trägt, wie sehr du dir und den Deinen nütztest, wenn du dir meine Ermahnungen recht tief zu Herzen nähmst? Du, das Lieblingskind deines ruhmreichen Vaters und unser Stolz . . .«[58]

Liudolf wird auch von den Zeitzeugen, die politisch gegen ihn standen, als ein liebenswerter Jüngling mit hohen Tugenden und einzigartigem Ruhm gesehen.

Der Baiernherzog dagegen wird selbst von Parteigängern des Königs negativ gezeichnet. Widukind stellt ihn in den Mainzer Verhandlungen als provokanten, reizbaren Mann dar:

». . . sprach Heinrich zornig zu dem Jüngling: ›Immer wieder behauptest du, nichts gegen den König, meinen Herrn, getan zu haben, und siehe, das ganze Heer weiß, daß du die Hand nach der Krone ausstreckst und nach der Herrschaft gegriffen hast. Wenn ich des Verbrechens schuldig angeklagt werde, wenn ich strafbar sein soll, warum führst du deine Truppen nicht gegen mich? Führe doch gegen mich dein Heer!«[59]

Der Abfall Baierns

Der Baiernherzog wurde prompt bedient, als Liudolf sich jetzt wirklich gegen ihn wandte und ihn in die Isolierung trieb. Immerhin aber blieb der Baiernherzog standhaft auf seiten des Königs, obwohl des Königs Vetter Ekbert, die Geisel, zu den Verschwörern überlief. Doch lesen wir weiter bei Widukind die dramatischen Geschehnisse:
»Während dieser Verhandlungen fielen in der nächsten Nacht die Baiern, die den Bruder des Königs (den Baiernherzog Heinrich) begleitet hatten, von diesem ab und verbanden sich mit Liudolf.«
Wo die allgemeinen Sympathien lagen, wird unmißverständlich deutlich!
»Dieser brach mit ihnen auf, nahm die königliche Stadt Regensburg mit den übrigen stark befestigten Burgen in diesem Lande, verteilte den ganzen Schatz des Herzogs unter seine Vasallen; die Gemahlin (Judith) seines Oheims zwang er, mit ihren Kindern und Freunden nicht allein die Stadt, sondern auch das Land zu verlassen. Dies alles, glauben wir, ließ Gott geschehen, damit der, den er zum erhabensten Herrscher über viele Völker und Stämme setzen wollte, lernen sollte, er vermöge wenig durch sich, durch Gott aber alles.
Es war Arnulf der Jüngere mit seinen Brüdern, von dem solcher Anschlag gegen Heinrich ausgegangen war, weil dieser in seines Vaters Reich eingesetzt worden, er selber aber der väterlichen Würde verlustig gegangen war. Ferner verlangte das Heer, durch die lange Anstrengung ermüdet, seine Entlassung und erhielt sie, während der König mit sehr wenigen seinem Sohne nach Baiern nachzog . . . Zuletzt blieben, da die große Masse die Treue brach, nur noch sehr wenige, die des Königs Sache unterstützten; unter diesen war ein gewisser Adalbert und eine kleine Zahl anderer mit ihm.«[59]
Der König stand wieder allein! Mainz mit Franken verloren, Baiern im Aufstand, Schwaben abgefallen. Wieder war der König in dunkle Schluchten seines Lebens geraten. Aber

unerschütterlich an seinen Königsauftrag glaubend, unbeirrbar am Recht seines Tuns festhaltend, nie zweifelnd an der göttlichen Gnade, ging der König seinen einsamen Weg durch die Tiefen des Schicksals, und überwand alle Widerstände. Triumph eines unbeugsamen Geistes!
Auch aus Sachsen kamen schlimme Nachrichten.
Herzog Hermann, der für den König Sachsen regierte, sandte unter Führung von Thiadrich und dem jungen Wichmann ein Ersatzheer nach Franken. Dieses jedoch wurde durch Liudolfs und Konrads Anhänger eingekreist. Immerhin konnte es freien Abzug nach Sachsen erreichen. Der junge sächsische Heerführer Thiadrich wurde von Liudolf durch große Versprechungen verlockt, auf seine, Liudolfs Seite zu treten. Doch Thiadrich widerstand der Versuchung. Anders der junge Wichmann. Er verbündete sich mit Ekbert, dem Vetter des Königs. Gemeinsam stellten sie sich in Sachsen gegen Herzog Hermann, Wichmann mit der Begründung, Hermann habe ihm sein väterliches Erbe geraubt.
Auch in Sachsen, dem Kernland ottonischer Macht, schwankte also der Boden unter dem König. Doch gelang es dem energischen Herzog Hermann, den Aufstand der beiden rebellischen Jünglinge unter Kontrolle zu bringen.

Tu also alles – gottgeweihter Mann

Bevor der König nach Baiern zog, seinen rebellischen Sohn zu bekämpfen, ernannte er seinen jüngsten Bruder Brun, zusätzlich zu seinem erzbischöflichen Amt, zum Oberherzog, zum Erzherzog von Lotharingien. Über diesen Titel und diese Funktion ist viel gegrübelt und gestritten worden. Galt Konrad noch immer als Herzog von Lotharingien und sollte durch einen Erzherzog Brun unter Kontrolle gebracht werden? Oder wollte der König seinen Bruder in besonderer Weise herausstellen? Wie dem auch sei, die Ernennung Bruns rettete Lotharingien dem Reich. Am 21. September hielt Brun eine Versammlung der lotharingischen Großen ab und verband sie neu dem König und dem Reich. Von Bischöfen waren anwesend: der Erzbischof Ruotpert von Trier, ebenfalls ein Verwandter des Königs, die Bischöfe Balderich von Utrecht, Berengar von Verdun, Fulbert von Cambrai. Der freigewordene Bischofsstuhl von Lüttich wurde mit dem gelehrten, aus Verona vertriebenen Rather besetzt. Bruns rasches Handeln hatte bewirkt, daß der wichtige Bischof Adalbero von Metz, der etwas zwischen den Parteien geschwankt hatte, sich nun ganz auf die Seite des Königs stellte: eine für die königliche Partei sehr wichtige Entscheidung, auch wenn Adalbero die Plünderung seiner Stadt Metz durch Konrad den Roten hinnehmen mußte. Eines war erreicht, der lotharingische Episkopat hatte sich in der Mehrheit für den König entschieden. Obwohl auch das Erzbistum Trier unter Konrad zu leiden hatte – ein Anschlag gegen Köln gelang nicht. Lotharingien blieb im wesentlichen der königlichen Macht erhalten. Das Vertrauen Ottos in Brun stellte sich als gerechtfertigt heraus, was in der Vita Brunonis ausgedrückt wird, indem der Biograph Otto an seinen Bruder schreiben läßt:

»Wir waren immer ein Herz und eine Seele, und nie sind unsere Wünsche in irgendeiner Sache auseinander gegangen. Wie sehr mich das freut, liebster Bruder, vermag ich nicht auszusprechen. Und das ist es, was mich in meiner herben Lage am allermeisten tröstet: daß ich sehe, wie durch die Gnade des allmächtigen Gottes zu unserer Königsherrschaft ein königliches Priestertum hinzugetreten ist. In dir nämlich sind priesterliche Frömmigkeit und königliche Tapferkeit mächtig, so daß du verstehst, einem jeden das Seine zu geben...

Du allein bist mir jetzt ein fester, zuverlässiger und starker Trost... Wenn nur du mir erhalten bleibst, daß ich dich voll und ganz in Anspruch nehmen kann, wie mein Geist allezeit begehrt, mein Herz ersehnt, meine Seele erfleht... Was aber jetzt mich bedrückt, wiegt schwerer als alle früheren Leiden, denn er, den ich erzeugt habe, ist mir entrissen und hat alles gelernt, einem liebenden Vater nachzustellen. Tu also alles, gottgeweihter Mann, ich bitte dich, tu alles, um durch deinen Einfluß, durch den du so viel vermagst, je nach den örtlichen und zeitlichen Umständen – nicht so schnell wie möglich, sondern so wirkungsvoll wie möglich – die Kämpfe

entweder zu verhindern, oder durch irgendein Vertrags-
werk beizulegen. Auch wenn ich äußerlich dir fern bin, wirst
du, wo immer ich auch sein werde, meine Freude sein,
werden deine Umsicht und Besonnenheit meinen dankba-
ren Beifall finden. Ich werde für Recht befinden, was du tun
wirst, mögest auch du für Recht befinden, was ich tun
werde.«[60]

Mag auch Bruns Biograph Ruotger dem König diese Worte in
den Mund gelegt haben, als Zeitgenosse, in der Nähe Bruns
lebend, war er über das Verhältnis der Brüder informiert.
Bedenkt man, daß Ruotger noch im Todesjahr des Erzbischofs von seinem Nachfolger, Erzbischof Folkmar
(965–969), den Auftrag bekam, die Vita des Brun zu schreiben, dann wird man ihm sicherlich, so wie das ja auch heute
in solchen Fällen geschieht, die Korrespondenz der Verstorbenen zur Verfügung gestellt haben. Zwar wird König Otto
diesen Brief nicht handschriftlich verfaßt, sondern seinen
Schreibern diktiert haben. Aber man kann diesen »Brief« als
ein kompetentes Zeugnis der Seelenlage König Ottos in den
Wirren des Jahres 953 und des Verhältnisses der Brüder
zueinander ansehen.

Der König hatte dem Bruder sein Herz so weit geöffnet, wie
er es sonst kaum je getan hatte. Vor allem hatte er, was wir in
seinem Leben sonst nicht feststellen können, dem Bruder
eine Generalvollmacht erteilt. »Ich werde für Recht befinden, was du tun wirst.«

Brun hat das unumschränkte Vertrauen des Bruders und
Königs nicht enttäuscht. Er hat die Bastion Lotharingien dem
Reich erhalten. Er war derjenige der drei Brüder, der ihres
Vaters, König Heinrichs, Vermittlergabe, seine diplomatische Überzeugungskraft geerbt hatte. Neben seiner hohen
Moral war er ein Mann der Logik, des Wortes, der Einfühl-
samkeit. Diese Tugenden, dazu die unerschütterliche Treue
zum königlichen Bruder waren die persönlichen Voraussetzungen, aus denen heraus er seine Politik gestaltete. Hinzu
kam eine gelebte Gläubigkeit, die in ihrer Tiefe und stillen
Bescheidenheit die Mitmenschen auch ohne Worte über-
zeugte.

Kämpfe in Baiern

Der König zog nach Baiern, gemeinsam mit seinem Bruder Heinrich. Die Baiern aber nahmen keine offene Feldschlacht an, sie verschanzten sich in ihren mauerbewehrten Städten und Burgen. Zwar schloß der König Regensburg ein, aber mit seiner geschwächten Kriegsmacht konnte er die Stadt nicht nehmen. Die bairischen Bischöfe hielten sich neutral, weil sie sich, wie Widukind bestechend formulierte:»weder ohne Gefahr vom König lossagen noch ohne Schaden für sich ihm treu bleiben konnten«.[61]
Nur der heilige Bischof Ulrich von Augsburg nahm jeden Konflikt in Kauf, um seinem König Treue zu erweisen. Ja, er entblößte seine Stadt von Truppen und ritt zum König nach Regensburg. Aber auch das brachte keine Entscheidung. Vielmehr mußte der Bischof seine Treue mit der Plünderung von Augsburg und der zeitweiligen Wegnahme der Stadt bezahlen.
Pfalzgraf Arnulf, der Sohn des verstorbenen Herzogs Arnulf von Baiern, hatte sich ganz auf die Seite Liudolfs geschlagen mit der sicheren Hoffnung, bei einem Sieg Liudolfs sein bairisches Herzogtum wieder zu erhalten. So nahm er die günstige Gelegenheit wahr, das von Truppen entblößte Augsburg anzugreifen und zu erobern.
Der König beendete seine erfolglose bairische Heerfahrt. Er zog nach Sachsen, um dort das Weihnachtsfest zu feiern.
Trotz der Niederlagen von Mainz und Regensburg, so versichern die Chronisten, war des Königs Mut und Zuversicht ungebrochen. Er hoffte auf eine bessere Jahreszeit, um die Ereignisse wieder in den Griff zu bekommen.
Einen kleinen Hoffnungsschimmer aber gab es doch für die königliche Partei. Der standhafte Bischof Ulrich hatte sich nach dem Verlust seiner Stadt in der Festung Schwabmünchen festgesetzt. Die Verfassung der Burg muß schlimm gewesen sein. Die Gebäude und Mauern waren verfallen. Die Burg mußte zunächst mit Holzpalisaden gesichert werden. Man lebte trotz winterlicher Kälte in Hütten und Zelten. Erst nach und nach konnten die Gebäude wieder wohnlich gemacht werden.

Die Boten des Pfalzgrafen Arnulf, die den Bischof zur Unterwerfung unter Liudolf aufforderten, wußte der Bischof hinzuhalten. Ja es gelang ihm, für eine bestimmte Zeit einen Waffenstillstand auszuhandeln. Diese Zeit nutzte der Bischof, die Verteidigungskraft von Schwabmünchen zu festigen und auszubauen, um künftigen Angriffen des Pfalzgrafen Arnulf standhalten zu können. Greifen wir auf die Schilderung des Dompropstes Gerhard in seiner Vita des heiligen Bischofs Ulrich zurück:

»Am Sonntag, an dem die Geistlichen zum letztenmal vor Ostern Fleisch zu essen pflegen (5. Februar 954), fielen sie zu ihrem eigenen Verderben in das Gut der heiligen Maria ein und belagerten den Bischof. Dieser aber verharrte Tag und Nacht eifrig im Dienste Gottes, warf alle Furcht von sich, vertraute auf Gott, hielt die Belagerung für nichts und blieb standhaft bei dem, was er sich vorgenommen hatte. Als aber Graf Adalbert und Dietbald, der Bruder des Bischofs, von der Belagerung hörten, zogen sie Kriegsvolk zusammen und stürmten am ersten Tag der Fastenzeit, der ein Montag ist (13. Februar 954), in aller Morgenfrühe das Lager der Feinde.

Diese aber hatten das so bald nicht erwartet und wurden daher ohne Vorbereitung zum Kampfe angetroffen. Von jäher Angst gepackt, ließen sie alles stehen und liegen und suchten das Heil in der Flucht. Die anderen aber setzten ihnen nach, brachten Hermann, den Bruder Arnulfs, in Gefangenschaft und töteten die einen im Lager, andere bei der Verfolgung. Als aber die meisten von ihnen tot und die anderen in die Flucht geschlagen waren, hatte keiner mehr den Mut zur Gegenwehr. Nur einer, Egilolf mit Namen, brachte auf der Flucht dem Grafen Adalbert eine ziemlich tiefe Wunde am Arm bei, an der Adalbert gestorben ist.«[62]

Die Niederlage des Pfalzgrafen Arnulf und der Seinen muß so schlimm gewesen sein, daß sie sofort auch die Stadt Augsburg räumten. Weiter berichtet die Ulrichsvita, daß der Bischof zurück nach Augsburg gezogen sei, wo er den Leichnam des Grafen Adalbert in der dortigen Marienkirche feierlich begrub.

Dies war seit langer Zeit der erste Sieg und seine Nachricht,

die ins Winterlager des Königs nach Sachsen kam, die erste
Hoffnung.
Denn auch hier in Sachsen war der König mit mißlichen
Angelegenheiten beschäftigt.
Es galt Urteil zu sprechen über die aufständischen Neffen
des Herzogs Wichmann, Ekbert und Wichmann, und sie vor
einen Hoftag zu bringen. Widukind meldet:
»Als Hermann und seine Neffen sich vor dem König verant-
worteten, lobten alle, die am Recht festhielten, die Gesinnung des Herzogs und waren für eine Züchtigung der Jünglinge. Der König in seiner Liebe schonte ihrer und gab nur
den Wichmann in ritterliche Haft an seinem Hofe.«[63]
Die Milde des Königs wurde schlecht vergolten. Wichmann
floh aus der ritterlichen Haft, vereinigte sich mit Ekbert und
weiteren Gesinnungsgenossen und bemächtigte sich einiger
Burgen. Dem Herzog Hermann gelang es leicht, mit den
beiden Rebellen fertig zu werden. Sie flohen über die Elbe
und verbündeten sich mit den Abodritenfürsten Naco und
Stoinef, die im Raum des heutigen Mecklenburg ihre Wohn-
sitze hatten.[64]

Ein Ungarneinfall eint die Stämme

Hatte der König sich im Februar noch über den Sieg des
Bischofs Ulrich freuen können, so kamen jetzt schlimme,
bedrückende Nachrichten aus Baiern.
Die Ungarn waren wieder ins Land eingefallen. Mit automa-
tischer Gesetzmäßigkeit zog innerer Unfriede die äußeren
Feinde an.
Darum war der später aufkommende Streit, wer die Feinde
ins Land gerufen habe, Liudolfs Partei oder die des Herzogs
Konrad, unsinnig. Der zerstörte Reichsfrieden, den beide
verschuldet hatten, war es, der die Ungarn auf den Plan rief.
Dieser Ungarneinfall war einer der schreckensreichsten. Liu-
dolf hatte durch Tributzahlungen an die Ungarn erreicht,
daß diese ihn ungeschoren ließen, und ihnen Führer nach
Westen ins teilweise königstreue Lotharingien mitgegeben.
Am 19. März 954 wurden sie von Herzog Konrad in Worms

öffentlich bewirtet und mit Tributen in Gold und Silber bezahlt. Konrad der Rote soll einen förmlichen Vertrag mit ihnen abgeschlossen haben, sie dann gegen seine eigenen Feinde, den Erzbischof Bruno und die Grafenfamilie der Reginare, angesetzt und die grausamen Steppenreiter bis nach Maastricht geführt haben.

Ihr blutiger Weg führte sie über Cambrai in die Grafschaft Vermandois, hin zu den reichen Städten Laon, Reims und Chalon. Von dort brachen sie in Burgund ein. Dann zogen sie nach Italien, wahrscheinlich über Mailand, und suchten ihren Weg über die Markgrafschaften Verona und Aquileja zurück in ihre Heimat nach Ungarn.

Hinter ihnen zerstörte Kirchen, verwüstete Klöster, verbrannte und geplünderte Städte und Dörfer.

Doch dieser schreckliche ungarische Vernichtungsfeldzug führte zu einem positiven Schock, zu einer Veränderung dessen, was wir heute die öffentliche Meinung nennen.

Diese Meinung im Reich über den König und die Empörer schlug um, und zwar gegen Liudolf und Konrad. Daß sie den Reichsfeind ins Land geholt hatten, machte man ihnen zum Vorwurf, gegen den sie sich freilich verzweifelt wehrten; daß sie den Ungarn nicht nur Tribute gezahlt, sondern auch noch Führer gestellt hatten, damit sie ihre innenpolitischen Feinde bekämpften, das verzieh man ihnen nicht.

Das Gemeinschaftsgefühl der ostfränkischen Stämme war verletzt. Dies setzt voraus, daß sich ein Gemeinschaftsgefühl herausgebildet hatte, das Gemeinschaftsgefühl eines gleichen Schicksals, eines deutschen Schicksals!

Und König Otto, der noch im Februar mit einem Reichsheer nach Baiern gezogen war, sich wider die Ungarn zu stellen, das Reich zu verteidigen, die Menschen zu erlösen von den furchtbaren Heimsuchungen der Ungarneinfälle, er wurde zum Symbol dieser neuen Einheit, dieser neuen deutschen Eintracht.

In Baiern wurde dieser Meinungsumschwung deutlich sichtbar.

Widukind berichtet:

»Die Baiern, deren Kraft durch das Reichsheer und das fremde Volk erschöpft war – denn nach dem Abzug der

Ungarn wurden sie durch das königliche Heer bedrängt –,
sahen sich gezwungen, um Frieden zu unterhandeln. Und es
kam so weit, daß ihnen Frieden gewährt wurde bis zum
16. Juni, wo sie nach Langenzenn vorgeladen wurden, um
Rechenschaft zu geben und Bescheid zu empfangen.«
Zuvor aber fand in Lotharingien ein Ereignis statt, dem
besondere Aufmerksamkeit gebührt.

»Rümlingen«, die Schlacht, die nicht geschlagen wurde

Adalbert von Weißenburg, Mitglied der Reichskanzlei und
späterer Erzbischof von Magdeburg, ein gutinformierter Hi-
storiker, macht unter dem Jahr 954 folgende Eintragung:
»In demselben Jahr war Herzog Konrad im Begriff, mit den
Lotharingern unter der Führung des Erzbischofs Brun im
Bliesgau bei dem Landgut Rümlingen zu kämpfen; zuletzt
jedoch stand er davon ab, weil es gegen den König war und
Gott wollte, daß es nicht geschehe.«[65]
Über den Zeitpunkt dieses Zusammentreffens gibt es verschiedene Auffassungen. Adalbert verlegt die Begegnung
zwischen Herzog und Erzbischof vor den Ungarneinfall des
Jahres 954. Dies aber wäre gegen die innere Logik der Ereig-
nisse. Denn dann würden die Kriegshandlungen gegen den
König während des Ungarneinfalls unverständlich. So
zwingt sich die Annahme auf, daß das Ereignis von Rümlingen nach dem Ungarneinfall und vor dem Reichstag von
Langenzenn stattgefunden haben muß. Denn nach dem
Ungarneinfall erhob Herzog Konrad seine Waffen nicht
mehr gegen den König, und auf dem Tag von Langenzenn
fand er endlich zum König zurück.
Was war geschehen?
Ein lotharingisches Heer unter Führung des Erzbischofs
Brun und ein Heer des Herzogs Konrad mit seinem frän-
kisch-lotharingischen Anhang standen sich bei Rümlingen
feindlich gegenüber, und eine Schlacht war wahrscheinlich.
Das Heer Konrads muß überlegen gewesen sein, denn Adal-
bert, der als Mitglied der Kanzlei und Kleriker zur Partei des

Siegel Ottos des Großen, gegeben auf einer Urkunde vom 29. April 952, mit welcher König Otto dem Kloster St. Ludgeri in Helmstedt Zehntrechte verleiht.
(Perg.-Ausf.; aufgedr. Siegel erh.; 64 x 36 cm. Niedersächsisches Staatsarchiv Wolfenbüttel).

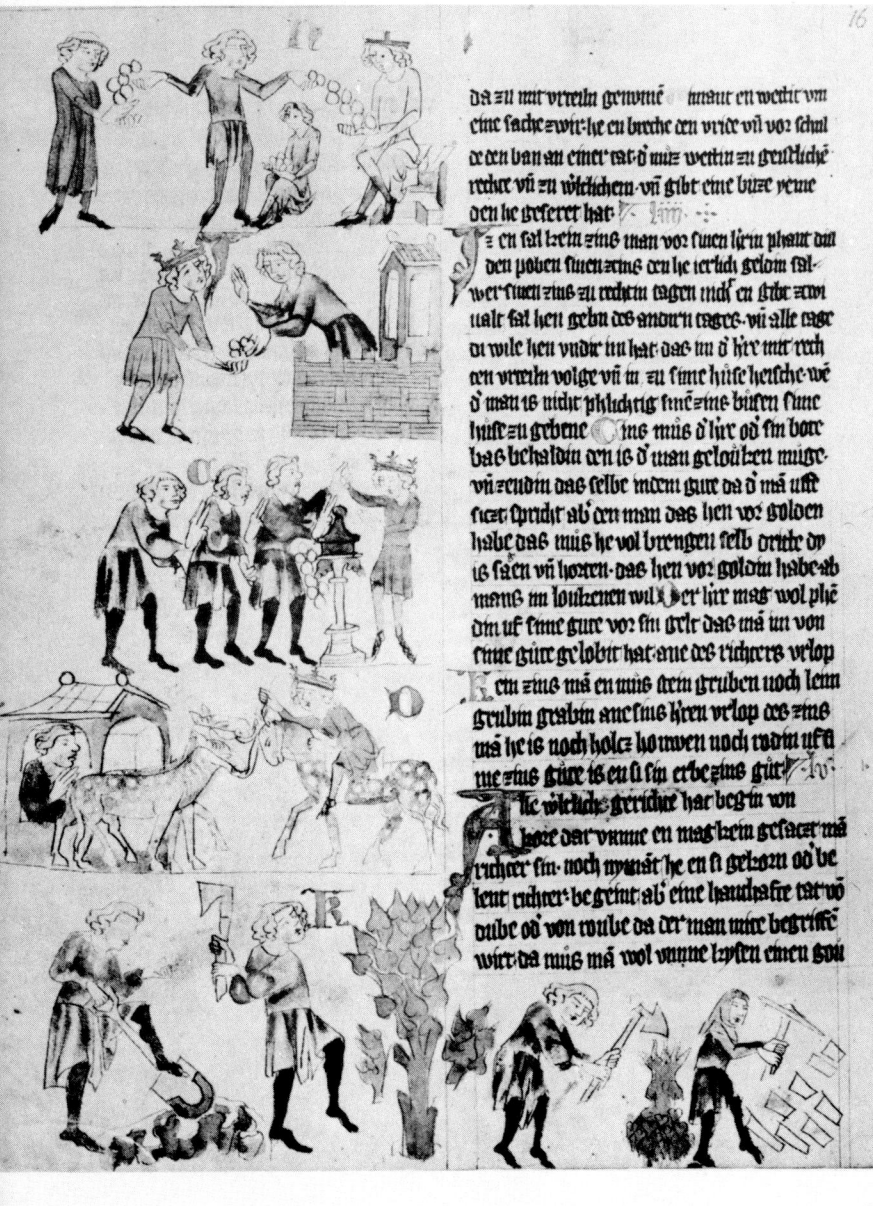

da zu mit vrteiln genomē mauit en wettir vm
eine sache zwit: he en breche den vride vñ vo2 schal
 or den ban an einer rat d mit wettin zu gerstliché
rechter vñ zu wechichem · vñ gibt eine buze peine
den he geseret hat·

Ie en sal kein zins man vo2 suen lern phant dan
den pouen suen zins den he ierlich gelou sal
wer sluen zins zu rechtem tagen mis en gibt zem
uslt sal hen gebn des andorn tages· vñ alle tage
di wile hen vudir iin hat·das in d her mit rech
ten vrteiln volge vñ in zu sine huse heische· wē
d man is nicht phlichtig sinē zins busen sine
huse zu gebene Ins mus d lir od sin bote
bas behalden den is d man geloubten muge
vñ zeudin das selbe mcein gute da d man ust
sitet spricht ab den man das hen vo2 golden
habe das mus he vol brengen selb orite or
is saen vñ horten·das hen vo2 goldin habe·ab
manis in loubzenen wil Der lir mag wol phē
din uf sine gute vo2 sin gelt das mā in von
sine gute gelobit hat ·ane des richeers vrlop

Kein zins mā en mus dein gruben noch lein
gruben grabin ane sins hren vrlop des zins
mā he is noch holtz houwen noch rodin vfā
me zins gute is en si sin erbezins gut

Die wlelich gerichte hat begin von
hore dar vmme en mag kein gesater mā
richter sin · noch nymāt he en si gekorn od be
lent richter· be gritit ab eine haudhafte tat vō
dube od von roube da der man mite begriffē
wirt da mus mā wol vunne lysten einen gou

ð ſi bewart vozð vlut icheb dozf ſal ſin wil des ſannes veſtene voz ð vlut· kunur ab di vlut vñ briche ſi den tam· vñ leduf inã iuð gerufte dazu di binne ð ſanne gerefeſſen· weldi inche lulſer buſen den tam ð hat voz wonhe ſulch erbe alſe he binne ð tanne hat· waz das waſ ſir ab ſcheb dene lanbe das heb voz lorn· ces das lant is· bricht is ab eine niuwe abe gang da mite voz lut he ſins lantes niche

Ælch· war ſich er heb binne eine vluſſe wel che me ſtate he neir is zu dem ſtade gehozt ð wert is he voz mittene he gehozt zu beiden da den das ſelbe tir ð abegang ab he voz truͤt

Æliue ſi ein gut mächtes inã nes alſo das is ein von arme anou ha be· was inã uferm gite tur das ſal inã beſin cerne ð das gut inledulich gewer hat vñ an ders nimãcz

ħo ð inã kerne len erbe en hat noch ſinne wer ſin erbe is· noch lätrehue der ſal nein ſin voz diur gut inche lene Nu voz ne mer wen is voz dient· ſi Suſente bartholome' tage is all hande zins vñ phlege voz diner Suſente walpgie tage is· ð lemer zende voz di ner zu wizineſte ð gense zende· Suſente wolſs tage all hande vleiſch zende da inã mz pheint Vñ den zende alle iar loſit· wo inã en ab niche en loſt da is he voz diner wie das vie gewelt wirt· Suſente margarite tage alle inã horn zende· was ab e geſchochit is· dar an is der zende voz dienet· Suſente urban tage ſint win garte vñ boumgarte voz diur· Des inãnes ſaer ð he iu ſinne phluge wbir di is voz dienet alſo di erde dar ub get· wi ð garte alſe he geſaet vñ gewede is· Uſer von muͤle vñ von zollen

»Sachsenspiegel«, Buchmalerei um 1350 (Dresdner Bilderhandschrift). Textseite mit Miniaturen zu Praxis des Land- und Lehensrechtes.
(Archiv für Kunst und Geschichte, Berlin)

Königs und des Erzbischofs gehörte, sagt: »Gott wollte, daß
es nicht geschehe.«

Also wurde durch Gottes Hilfe eine Schlacht vermieden, die
für den Erzbischof und Gottesmann Brun leicht hätte verlo-
rengehen können.

Den Hinweis auf die Hilfe Gottes, so stellt Helmut Naumann[66] fest, erlaubt sich Adalbert nur dreimal. Einmal bei
der Schilderung der Schlacht von Birten, dann bei dem
Bericht der großen Schicksalsschlacht auf dem Lechfeld und
hier, bei den Vorgängen von Rümlingen.

Die Hilfe Gottes ist bei Adalbert keine klerikale Floskel,
vielmehr gibt er dem Geschehen bei Rümlingen damit eine
außergewöhnliche Größenordnung.

Hätte Herzog Konrad das erzbischöfliche Heer angegriffen,
geschlagen und den Erzbischof gefangengenommen, so
hätte sich die Lage des Königs katastrophal verschlechtert.
Aber Herzog Konrad vollzog diesen Schritt zum Siege nicht,
der doch das Ziel seines Kampfes des letzten Jahres war.

Wir müssen hier die Aussagen sowohl von Liudolf wie von
Konrad in Betracht ziehen. Sie behaupteten, ihr Kampf sei
nicht gegen den König gerichtet, sondern nur gegen den
Mann, der sich zum Mitregenten hinter dem König aufgeschwungen hatte, Herzog Heinrich, den Bruder des Königs.
Offenbar kamen sie nun doch zu der Einsicht, daß sie, wenn
sie gegen Heinrich kämpften, damit auch den König bekämpften. Und eine völlige Niederlage des Königs lag nicht
in ihrem Interesse. Wer aber hat auf den Feldern von Rümlingen dem Herzog Konrad die Erkenntnis vermittelt, daß sein,
Konrads, Kampf doch ein Kampf gegen den König sei?

Wir wissen von einem Gespräch zwischen dem Kölner Erzbischof Brun, dem Bruder des Königs, und Herzog Konrad
anläßlich der Begegnung ihrer Heere bei Rümlingen. In
diesem Gespräch muß es dem Erzbischof gelungen sein,
Herzog Konrad dazu zu bewegen, von seinen Plänen Abstand zu nehmen.

Sein Biograph Ruotger schildert Brun, nicht frei von panegyrischen Tönen, als ein Muster an Weisheit und Gelehrsamkeit. Sicherlich ist er ein hochgebildeter Mann gewesen.
Schon in seinem vierten Lebensjahr war das Knäblein Brun

dem Bischof Balderich von Utrecht zur geistlichen und geistigen Ausbildung übergeben worden. Er wurde schon im Jahre 940, also mit 15 Jahren, Kanzler am Königshofe, und so werden ihm auch die Synodalakten der Synode von Hohenaltheim des Jahres 916 geläufig gewesen sein, auf welcher die Stellung der Bischöfe wie des Königs festgeschrieben worden waren. Hier ist im Kanon 24 niedergelegt, daß, wer seine Hand gegen einen Bischof, »patrem et pastorum suum«, den »christum Domini« erhebe, ein Sakrileg begehe und dafür im Kloster zu büßen habe. Ein Sakrileg aber war Gotteslästerung, eine schwere Sünde. In weiteren Hohenaltheimer Kanones wird die geistliche Gleichstellung von König und Bischof vorgenommen. Auch der mit heiligem Öl gesalbte König war gleichwie der Bischof, ein »christus Domini«. Dem König geschworene Eide waren wie Sakramente, sie zu brechen war Sakrileg und in gleicher Weise zu ahnden wie Auflehnung gegen den Bischof.

Auf diese Gedankenbahnen muß der Erzbischof den Herzog Konrad geführt haben. Brun war Erzbischof, ihn zu bekämpfen war Sakrileg. Der König stand in der gleichen sakralen Würde wie der Bischof, Kampf gegen ihn mußte daher automatisch Sünde, Häresie, Gotteslästerung, sein.

Das Gespräch zwischen dem Erzbischof und dem Herzog ist sicher eines der interessantesten der frühen deutschen Geschichte gewesen.

Wir kennen nicht seinen Wortlaut, aber wir kennen seine Resultate. Ein mit Waffen und Heeresmacht Überlegener verzichtete auf die Schlacht, die ihm den sicheren Sieg gebracht hätte, weil ihm ein militärisch Schwächerer, aber im Geiste Überlegener das Unrecht seines Tuns sichtbar machte.

Die nicht geschlagene Schlacht von Rümlingen war das Ergebnis einer Geistestat und ehrt beide Partner. Den physisch Stärkeren, der zur Einsicht fähig war, und den physisch Schwächeren, der die Einsicht vermittelte.

Darum muß das Gespräch von Rümlingen nach dem Ungarneinfall geführt worden sein. Denn es ist nicht erklärbar, wenn nach diesem Gespräch und der darin gefundenen Erkenntnis der Herzog Konrad noch einmal die Ungarn gegen den Erzbischof und gegen die Getreuen des Königs geführt haben soll.

In Rümlingen brach in Herzog Konrad der Widerstand gegen den König zusammen, und es eröffnete sich ein neuer Weg in die Zukunft.

Der Erzbischof aber hatte das beschwörende Wort, das ihm der königliche Bruder zugerufen hatte, »Tu also alles, gottgeweihter Mann – ich bitte dich, tu alles«, erfüllt und einen großen Widersacher des Königs zurück in die Treue geführt.

Der Tag von Langenzenn

Im Juni 954 trafen sich die Großen des Reiches, einschließlich der Verschwörer, zum Reichstag von Langenzenn, in der Nähe des heutigen Nürnberg.

Das Ergebnis des Reichstages war durch das Gespräch von Rümlingen schon vorgegeben. Der König benutzte die Gelegenheit, seinen Standpunkt darzulegen. Widukind hat die Klagen des Königs in eine dramatische Rede gegossen, die die Seelenlage Ottos wiedergibt. Folgen wir dem Mönch aus Corvey:

»›Ich wollte es ertragen, wenn der Grimm meines Sohnes und der übrigen Verschwörer nur mich allein peinigte und nicht das ganze Volk der Christenheit durcheinanderbrächte. Es ginge noch an, daß sie meine Burgen wie Räuber überfallen und ganze Landstriche von meiner Herrschaft losgerissen haben, wenn sie sich nicht auch an dem Blute meiner Verwandten und meiner liebsten Genossen sättigten. Seht, ohne Söhne sitze ich hier, kinderlos, da ich an meinem eigenen Sohne meinen schlimmsten Feind habe. Der, den ich am meisten geliebt, den ich aus geringer Stellung zur höchsten Würde, zur höchsten Ehre befördert habe, er hat meinen einzigen Sohn an seiner Seite (gemeint ist der Schwiegersohn, Herzog Konrad). Doch auch dieses wäre noch so oder so zu ertragen, wenn nicht die Feinde Gottes und der Menschen in diese Händel hineingezogen würden. Eben haben sie mein Reich verödet, das Volk gefangen oder getötet, die Burgen zerstört, die Kirchen verbrannt, die Prie-

ster erschlagen, noch triefen vom Blute die Straßen, beladen
mit meinem Gold und Silber, womit ich Sohn und Schwiegersohn bereichert, kehren die Feinde Christi in ihr Land
zurück. Welch ein Frevel, welche Treulosigkeit nun noch
übrig ist, vermag ich nicht auszudenken.‹

Nach diesen Worten schwieg der König. Heinrich (der Bruder des Königs) stimmte der Meinung des Königs bei und
fügte hinzu, daß die zweimal in offenem Kampf besiegten
Feinde auf böswillige und übelste Art gemietet würden,
wodurch man ihnen den Weg, Schaden zu stiften, wiederum
eröffne; er wolle jegliches Unheil und Ungemach wohlüber-
legt lieber erdulden als sich jemals mit dem Landesfeind
vertraglich einigen.

Nach diesen Worten trat Liudolf vor und sprach: ›Von denen, die man gegen mich gedungen hat, habe ich, wie ich
gestehe, um Geld erlangt, daß sie mich und die mir Unterge-
benen nicht schädigen; wenn ich hierin schuldig gesprochen
werde, so möge alles Volk wissen, daß ich dies nicht aus
freien Stücken, sondern durch die äußerste Not getrieben,
getan habe.‹

Zuletzt trat der Erzbischof (Friedrich von Mainz) ein, um sich
zu verantworten, und versprach, durch jedes Rechtsverfah-
ren, das der König befehle, zu zeigen, daß er nie dem König
feindlich gesinnt gewesen noch so etwas wolle oder getan
habe; von Furcht getrieben habe er den König verlassen, weil
er erkannt habe, daß dieser ihm zürne, unschuldig sei er das
Opfer schwerster Beschuldigungen; fortan werde er mit
jeder Art von Schwur seine Treue beweisen. Darauf erwiderte der König:

›Von euch verlange ich keinen Schwur, sondern nur, daß ihr
mein Bemühen um Frieden und Eintracht, soviel an euch ist,
fördert.‹ Und nachdem er dies versprochen, wurde er in
Gnaden und Frieden entlassen.

Da der Erzbischof und Herzog Konrad den Jüngling nicht
bewegen konnten, sich seinem Vater zu unterwerfen und
sich willfährig dessen Spruch zu fügen, trennten sie sich von
ihm und schlossen sich an Gott und den König an.«[67]

Der Tag von Langenzenn hatte den Frieden zwischen dem
König, dem Erzbischof Friedrich und Herzog Konrad er-

bracht. Liudolf war noch nicht bezwungen. Noch einmal
mußte der König antreten, um den aufständischen Sohn zu
bekämpfen.

Die Unterwerfung Liudolfs

Das eigene Blut, der Sohn, war es, der dem König am
unbeugsamsten widerstand. Liudolf war in Richtung Regensburg abgezogen, und der Vater verfolgte ihn mit seinen
Truppen.
Bei einer Feste Horsedal (Roßstall) trafen die Gegner wieder
aufeinander. Widukind hebt dieses Treffen als besonders
blutig hervor:
»Hier kam es zur Schlacht, und einen härteren Kampf um die
Mauern hat kein Sterblicher gesehen. Auf beiden Seiten
wurden viele verwundet; die Finsternis der Nacht trennte
das Treffen. Mit schwerem Verlust durch den unentschiede-
nen Kampf wurde das Heer am nächsten Morgen weitergeführt; da man zu wichtigeren Dingen zog, schien es nicht
ratsam, sich hier länger aufzuhalten.«[68]
In einem dreitägigen Marsch erreichte der König Regensburg, auf das sich Liudolf und der bairische Pfalzgraf Arnulf
zurückgezogen hatten. Der König errichtete vor der Stadt ein
befestigtes Lager und schloß den Belagerungsring.
Die Belagerten, zwar noch unbezwungen, begannen unter
Hunger zu leiden. Man beschloß einen Ausfall der Reiterei
durch das westliche Stadttor, einen Scheinangriff, der die
Aufmerksamkeit der Königlichen ablenken sollte. Andere
Truppen sollten versuchen, auf Schiffen die Donau abwärts
zu fahren, in der Höhe des königlichen Lagers zu landen und
den überraschten Feind zu schlagen. Doch der Überra-
schungsangriff mißlang. Er wurde blutig abgeschlagen. Dem
Herzog Heinrich, der sich im Kampf um seine bairische
Hauptstadt besonders engagierte, gelang es, das Vieh der
Stadt, das an einem grasreichen Ort zwischen den Flüssen
Regen und Donau weidete, zu erbeuten.
Die Situation für Liudolf war aussichtslos. So entschloß sich
Liudolf, mit den angesehensten Männern seines Heeres vor

die Stadt zu gehen und um Frieden zu bitten. Da er aber die Bedingungen des Vaters nicht annehmen wollte, das heißt sich nicht unterwarf, wurde ihm kein Frieden gewährt. Liudolf schritt zu einer Verzweiflungstat. Er ließ das Osttor öffnen und stürzte sich mit seinen Reitern auf den Markgrafen Gero, den Heros der Slawenkriege und einen der machtvollsten Feldherrn der Zeit. In diesem Gefecht fiel der Markgraf Arnulf, das Haupt der Liutpoldinger.

Unter dem Eindruck dieses Todes – denn der Pfalzgraf war als Sproß des angestammten Herzogsgeschlecht von Baiern ein Mann von großem Ruf und Anhang in der Bevölkerung – ging Liudolf abermals vor die Tore der Stadt, die er anderthalb Monate verteidigt hatte, und erreichte durch die Vermittlung der Fürsten einen befristeten Frieden bis zu einem Reichstag in Fritzlar, wo dann sein Fall erneut verhandelt werden sollte.

Während uns Widukind informiert, daß jetzt der König nach Sachsen zog, berichtet die Vita des Bischofs Ulrich, daß der König sich mit seinem Heer nach Schwaben begab, wo er dann an der Iller bei der Stadt Tussa (Illertissen) seinem Sohne Liudolf feindlich gegenüberstand.

»Da setzte der gottgefällige Bischof sein ganzes Vertrauen auf den Herrn, tat sich mit Hartbert, dem frommen Bischof von Chur, zusammen, leitete den Austausch von Gesandten ein und mahnte dringlich zu Frieden und Eintracht; das Volk, das zu regieren Gott ihnen anvertraut habe, dürfe doch nicht durch ihre Schuld ins Verderben gestürzt werden. Und Gott war gnädig.«[69]

Die Historienschreibung hat sich allgemein der Darstellung des Widukind angeschlossen. Die Schilderung aus der Vita des heiligen Bischofs Ulrich wird von keinem zeitgenössischen Annalisten bestätigt. Sollte der Ulrich-Biograph, der Augsburger Domprobst Gerhard, der Versuchung erlegen sein, die Verdienste seines Heiligen etwas zu sehr hervorzuheben?

Gesichert jedoch ist, daß Herzog Heinrich vor Regensburg blieb und dessen Vorstadt besetzte. In der darauffolgenden Nacht brannte die ganze Stadt ab. Aber Regensburg ergab sich noch immer nicht.

Jedoch fand der Königssohn unter der Schwere der Schicksalsschläge zum Vater zurück. Noch vor dem festgesetzten Tag von Fritzlar warf er sich bei Saufeld, dem heutigen Thangelstedt in Thüringen, dem dort zur Jagd weilenden Vater zu Füßen. Im härenen Büßergewand, mit bloßen Füßen, erflehte er die väterliche und königliche Verzeihung. Dem sich Unterwerfenden, dem Büßenden, konnte der König aus seinen Rechtsvorstellungen heraus jetzt Milde und Verzeihung gewähren.

Die Wiederherstellung der Reichsordnung

Damit war das Verhandlungsergebnis, das man sich von dem Tag zu Fritzlar erhoffte, vorweggenommen. Als jetzt die Nachricht eintraf, daß der Erzbischof Friedrich von Mainz im Sterben lag, wurde der geplante Reichstag von Fritzlar zeitlich und örtlich verlegt und auf den Dezember des Jahres 954 nach Arnstedt in Thüringen einberufen.

Hier leisteten dann in einem großen Befriedungsakt die Herzöge Konrad und Liudolf Verzicht auf ihre Herzogtümer und wurden wieder in die Treue und Huld des Königs aufgenommen. Sie blieben im Besitz ihrer Ländereien, die beträchtlich waren. Verloren sie auch die Macht des Herzogtums, so blieb ihnen doch die Würde des herzoglichen Namens erhalten.

Schwaben kam wieder in die Hände der Hunfridinger-Familie zurück. Herzog wurde Burchard II., wahrscheinlich ein Sohn Herzog Burchards I., der 926 vor Novara gefallen war, und ein Bruder der Berta, Mutter der Königin Adelheid. Vielleicht wird hier der Einfluß der Königin sichtbar.

Burchard II. vermählte sich mit der schönen und später sich als willensstark erweisenden Hadwig, der Tochter Heinrichs von Baiern und der Judith. Damit war die Ansippung der schwäbischen Herzöge an die Königsfamilie von zwei Seiten her gegeben.

Auf dem Reichstag zu Arnstedt wurde Wilhelm, der außereheliche Sohn König Ottos mit einer slawischen Edelfrau, zum Erzbischof von Mainz erwählt.

Dadurch war das dritte und wichtigste rheinische Erzbistum mit Mitgliedern der ottonischen Familie besetzt, denn in Trier saß ein Onkel, in Köln der Bruder des Königs auf dem erzbischöflichen Stuhl.

Die Linien ottonischer Reichskirchenpolitik zeichnen sich ab. Doch sind die Gleichungen nicht so einfach, wie sie scheinen. Die Erhebung Wilhelms auf den wichtigsten Erzstuhl des Reiches war nicht nur die Übergabe des mächtigsten Erzbistums an den Sohn des Königs. Man kann darin auch die Befriedung der Mainzer Ansprüche sehen, das sich erst jetzt, nach anderthalbjährigem Widerstand, dem König übergab. Denn Ottos Sohn Wilhelm galt als ein Freund des verstorbenen Erzbischofs Friedrich und übernahm in seiner Politik viele Inhalte seines Vorgängers.

Auch an der Slawengrenze mußten die letzten Widerstandsnester gebrochen werden. Ekbert und Wichmann unterstützten hier die Elbslawen. Der machtvolle Markgraf Gero kämpfte im Herbst siegreich die Ukrer nieder, wobei ihm Konrad der Rote, jetzt wieder des Königs bester Soldat, treu zur Seite stand.

In Baiern war der Widerstand gegen den König – oder war es mehr ein Widerstand gegen den grausamen und aufgezwungenen sächsischen Baiernherzog Heinrich? – noch immer nicht erloschen. Auch der Metropolit des Landes, Erzbischof Herold von Salzburg, unterstützte noch immer die Gegner des Königs.

Herzog Heinrich bekam ihn in seine Gewalt, ließ ihn, ohne ihn vor ein kirchliches Gericht zu stellen, blenden und verbannte den gebrochenen Mann nach Seben.

Wilhelm, der neue Mainzer Erzbischof und Sohn des Königs, erhob laut seine Stimme gegen dieses brutale Verbrechen, das einem Sakrileg gleichkam.

Die Empörung über diese Gewalttat äußerte sich in einem erneuten Aufstand bairischer Großer. Herzog Heinrich bereitete den Aufständischen am 3. März 955 bei Mühldorf am Inn eine blutige Niederlage.

Dann vereinigte er sich mit dem Heer des Königs und zog gegen Regensburg, um die Hauptstadt seines bairischen Herzogtums nun endlich zu erobern.

Die Regensburger leisteten den königlichen Brüdern erbitterten Widerstand. Aber sie waren von der Niederbrennung ihrer Stadt noch nicht erholt, durch einen jahrelangen Krieg ausgeblutet, durch Hunger geschwächt, und so erlosch ihr Widerstandswille. Sie beugten und unterwarfen sich wieder dem Sachsen Heinrich als ihrem bairischen Herzog.

Der König zog im Mai nach Sachsen zurück. Seine Welt war wieder heil. Franken und Sachsen standen unter direkter Königsherrschaft, Schwaben wurde regiert durch den zweifach angesippten Burchard, Lotharingien stand unter der weisen Herrschaft des erzbischöflichen Bruders Brun und Baiern, nun endlich gebändigt, unter der harten Faust seines Bruders Heinrich.

Aber die letzte große Bewährungsprobe, durch die Ottos Herrschaft sich endgültig festigen und sein Königtum unverlierbaren imperialen Glanz erhalten sollte, stand noch aus.

Die Ouvertüre zu der Schicksalsschlacht, die nun geschlagen wurde und die Otto für immer in die Reihe der »Großen« der Welt stellte, beginnt Widukind von Corvey mit dieser Eintragung:

»Als er (der König) Sachsen um den Anfang des Juli betrat, kamen ihm Gesandte der Ungarn entgegen, als wollten sie ihn in alter Treue und Freundschaft besuchen, in der Tat aber, wie einige glaubten, um sich nach dem Ausgang des Bürgerkrieges zu erkundigen. Als er sie einige Tage bei sich behalten und, mit einigen kleinen Geschenken geehrt, in Frieden entlassen hatte, hörte er von den Boten seines Bruders, nämlich des Herzogs der Baiern, die Kunde: ›Siehe, die Ungarn dringen in Gruppen verteilt in dein Gebiet ein und sind entschlossen, einen Kampf mit dir zu wagen.‹

Sobald dies der König hörte, brach er, als hätte er noch gar keine Anstrengungen im vorigen Krieg auszuhalten gehabt, sogleich gegen die Feinde auf und nahm nur sehr wenige von den Sachsen mit sich, weil diese schon der Krieg mit den Slawen bedrängte.«[70]

Der König zog in die Lechfeldschlacht!

5. Die Ungarnschlacht auf dem Lechfeld im Jahre 955

Das Schlachtfeld

Das Lechfeld liegt beiderseits des Lechflusses. Der östliche Teil ist das bairische, der westliche Teil das schwäbische Lechfeld, auf dessen Seite Augsburg liegt. Das Lechfeld ist ein alter germanischer Versammlungsort mit seinem Mittelpunkt, dem Gunzenlê.
Der Gunzenlê war Thingplatz, Richtstätte und Königsstuhl. Für unser Thema ist wichtig, daß er im Jahre 955 das wahrscheinliche Stammlager der Ungarn war. Heute ist der Gunzenlê, der auf bairischer Seite nahe dem Flusse lag, durch die Lecherosion hinweggespült.

Die drei Kampfgeschehen der Lechfeldschlacht

Die gängige Geschichtsschreibung spricht von »der« Schlacht auf dem Lechfelde und sieht in diesem Kampf ein geschlossenes, sich über zwei Tage erstreckendes Kriegsereignis. In Wirklichkeit war die Schlacht auf dem Lechfelde eine dreiteilige Schlachtenkomposition.
Wir können wie folgt datieren: Zur ersten Schlacht in diesem dreiteiligen Kriegsgeschehen gehören die Kämpfe um Augsburg und seine Einschließung durch die Ungarn am 7. und 8. August 955 sowie die Aufhebung der Belagerung am 9. August.
Hier ist unser zuverlässiger Gewährsmann der Domprobst an St. Marien zu Augsburg, der uns in seiner »Vita Sancti Oudalrici Episcopi Augustani«, die zwischen 973 und 993 entstanden ist, ein gutes Bild der Ereignisse überliefert hat.
Das zweite Schlachtgeschehen war der Kampf des Heeres

Ottos des Großen mit den Ungarn auf dem Lechfeld westlich, nordwestlich oder südwestlich von Augsburg. Die genaue Ortslage ist nicht mehr zu rekonstruieren, was aber für die Begebenheiten, die uns Widukind von Corvey aufgezeichnet hat, nicht wichtig ist. Als Zeitpunkt dieser Schlacht ist der 10. August festgeschrieben.

Die dritte Schlacht, die am 11. August stattfand, war ein Zweifrontenkrieg der Ungarn zwischen Deutschen und Böhmen, zunächst beiderseits des Lechs und dann auf dem östlichen, dem bairischen Lechfelde, der mit der Auslöschung des ungarischen Heeres endete. So bezeugt durch die »Annales sancti Galli maiores«.

Nun wollen wir uns mit unseren drei Hauptquellen befassen. Lernen wir dann aus ihnen die große Ungarnschlacht als eine Kombination von drei Schlachten zu verstehen, so lösen sich alle vordergründigen Widersprüche in den Texten auf, und wir können das blutige Drama, das sich in den Augusttagen des Jahres 955 beiderseits des Lechs vollzog, in seinem Ablauf begreifen.

Die erste Schlacht

Beginnen wir mit dem Bericht des Augsburger Domprobstes Gerhard: »Sie (die Ungarn) kamen in so gewaltiger Zahl, wie sie von keinem der damals lebenden Menschen je zuvor an irgendeinem Orte gesehen worden sein sollen. Sie durchstreiften alles verwüstend das Gebiet der Baiern von der Donau bis zum Schwarzen Wald (ein Wald im bairischen Voralpengebiet), der am Gebirge liegt, setzten über den Lech und drangen in Schwaben ein, steckten dabei die Kirche der heiligen Afra in Brand, plünderten das ganze Gebiet von der Donau bis zum Wald und brannten den größten Teil des Landes, bis zur Iller, nieder. Die Stadt Augsburg aber belagerten sie.

Diese Stadt, damals nur mit niedrigen Mauern ohne Türme umgeben, war an sich nicht stark. Doch verfügte der heilige Bischof Ulrich innerhalb der Mauern über eine große Zahl hervorragender Ritter, und deren Beweglichkeit und Kühnheit machte die Stadt mit Gottes Hilfe fest und stark. Als nun die Ritter sahen, wie das Heer der Ungarn die Stadt zum Sturm umzingelte, wollten sie hinausgehen und ihnen draußen entgegentreten. Doch das erlaubte ihnen der Bischof nicht. Er befahl vielmehr, das Tor, durch das man am leichtesten eindringen konnte, fest zu verrammeln. Das Tor im Osten der Stadt aber, wo man ans Wasser geht (an den Lech), wurde im Verlaufe des Kampfes (am 8. August) von den Ungarn in solcher Dichte besetzt, daß sie schon glaubten, im nächsten Augenblick eindringen zu können. Die Ritter des Bischofs aber kämpften mannhaft vor dem Tor und hielten stand, bis einer der Ungarn, der den anderen im Kampfe voranging und ihnen als Anführer und Vorkämpfer in dieser Stunde am meisten Mut gemacht hatte, getötet niedersank. Als die anderen ihn tot zu Boden stürzen sahen, nahmen sie ihn schnell mit großer Furcht und unter Wehgeschrei an sich und kehrten ins Lager zurück.

In der Stunde des Kampfes aber saß der Bischof auf seinem Roß, angetan mit der Stola, ohne durch Schild, Harnisch und Helm geschützt zu sein, und blieb unversehrt und unverwundet von den Pfeilen und Steinen, die ihn umschwirrten. Nachdem der Kampf eingestellt war, kehrte er zurück, ging rund um die Stadt und befahl, die Wehrhäuser (hölzerne, nach der Seite des Verteidigers offene Unterstände) im Umkreis der Stadt zweckmäßig aufzustellen und die ganze Nacht über neue zu bauen sowie die Palisaden, soweit die Zeit reichte, wieder instandzusetzen. Er selber wachte die ganze Nacht im Gebet . . . Nur während eines winzigen Teils der Nacht, vor der Morgenstunde, gönnte er sich stärkenden Schlaf. Dann verrichtete er das Morgenlob und brachte bei Anbruch der Morgenröte die heilbringenden Opfer dar . . . Als sich die ersten Strahlen der Sonne über das weite Land ergossen, stellte sich das Heer der Ungarn zum Sturmangriff auf (9. August). Auch hatten sie verschiedene Instrumente zum Niederlegen der Mauern bei sich. Da nun alle zum Kampf gerüstet und alle Bollwerke der Stadt mit Verteidigern gespickt waren, trieben einige von den Ungarn, indem sie mit Peitschen drohten, die anderen zum Kampfe an. Diese aber sahen die große Zahl der Verteidiger, die ihnen auf den Bollwerken gegenüberstanden, wurden von Gott in Furcht versetzt und wagten sich nicht an die Mauern heran. Unterdessen, während man drinnen und draußen in Kampfbereitschaft war, erschien Berthold (der Sohn des im Vorjahr gefallenen Pfalzgrafen Arnulf), von der Reisenburg (Kreis Günzburg) kommend, beim König der Ungarn und verriet ihm, daß der ruhmreiche König Otto im Anzug sei. Als jener das hörte, gab er Befehl, sein Feldsignal erklingen zu lassen, das dem ganzen Heer bekannt war. Auf dieses Signal hin ließ die gesamte Streitmacht vom Angriff ab und beeilte sich, zur Beratung vor ihrem König zu erscheinen. Dieser hielt mit ihnen Kriegsrat, stellte durch Gottes Gnade den Kampf um die Stadt ein und brach auf, um dem ruhmreichen König Otto entgegenzuziehen. Denn er wollte zuerst ihn und die Seinen bezwingen, um dann als Sieger zurückzukehren und dann die Stadt und das ganze Land um so leichter in Besitz zu nehmen. Beim Herannahen des Königs Otto verließ Graf Dietbald, der Bruder des Bischofs, mit anderen, die in Augsburg waren, nachts die Stadt und zogen zum König.«

Nun folgt Gerhards Schilderung des zweiten Teils der Schlacht, den wir bei Widukind allerdings ausführlicher finden. Doch folgen wir noch eine Weile der Erzählung des Augsburger Domprobstes:

»Als der König das riesige Heer der Ungarn erblickte, dünkte ihn, es könne von Menschen nicht bezwungen werden, es sei denn, daß Gott sich erbarme und sie töte. Auf seine Hilfe bauend und gestärkt durch den Zuspruch seiner Großen, eröffnete er mutig die Schlacht (10. August). Im gegenseitigen Gemetzel fielen die Krieger auf beiden Seiten, und es starben, denen es von Gott bestimmt war zu sterben. Dann aber wurde von Gott, dem nichts unmöglich ist, der glorreiche Sieg dem König Otto verliehen.

Das Heer der Ungarn wandte sich zur Flucht und hatte nicht mehr die Kraft zu kämpfen. Und obwohl eine unglaublich große Zahl von ihnen erschlagen worden war, blieb dennoch eine so große Menge von ihnen übrig, daß die, welche sie von den Bollwerken der Stadt Augsburg aus herankommend sahen, glaubten, sie kämen nicht als Besiegte, bis sie erkannten, daß sie an der Stadt vorbeijagten und in höchster Eile das andere Ufer des Lechs zu erreichen suchten. Der König aber und die Seinen verfolgten sie und töteten, wen sie einholen konnten. Am Abend aber gelangte der König nach Augsburg. Hier verbrachte er die Nacht zusammen mit dem Bischof, tröstete ihn wegen Dietbald, seines Bruders, der in der Schlacht gefallen war, und wegen anderer Verwandter, die gleichfalls dort den Tod gefunden hatten... Am nächsten Morgen (11. August) setzte der König die Verfolgung fort und kam nach Baiern. Durch Eilboten gab er Befehl, alle Boote und Flußübergänge zu bewachen, um die Fliehenden niederzumachen.

Das wurde auch ausgeführt...

Der ehrwürdige Bischof Ulrich aber ging, nachdem der König Augsburg verlassen hatte, hinaus auf das Schlachtfeld und forschte nach seinem Bruder Dietbald und nach dem edlen Reginbald, dem Sohn seiner Schwester. Er fand sie, überführte sie nach Augsburg und bestattete sie getreulich in der Kirche der heiligen Maria vor dem Altar der heiligen Jungfrau Walburga in einem gemeinsamen Grab.«[71]

Der Bericht des Domprobstes Gerhard gibt uns wichtige Hinweise, die im Verein mit der Schlachtenschilderung des Widukind Aufklärung darüber geben, wie es dem zahlenmäßig kleinen Heer des Königs gelang, das ungarische Massenheer zu schlagen. Es gilt festzuhalten:

Wir sahen einen mittelalterlichen Bischof als Kriegsherrn seine Stadt verteidigen. Daß er das Kriegshandwerk verstand, ist nicht verwunderlich, denn er entstammte der Familie der Dillenburger Grafen. Von Hrabanus Maurus (780–856) wissen wir um die harte und frühzeitige militärische Ausbildung germanischer Adelssöhne.

Ferner ist darauf zu achten, daß der Bischof in seiner Stadt über eine relativ starke Reitertruppe verfügte, die den Kern der Stadtverteidigung ausmachte, einer Reitertruppe von solcher Größe, daß sie vor den Toren der Stadt operative Aufgaben durchführen konnte.

Als der Bischof vom Heranrücken des königlichen Heeres erfuhr, kam er zur gleichen Lagebeurteilung wie sein Gegenspieler, der ungarische Heerführer, nämlich, daß das Schicksal der Stadt nicht vor ihren Mauern, sondern auf dem

Schlachtfeld entschieden wurde, wo das Heer des Königs mit den Ungarn zusammenprallen sollte. Dies erkennend, entblößte der Bischof seine Stadt von ihrer schärfsten Waffe, der Augsburger Reiterschar. Er entsandte sie unter Führung seines Bruders, des Grafen Dietbald, in der Nacht zum König.

Dieser nächtliche Ritt der Augsburger Reiter war ein gefährliches Unterfangen, denn es muß ja nur so von Ungarn gewimmelt haben, die nach Süden oder Südwesten dem König entgegenzogen. Die Geräuschentwicklung einer gepanzerten Reitertruppe ist erheblich. Da klappern die Hufe, es reibt sich Eisen an Eisen, Stahl an Stahl, Schwerter, Helme und Brünnen klirren. Graf Dietbald muß mit seiner Reiterei weit nach Westen oder Südwesten ausgeholt haben, um ungesehen, vor allem aber ungehört, an den ungarischen Heeresmassen vorbeizukommen.

Weiter vernehmen wir in dem Bericht Gerhards nichts mehr über die Augsburger Reiter. Nur vom Tode ihres Anführers, des Grafen Dietbald, erfahren wir noch und daß sein bischöflicher Bruder seine Leiche auf dem Schlachtfeld suchen mußte.

Eine weitere Aussage der Ulrichs-Vita ist von bestimmender Wichtigkeit. Es ist die Tatsache, daß die Ungarn in so großer Menge zurückfluteten, daß die Männer auf den Zinnen von Augsburg glaubten, »sie kämen nicht als Besiegte«, sondern als Sieger, bereit, Augsburg erneut anzugreifen.

Das heißt doch, wenn wir unseren Text richtig verstehen, daß hier nicht ein geschlagenes Heer panikartig zurückflutete. Vielmehr müssen die Ungarn einen geschlossenen, disziplinierten Eindruck gemacht haben. Ein Heer, fähig zu neuen Kämpfen.

Die zweite Schlacht

Indem wir die Erkenntnisse aus der Vita des Bischofs Ulrich notieren, wenden wir uns der Schilderung der zweiten Schlacht des Widukind von Corvey zu:

»Im Bereich von Augsburg schlug er (der König) sein Lager

auf, und hier stieß zu ihm das Heer der Franken und der Baiern, auch kam Herzog Konrad mit zahlreicher Reiterei in das Lager, und durch seine Ankunft ermutigt, wünschten die Krieger nunmehr den Kampf nicht länger zu verschieben . . . Jetzt wurde von den Streifpartien beider Heere angezeigt, daß sie nicht mehr weit voneinander seien. Es wurde ein Fasten im Lager angesagt und allen befohlen, am kommenden Tag zum Kampf bereit zu sein. Mit der ersten Dämmerung erhoben sie sich, gaben sich gegenseitig Frieden und gelobten sodann, erst dem Führer, darauf einer dem anderen, ihre Hilfe; dann rückten sie mit aufgerichtetem Feldzeichen aus dem Lager, etwa acht Legionen an der Zahl. Das Heer wurde durch unebenes und schwieriges Gelände geführt, um den Feinden keine Gelegenheit zu bieten, die Scharen durch Pfeile zu beunruhigen, die sie trefflich zu gebrauchen wissen, wenn Gebüsch sie deckt.

Die erste, zweite und dritte Legion bildeten die Baiern, an ihrer Spitze die Befehlshaber Herzog Heinrichs. Denn er selbst war währenddessen vom Kampfplatz entfernt, da er an einer Krankheit darniederlag, an der er auch starb. Die vierte bildeten die Franken, deren Leiter und Führer Herzog Konrad war. In der fünften, der stärksten, welche auch die königliche genannt wurde, war der Fürst selbst, umgeben von den Auserlesenen aus allen Tausenden der Streiter und von mutigen Jünglingen, und vor ihnen der siegverheißende Engel (das St. Michaelsbanner), durch einen dichten Haufen gedeckt. Die sechste und siebente Schar machten die Schwaben aus, an ihrer Spitze Herzog Burchard, verheiratet mit der Tochter des Bruders des Königs. In der achten waren tausend auserlesene böhmische Streiter, besser mit Rüstungen als mit Glück versehen; hier war auch alles Gepäck und der ganze Troß, als ob der hinterste Platz auch der sicherste wäre.

– Aber die Sache kam anders als man glaubte.

Die Ungarn überschritten unverweilt den Lech, umgingen das Heer, fingen an, die letzte Legion mit Pfeilen zu beunruhigen, darauf machten sie mit ungeheurem Geschrei einen Angriff; ein Teil wurde gefangen oder getötet, alles Gepäck genommen, die noch übrigen Gewappneten dieser Schar in

Sieg über die Ungarn auf dem
Lechfeld am 10. 8. 955. Zeich-
nung von Hektor Muelich aus
der Meisterlin-Chronik, 1457.
(*Archiv für Kunst und
Geschichte, Berlin*)

Das Ulrichskreuz ist eine Gold-
schmiedearbeit des späten 15.
Jahrhunderts. Es zeigt, daß die
Schlacht auf dem Lechfeld die
Gemüter der Menschen noch jahr-
hundertelang bewegt hat. In der
Achse des als Kleeblatt angelegten
Kreuzes ist der Bischof Ulrich
dargestellt, der von Gottvater, im
obersten Kleeblatteil sichtbar, das
heilige Kreuz empfängt, durch
welches die deutschen Streiter die
Ungarn, erkenntlich an spitzen,
tütenartigen Hüten, besiegen.
(*Domschatz von St. Ulrich und
Afra in Augsburg*)

Gero, Markgraf der Elbländer unter Otto dem Großen.
Bildnis auf einem zeitgenössischen Siegel Geros.
(Archiv für Kunst und Geschichte, Berlin)

Erzbischof Brun (925–965) mit seiner Klosterstiftung St. Pantaleon, umgeben von seiner Familie.
Zu seinen Füßen, gleichsam in einem Erdgrab, ein dux Kuno. Wahrscheinlich Bruns Schwager, Konrad der Rote, der in der Lechfeldschlacht gefallen war.
(Chronik von St. Pantaleon, um 1230, Düsseldorfer Staatsarchiv, Rheinisches Bildarchiv Köln)

Kirche St. Pantaleon in Köln. Diese Gründung von Ottos Bruder, Erzbischof Brun von Köln, atmet auch heute noch die Wehrhaftigkeit einer Architektur, die in den gefährdeten Osträumen des Reiches entstanden ist.
Das imperiale Westwerk beherbergt in seiner oberen Etage, hinter dem romanischen Mittelfenster, den Herrschersitz mit Blick zum Altar.
Kaiserin Theophanu (†991), Gattin Kaiser Ottos II. (973–983), unterstützte den Ausbau des Klosters aus ihren eigenen Mitteln.
(Rheinisches Bildarchiv, Köln)

consilu. industrie ꝯ disciplune. Dns oms
uias uras ita disponat. ut in omnib⁹
ei mandans. sine reprhensione uiuans. ꝯ
ad brauiu signe uocacionis pueniam?
ibiq; coronā iusticie. atq; celestui the
sauroꝛ; donatiua pcipiaus. Si aucqm
inhoc opusclo qd placuerit. Laus p̄
ceptoꝛis erit. Explicit Prefacio. Mathildis
regina

Erzbischof Brun (925–965)
und seine Mutter, Königin
Mathilde (um 895–968), beide
mit dem Nimbus des Heili-
genscheines.
*(Chronik von St. Pantaleon, um
1230. Düsseldorfer Staatsarchiv
Rheinisches Bildarchiv Köln)*

Silbereinband einer Perga-
mentschrift, die zwischen 832
und 846 im Kloster Reichenau
entstanden ist. Der bemer-
kenswerte Einband ist wohl
ebendort, aber erst im 10. Jh.
gestaltet worden. Er zeigt
thronende Apostelgestalten
aus Silberblech geschnitten, in
Tremolierstrich graviert und
teilweise gepunzt. Ehemals
vergoldet, ist diese Arbeit ein
schönes Beispiel ottonischer
Buchgestaltung.
(Staatsbibliothek Bamberg)

die Flucht geschlagen. In gleicher Weise griffen sie die siebente und sechste Schar an, streckten viele zu Boden und
schlugen die übrigen in die Flucht. Als aber der König sah,
daß der Kampf ungünstig stand und in seinem Rücken die
letzten Heeresteile gefährdet waren, entsandte er die vierte
Legion unter Herzog Konrad, die die Gefangenen befreite,
die Beute den Feinden abjagte und ihre plündernden Haufen
vertrieb. Nachdem die ringsumher plündernden Scharen
der Feinde vernichtet waren, kehrte Herzog Konrad mit
siegreichen Fahnen zum König zurück; und wunderbarer-
weise, während längst erprobte, an Siegesruhm gewöhnte
Streiter zögerten, errang er mit jungen, fast des Streitens
noch unkundigen Kriegern den Triumph . . .
Als der König erkannte, daß jetzt der Kampf unter ungünsti-
gen Umständen mit seinem ganzen Gewicht bevorstehe,
redete er seine Genossen zur Aufmunterung in folgender
Weise an:
›Daß wir in dieser Bedrängnis guten Mutes sein müssen, das
seht ihr selbst, meine Mannen, die ihr den Feind nicht in der
Ferne, sondern vor uns sehen müßt. Bis hierher habe ich mit
euren rüstigen Armen und stets siegreichen Waffen rühmlich gekämpft und außerhalb meines Bodens und Reiches
allenthalben rühmlich gesiegt; sollte ich nun in meinem
eigenen Lande und Reiche den Rücken zeigen?
An Menge, ich weiß es, übertreffen sie uns, aber nicht an
Tapferkeit, nicht an Rüstung, denn es ist uns ja wohlbe-
kannt, daß sie zum größten Teil jeglicher Wehr entbehren
und, was für uns der größte Trost ist, der Hilfe Gottes. Ihnen
dient zum Schirm lediglich ihre Kühnheit, uns die Hoffnung
auf göttlichen Schutz. Schämen müßten wir, die Herren fast
ganz Europas, uns, wenn wir uns jetzt den Feinden unterwerfen. Lieber wollen wir im Kampfe, wenn unser Ende bevorsteht, ruhmvoll sterben, meine Krieger, als den Feinden
untertan in Knechtschaft leben oder gar wie böse Tiere durch
den Strick enden. Ich würde mehr sagen, meine Krieger,
wenn ich wüßte, daß Worte die Tapferkeit oder die Kühnheit
in euren Gemütern erhöhen. Jetzt laßt uns lieber mit den
Schwertern als mit Worten die Verhandlung beginnen.‹
Und nachdem er so geredet, ergriff er den Schild und die

heilige Lanze und wandte zuerst selbst sein Roß gegen die Feinde, zugleich die Aufgabe des tapfersten Kriegers und des trefflichsten Feldherrn erfüllend. Die kühneren unter den Feinden leisteten anfangs Widerstand, dann, als sie ihre Gefährten die Flucht ergreifen sahen, erschraken sie – gerieten zwischen die Reihen der Unsrigen und wurden niedergemacht. Von den übrigen begab sich ein Teil, deren Pferde ermüdet waren, in die nächsten Dörfer, wo sie von den Bewaffneten umstellt und samt den Gebäuden verbrannt wurden. Andere schwammen durch den nahen Fluß, aber da das jenseitige Ufer keinen Halt zum Erklettern bot, wurden sie alle vom Strom verschlungen und kamen so ums Leben. Am selben Tag wurde das Lager genommen und alle Gefangenen befreit; am zweiten und dritten Tage wurde von den benachbarten Burgen aus die übrige Menge dermaßen aufgerieben, daß keiner oder doch nur sehr wenige entkamen. Aber nicht gerade unblutig war der Sieg über ein so wildes Volk.

Dem Herzog Konrad nämlich, welcher tapfer kämpfte, wurde durch die Hitze des Gefechts und die Sonnenglut, die an diesem Tage sehr heftig war, gewaltig heiß, und als er die Bänder des Panzers löste und Luft schöpfte, fiel er, von einem Pfeil durch die Kehle getroffen. Sein Körper wurde auf des Königs Befehl ehrenvoll aufgehoben und nach Worms gebracht; und hier wurde dieser Mann, groß und ruhmvoll durch jegliche Tugend der Seele wie des Körpers, begraben unter den Tränen und Klagen aller Franken.

Drei Anführer des Ungarnvolkes wurden gefangen und vor Herzog Heinrich geführt und büßten mit einem schmählichen Tode, wie sie es verdient; sie wurden nämlich durch den Strang zum Tode gebracht.

Glorreich durch den herrlichen Sieg wurde der König von seinem Heere als Vater des Vaterlandes und Kaiser begrüßt.«[72]

Folgerungen

Liest man die Schlachtbeschreibungen des Domprobstes Gerhard und die des Widukind von Corvey, so tauchen Fragen auf, so zwingende Fragen, daß man sich wundert, daß die Geschichtsschreibung der ferneren und näheren Vergangenheit sie nicht gestellt hat.

Robert Holtzmann, in seiner auch heute noch als Standardwerk geltenden »Geschichte der sächsischen Kaiserzeit«, fragt nicht, warum die Ungarn, eben noch ein siegendes Heer, so plötzlich, so unmotiviert davonfliehen.

Ein so großer Militärhistoriker wie Hans Delbrück feiert mit Recht die Schlacht auf dem Lechfelde als erste deutsche Nationalschlacht gegen einen auswärtigen Feind. Die Frage aber, warum die eben noch siegreichen Ungarn plötzlich fliehen und wodurch diese Flucht bewirkt wurde, er stellt sie nicht. Um den König als großen Strategen darzustellen, verlegt er die Schlacht auf das rechte, das bairische Lechfeld, einzig gestützt auf Widukinds Schilderung, daß die Baiern den königlichen Heerzug anführten.

Dabei ignoriert er die Feststellung des Domprobstes Gerhard in der Vita des Bischofs Ulrich, »Berthold, der Sohn des im Vorjahr gefallenen bairischen Pfalzgrafen Arnulf, habe, von der Reisenburg bei Günzburg kommend, den Ungarn das Heranrücken des Königs und seines Heeres mitgeteilt«. Zog der König aber über die Reisenburg, so wird der Sammelplatz des königlichen Heeres der Königshof Ulm gewesen sein, wie uns der ungarische Historiker Simon de Keza zu berichten weiß.[73]

Wie vor allem aber soll die Flucht der Ungarn über den Lech erklärt werden, was ja sowohl bei Gerhard wie bei Widukind bezeugt ist, wenn sie sich schon während des Schlachtverlaufs auf dem östlichen, dem bairischen Teil des Lechfeldes befanden? Für sie gab es nur ein Fluchtziel, nach Osten, dorthin, woher sie kamen.

Man könnte dies als ein Randproblem wegschieben. Denn im Mittelpunkt steht weiterhin die Frage, wie kamen die Ungarn, ein im Siegen begriffenes Heer, dazu, plötzlich zu fliehen?

Widukind schildert uns das Heer des Königs, bestehend aus acht Legionen, auf dem Marsch in Richtung Augsburg. Dabei brauchen wir die Legion nicht als eine Einheit von tausend Mann anzusehen, so wie es Widukind bei der böhmischen Legion tut. Vielmehr wird das königliche Heer auf etwa sechzehn- bis zwanzigtausend Streiter geschätzt; ansonsten hätte es ja auch gegen die ungarische Übermacht keine Chance gehabt.

Der Marsch eines Heeres zum Gefechtsfeld, wenn es seine Schlachtformation noch nicht gebildet hat, ist einer der gefährlichsten Zeitabschnitte der gesamten militärischen Operation.

Und just in diesem Augenblick greifen die Ungarn, den Lech von Osten nach Westen überschreitend, die letzte Abteilung des königlichen Heeres, den von den Böhmen gedeckten Troß, von hinten an, erschlagen die Böhmen oder nehmen sie gefangen und erbeuten Troß und Gepäck. Dann nehmen sie sich die siebte und sechste Heeresabteilung vor, die Schwaben unter dem Befehl ihres Herzogs Burchard.

»Sie streckten viele zu Boden und schlugen sie in die Flucht«, so berichtet der sächsische Chronist Widukind. Wenn von acht Heeresabteilungen drei zerschlagen, zersprengt oder aufgerieben waren, so war die Kampfkraft des königlichen Heeres um weit über ein Drittel reduziert.

Nun sandte der König seinen tapfersten Soldaten, den Herzog Konrad, nach hinten, um hilfreich einzugreifen. Konrad glückte es, den Troß und die Gefangenen freizukämpfen. Trotzdem blieb die Kampfkraft des königlichen Heeres stark beeinträchtigt.

Dennoch gelang es dem König, den Rest seines bedrängten Heeres in Gefechtsformation zu bringen. Eine schlachtenentscheidende Tat.

Der König beschönigte seine Lage in keiner Weise, nein, er nannte sie beim Namen: »Wir müssen in dieser Bedrängnis guten Mutes sein«, sagte er und hielt eine anfeuernde Rede. Dann erhob er die Heilige Lanze, betete zu Gott um den Sieg und legte ein feierliches Gelübde ab. Das blaue Michaelsbanner entfaltete sich im Winde, und die deutsche Reiterei trabte an. Und was taten die Ungarn, bis eben noch Sieger?

Die Ungarn fliehen!
»Sie gerieten zwischen die Reihen der Unsrigen und wurden niedergemacht«, verrät uns Widukind.[74]
So einfach geht das? So schnell wendet sich das Kriegs-
glück ohne ersichtlichen Grund? Gewiß, für den mittelalterlichen Menschen, vor allem für die frommen Kleriker,
die ja die Geschichte schrieben, gab es einen immer plausi-
blen Grund, und darum bedurfte es keiner anderen Über-
legungen. Sagte nicht der König selbst in seiner Rede vor
der Schlacht von den Feinden: »Ihnen dient zum Schirm
lediglich ihre Kühnheit, uns die Hoffnung auf göttlichen
Schutz«?
Alle Chronisten des Mittelalters haben einen überzeugen-
den Grund für die plötzliche Wende der Schlacht. Ihnen
galt das Gotteswunder mehr als die rationale Erklärung
eines Sieges. Darum sagt der Domprobst Gerhard: »Als der
König das riesige Heer der Ungarn sah, dünkte es ihm, es
könne von Menschen nicht bezwungen werden, es sei
denn, daß Gott sich erbarme und sie töte.«[75] In der gleichen gläubigen Logik äußert sich Ruotger, der Biograph
des Erzbischofs Bruno von Köln: »Die Schlacht begann im
frühen Morgengrauen des heiligen Festtages und währte
bis knapp vor Anbruch des Abends, wo sie, da Gott barm-
herzig waltete und für die Seinen stritt, siegreich beendet
wurde.«[76]
Die gleiche Sicht finden wir bei Thietmar von Merseburg:
»Am folgenden Tage, dem Fest des Märtyrers Christi, Laurentius, demütigte sich der König vor Gott, bekannte sich
allein unter allen als schuldig und tat unter Tränen ein
Gelübde: Wenn Christus ihn an diesem Tage durch die
Fürbitte eines solchen Sprechers in Gnaden Sieg und Leben gebe, wolle er in der Burg Merseburg, zu Ehren des
Siegers über das Feuer, ein Bistum errichten und ihm seine
große, jüngst begonnene Pfalz zur Kirche ausbauen.«[77]
Adalbert von Weißenburg steht in der gleichen Denktradi-
tion: »Die Ungarn, die mit einer so ungeheuerlichen Volks-
menge auszogen, daß sie sagten, sie könnten nur dann
von jemand besiegt werden, wenn die Erde sie ver-
schlänge oder der Himmel über ihnen zusammenstürze,

wurden vom Heer des Königs mit Gottes Hilfe am Lech unter so großem Blutvergießen geschlagen, daß niemals ein solcher Sieg bei den Unsrigen erhört worden oder geschehen ist.«[78]

Es wäre falsch, diese Aussagen als klerikales Beiwerk, als allgemeines Formelwerk der Zeit zu sehen. Gott war im Mittelalter von höchster Gegenwärtigkeit. Sein Segen war Realität. Mit Gottes Hilfe konnte der Schwache über den Starken siegen, wenn Gott es nur wollte. Der König aber war der Mittler, der Auserwählte, der das Ohr Gottes erreichte.

Die Lösung des Rätsels: Die dritte Schlacht

Und doch gibt es auch eine rationale Erklärung für die plötzliche Wende vom Sieg der Ungarn zur Flucht. Hatte der Domprobst Gerhard seine Ulrich-Vita zwischen 973 und 993 vollendet und der Corveyer Mönch seine Sachsengeschichte um 968 geschrieben, so haben wir noch einen bedeutungsvollen Eintrag aus den »Annales sancti Galli maiores«, der aus dem Jahr der Schlacht selber stammt.[79]

»Otto rex cum Agarenis pugnabat in festivitate sancti Laurentii, eosque Deo auxilante devicit. Et erat numerus eorum 100 milia et multi eorum comprehensi sunt cum rege eorum nomine Pulszi, et suspensi sunt in partibulis. Et aliud bellum cum eis gerebatur a Poemanis, ubi comprehensus est rex illorum nomine Lele, extincto exercitu eius . . .«

Übersetzt vermittelt uns dieser Eintrag folgende Botschaft: »König Otto kämpfte mit den Ungarn am Festtage des hl. Laurentius (10. August) und besiegte sie mit Gottes Hilfe gründlich. Ihre Zahl war Hunderttausend, und viele von ihnen wurden mit ihrem König Pulszi gefangengenommen und an den Galgen gehängt. Und noch ein anderer Kampf mit ihnen wurde ausgefochten durch die Böhmen, bei dem ihr König mit Namen Lele gefangen wurde, nachdem sein Heer vollständig vernichtet war.«[80]

Barthel Eberl kommt in seinem Buch »Die Ungarnschlacht auf dem Lechfeld im Jahre 955« aufgrund der Quellen zu der Erkenntnis, daß es, wie in den St. Gallener Annalen aufgezeichnet, sich hier um getrennte Schlachten gehandelt haben muß.

Einmal um den Kampf des königlichen Heeres, das noch in Marschordnung von den Ungarn umgangen und von hinten angegriffen wurde. Dabei ging der von einer böhmischen Abteilung gedeckte Troß zunächst verloren. Weiter wurden zwei schwäbische Abteilungen von den Ungarn aufgerieben, zumindest verjagt und zersprengt. Dennoch gelang dem König das Wunder, mit seinem geschwächten Heer den eben noch siegreichen Feind »in die Flucht zu schlagen«.

Nunmehr gilt es, sich den Domprobst Gerhard und seine Ulrich-Vita in Erinnerung zu rufen, in der berichtet wird, daß die Ungarn in großer Zahl zurückritten, so daß die Männer auf den Mauern von Augsburg glaubten, die Feinde griffen die Stadt erneut an. Nimmt man den Hinweis Eberls auf den St. Gallener Eintrag ernst, und das muß man, so fand an diesem Tag eine zweite Vernichtungsschlacht statt. Ihr Kampfgelände war das östliche, das bairische Lechfeld.

Mit dieser Kenntnis ausgestattet, können wir einen Schritt nach vorne zur Lösung unseres Rätsels wagen.

Wir wissen, daß die Ungarn ihr Lager auf dem östlichen Lechfeld haben mußten. Die Ungarn waren eine Raubgesellschaft. Mithin hatten sie in ihrem Lager ihr Gold, ihr Silber, ihre erpreßten Tribute und wohl auch Frauen und Kinder.

Und nun wird das plötzliche Umschlagen im Kampf der Ungarn mit dem König – von Angriff und Sieg zur Flucht – klar. Ein Meldereiter hatte das im Siegen begriffene ungarische Heer erreicht und die Botschaft gebracht, daß ihr eigenes Lager auf dem östlichen Lechfeld von böhmischen Truppen bedroht wurde. Daraufhin gab der ungarische Feldherr das Rückzugssignal. Er reagierte genau so schnell wie zwei Tage vor den Mauern von Augsburg, als er beim Nahen des königlichen Heeres die Belagerung der Stadt aufhob.

Das ungarische Heer, das die Männer auf den Zinnen von Augsburg in so großer Zahl und in so guter Disziplin erblickten, war kein Heer auf der Flucht, sondern ein Heer auf dem Rückzug, sein bedrohtes Lager zu retten.

So sind dann die Ungarn zwischen dem deutschen und dem böhmischen Heer auf beiden Ufern des Lechs aufgerieben worden.

Warum schweigen unsere Chroniken darüber, warum gibt es nur den einen Eintrag in den St. Gallener Annalen? Der Sieg über einen übermächtigen Feind, ein Sieg durch die Gnade Gottes, das entsprach den Vorstellungen der Zeit. Keine überlegene Zangenoperation des Königs, die Aufreibung der Ungarn zwischen seinem Heer und den Böhmen, konnte da mithalten.

Auch kann der nachdenkliche Leser der alten Viten und Annalen eine andere Begebenheit nicht vergessen. Was ist aus der Augsburger Reiterschar unter Führung des Grafen Dietbald geworden? Sie waren in der Nacht vom 9. auf den 10. August losgeritten, um das Heer des Königs zu stärken. Also kann ihre Zahl und ihre Kampfkraft nicht so unerheblich gewesen sein, wenn der Bischof Ulrich glaubte, damit das königliche Heer verstärken zu können.

Wir erfahren nichts mehr über diese tapferen Männer, nicht, ob sie den König erreicht hatten oder welchem Truppenteil sie zugeordnet wurden. Wir hören nur, daß der König den Bischof über den Tod seines Bruders, Graf Dietbald, tröstete. Er konnte ihm nicht einmal einen Rat geben, wo auf dem Schlachtfeld die Leiche des Bruders zu suchen war. Dabei war Dietbald doch ein Dillinger Graf, der Sieger von Schwabmünchen, wo er am 13. Februar 954 die Truppen des bairischen Pfalzgrafen Arnulfs besiegt hatte. Er war ein großer, prominenter Mann, der sicher mit Standarten und Fahnen in den Kampf zog. Hatte Dietbald im Verband des königlichen Heeres gekämpft, so konnte sein Tod und der Ort des Geschehens nicht unbemerkt geblieben sein. Darum sei folgende Annahme erlaubt:

Graf Dietbald und seine Reiter konnten sich in der Nacht oder am frühen Morgen nicht mehr mit dem Heer des Königs vereinigen. So ist es möglich, daß Graf Dietbald als erfahrener Krieger mit seinen Reitern eine in der Flanke des Gegners befindliche Bereitstellung bezog, um dann bei Schlachtbeginn in den Kampf einzugreifen. Wenn auch die Augsburger Reiterschar sicher nicht mehr als zweihundert Mann betrug, so kann doch solch eine gepanzerte Truppe, in Attacke die Flanke des Gegners angreifend, eine Wende im Schlachtengeschehen erzwingen. Damit bekommt auch die Bemerkung des Widukind einen Sinn: »Sie gerieten zwischen die Reihen der Unsrigen und wurden niedergemacht.«[81]

Kam zu solch einem Flankenstoß auch noch die Nachricht hinzu, daß die Böhmen von Osten her das ungarische Lager auf der östlichen Lechseite angriffen, so findet der plötzliche, im Grunde unerwartete Rückzug der Ungarn seine rationale und militärische Erklärung.

Erkennt man die Tatsache des böhmischen Eingreifens an, dann wird auch so etwas wie ein Kriegsplan des Königs sichtbar. In einer großangelegten Zweifrontenschlacht sollten die Ungarn von den Deutschen von Westen und von den Böhmen von Osten her angegriffen werden. Auch den Namen des böhmischen Heerführers, Herzog Boleslaw, nennen uns gute Quellen.[82]

Jetzt ergibt auch ein weiterer Satz aus Widukinds Kampfbericht einen Sinn: »Aber es kam anders als man glaubte«. Widukind sah, als die im Rücken des königlichen Heeres angreifenden Ungarn drei Abteilungen des Königs zerschlugen, den ganzen Kriegsplan verloren. Es gehörte zum Feldherrnglück Ottos, daß die Ungarn selbst wieder die alte Schlachtkonzeption des Königs herstellten, als ihre Boten dem siegenden Ungarnheer mitteilten, daß die Böhmen von Osten her in Anmarsch auf das ungarische Lager seien.

Diese Nachricht war es, die die Ungarn den Sieg über den König verschenken ließ. Die ihr Lager rettenwollenden Ungarn begaben sich fest in den Umfassungsgriff der deutschböhmischen Heere und damit in den sicheren Untergang.

Ähnlich wie die Polen unter ihrem König Johann III. Sobieski (1674–1696) vor Wien das Abendland vor türkischer Herrschaft bewahrten, so retteten die Böhmen auf dem Lechfeld das Reich Ottos des Großen und vielleicht die kulturelle Entwicklung des Abendlandes.

Uns Heutigen steht es gut an, sich zu erinnern, daß die Völker, die durch politische Grenzziehung der Gegenwart

dem Osten zugeschlagen wurden, in der Vergangenheit in den Stunden der Not getreu ihre europäischen Pflichten erfüllten.

Die sächsisch-deutsche Geschichtsschreibung hat den böhmischen Beitrag zur Lechfeldschlacht fast verdrängt. Gäbe es den St. Gallener Eintrag nicht und in neuer Zeit den Hinweis von Barthel Eberl, die Tat der Böhmen wäre gänzlich in Vergessenheit geraten, ebenso wie das Opfer der getreuen Augsburger Reiter.

Es lag im Sinne deutscher Geschichtsschreibung, den Sieg auf dem Lechfelde einerseits als alleinige Großtat Ottos zu sehen, die seinen Kaiseranspruch begründete, andererseits aber auch als Gemeinschaftsleistung der deutschen Stämme, die durch diesen Schlachtensieg in eine neue, höhere Ordnung hineinwuchsen.

Auch die Historiker des 19. Jahrhunderts konnten sich dieser Sicht nicht entziehen.

Vor allem aber waren die Zeitgenossen gewillt, in diesem Sieg die bestimmende und führende Hand Gottes zu erblicken, die segnend über dem König und dem neuen Reich der Deutschen lag.

Gott hatte den König und sein Volk erhöht, der Welt zum Zeichen.

6. Die Neuordnung des Reiches

Der Sieg auf dem Lechfeld
und seine Auswirkungen

Die Schlacht auf dem Lechfeld war der letzte große Kampf der Völkerwanderung, dieses gewaltigen Schubes von Völkern und Stämmen aus den Tiefen östlicher Welten. Die Niederlage der Ungarn bewirkte eine grundlegende Änderung der Lebensweise dieses Volkes. Aus einem Nomaden-, Hirten- und Reitervolk, das durch die Weidesuche notwendigerweise zum Aggressor werden mußte, entwickelte sich nun ein Bauernvolk, dessen neue Existenz sich in Seßhaftigkeit und Entwicklung bäuerlicher Lebensformen darstellte. Sie öffneten sich bald der bairischen Mission und wurden Teil der europäischen Kulturwelt.

Aber nicht nur in Deutschland, in Baiern, Sachsen, Schwaben, Frankreich und Lotharingien atmeten die Menschen auf, befreit von Qual, Leid, Tod und Raub, die durch die Ungarneinfälle verursacht worden waren. Auch in Frankreich, im Königreich Burgund und Italien hatte der Sieg des Königs das Leben der Menschen zum Besseren gewendet und sie von den Brandschatzungen der Ungarn erlöst. Dem Manne, der solches vollbracht hatte, flogen nicht nur Liebe und Dankbarkeit entgegen, sondern auch der Ruhm, der Erste unter den Fürsten des Abendlandes zu sein.

Kurz nach dem Ungarnsieg – dieser König schien über schier unerschöpfliche körperliche und geistige Kräfte zu verfügen – wandte er sich der Slawenfront zu. Dort errang er, wie bereits geschildert, an der Recknitz in aussichtsloser Lage wider alle Regeln menschlicher Vernunft, aber in voller Übereinstimmung mit seinen religiösen Überzeugungen von der Hilfe Gottes, seinen Sieg über die Abodriten.

Genau wie im Ungarnkampf hatte auch hier der Böhmenherzog Boleslaw dem König Gefolgschaft geleistet und sich damit unter die Oberhoheit des Reiches gestellt. Viel wird es dem König bedeutet haben, daß in diesem Kriegsgeschehen sein Sohn Liudolf an seiner Seite stand und sich bewährte. Genauso hatte im Jahr zuvor des Königs Schwiegersohn, Konrad der Rote, seine Rückkehr zum König sichtbar gemacht.

Diesem äußeren Zeichen der Aussöhnung war aber eine stillere, tiefere Versöhnung vorausgegangen. Der erzbischöfliche Onkel Brun hatte sie als seine, des Priesters, Aufgabe gesehen und in die Wege geleitet. So berichtet uns Ruotger:

»In der Überzeugung, dadurch dem Reich und dem König am besten zu dienen, traf er sich daher mit Liudolf, dem Sohn des Königs, seinem Neffen, linderte seine Beklommenheit mit Worten, süßer als der Honig, und versprach ihm seine frühere Stellung wieder zurück, wenn er nur genauer auf das achten wolle, was seine eigene Sache war. Als er merkte, daß Liudolf die Arznei seiner Worte und das Gegengift seiner Mahnungen nicht mehr wie früher mit schiefen Ausreden von sich wies, sondern begieriger als gewohnt kostete und einnahm, lud er ihn alsbald mit großer Liebenswürdigkeit nach Bonn, einem ehrwürdigen Ort seines Bistums, ein, empfing ihn dort mit noch größerer Liebenswürdigkeit und bot ihm, eingedenk seiner königlichen Würde, alle Vergnügungen, die ihnen beiden angemessen und allen Anwesenden höchst erfreulich waren. Während sie noch beisammen waren, erreichte sie die Nachricht von dem, was auf dem Feldzug, oder vielmehr durch die Gnade Gottes geschehen war (der Sieg auf dem Lechfeld).«[83]

Dieser Bericht stellt das gegensätzliche Verhalten der beiden Königsbrüder, des Herzogs Heinrich von Baiern und des Erzbischofs Brun, dar. Während Heinrich, selber einstmals Hochverräter gegen König und Reich, versuchte, den gestrauchelten Königssohn Liudolf noch mehr dem Vater und König zu entfremden, wohl um die eigene Machtposition zu stärken, wirkte der Erzbischof versöhnend in dem

Bemühen, Vater und Sohn wieder in das gottgewollte Verhältnis von Liebe und Treue zu bringen. Und Ruotger, unser Biograph und Gewährsmann, kann berichten:
»Der Onkel sprach seinem Neffen mehr und mehr Mut zu, und nach kurzer Zeit war es durch den Einfluß dieses Ratgebers erreicht, daß der König seinen Sohn, der verloren war und wiedergefunden wurde, ganz Italien übertrug, und was noch mehr bedeutet, ihm seine väterliche Liebe wieder voll und ganz zuwandte. Dort in Italien gewann er das größte Gefallen des Volkes und schlug schon den Weg zum Olymp ein, als die reinste Blume und sicherste Stütze des Reiches jäh vom Tode hingerafft wurde.« (Liudolf starb am 6. September 957 als Siebenundzwanzigjähriger zu Pombia bei Novara.)
Sehen wir uns den Ablauf der Ereignisse an:
Während des Bürgerkrieges der Jahre 953/54, denn als Bürgerkrieg muß der Aufstand des Liudolf und des Konrad gesehen werden, hatte sich König Berengar II. von Italien aus seiner Vasallität herausgeschlichen.
Wahrscheinlich war auch die bairische Herrschaft über die Marken Verona und Aquileja verlorengegangen.
Der König, nunmehr mit seinem Sohn Liudolf versöhnt, beauftragte ihn offenbar, König Berengar wieder in die Vasallität zurückzuzwingen, wahrscheinlicher aber, den ungetreuen Vasallen abzusetzen oder zu verjagen.
Diese Entscheidung des Königs wurde dadurch erleichtert, daß des Königs Bruder und finsterer Berater, Herzog Heinrich, am 1. November 955 gestorben war. Sein Leben war gezeichnet gewesen von Gegensätzen. Zuerst Rebell und Empörer gegen Krone und Leben des Königs, dann sein unerbittlichster Vasall, der die Rechte des Königs radikaler verteidigte als König und Reich lieb sein konnte – eine Hagengestalt. Ihm sind die Verbrechen der Blendung des Erzbischofs von Salzburg und der Entmannung des Patriarchen von Aquileja zuzuschreiben. Auch der schimpfliche Tod der ungarischen Heerführer durch Erhängen geht auf Herzog Heinrichs Verantwortung zurück. Dabei muß man sich erinnern, daß diese ungarischen Männer, deren Schicksal nunmehr der Galgen war, in vergangenen Jahren mit

bairischen Herzögen paktiert, ja, ihnen sogar Asyl gegeben hatten.

Durch den Tod Heinrichs war Otto nunmehr in seinen Entscheidungen frei, und auch der bairisch-schwäbische Gegensatz in Italien war ausgelöscht.

Im Herbst des Jahres 956 zog Liudolf mit einem stattlichen Heer über die Alpen nach Italien, um das Königreich wieder der deutschen Krone zu unterstellen, vielleicht auch, um ein inneres Sühnebedürfnis zu erfüllen. Allerdings macht Widukind eine Anmerkung, über die man nachdenken muß: »Liudolf aber, des Kaisers Sohn, verließ sein Vaterland, da er seinen Freunden treu bleiben wollte, und zog mit ihnen nach Italien.«[84]

Was bedeutet dieser Satz, »da er seinen Freunden treu bleiben wollte«?

Wir erinnern uns, Liudolf hatte mehrfach die Unterwerfung verweigert, da er die Forderung des Königs, seine Anhänger auszuliefern, nicht erfüllen konnte und wollte. Alle zeitgenössischen Historiker, auch die, die auf der Seite des Königs stehen und somit im Gegensatz zu Liudolf, rühmen ihn als einen ritterlichen und getreuen Menschen. Ja, er wird oftmals als der adlige Jüngling »par excellence« dargestellt. Dazu gehörte sicher die Tugend der Treue gegenüber seinen Freunden.

In den Jahren des blutigen und harten Kampfes wird er seinen Getreuen Versprechungen gemacht haben, die er nun, ein Fürst, der sich unterworfen hatte, nicht mehr einlösen konnte. Nach Andeutungen der Hrotswith von Gandersheim hatte König Otto Italien für Liudolf als Königreich ausersehen. Und auch die Worte des Erzbischofs Brun gingen ja in diese Richtung, als er Liudolf sagte, er werde seine frühere Stellung zurückerhalten. Auch berichtet die Vita des Brun, der König habe seinem Sohn Italien übertragen.

Ein König Liudolf von Italien aber wäre leicht in der Lage gewesen, seine Versprechungen zu erfüllen und seine Getreuen zu belohnen.

Eine weitere Überlegung ist, daß die Königin Adelheid dem König Otto inzwischen vier Kinder geboren hatte. Die beiden Ältesten, zwei Knaben, Heinrich und Brun, waren als

Kleinkinder gestorben. Jetzt lebten noch eine Tochter, Mathilde, und ein Sohn namens Otto.

Ein Königtum für Liudolf in Italien hätte für den Sohn der Adelheid den Weg zum deutschen Thron freigemacht.

Und Italien, das sich Liudolf im Jahre 952 verweigert hatte, warf sich ihm nun in die Arme. Er hielt glänzenden Einzug in Pavia, und König Berengar und sein Sohn König Adalbert wichen vor ihm zurück.

Liutprand von Cremona hat den König Berengar und seine Frau Willa als blutige Tyrannen gezeichnet. Ob wir in dieser Sicht dem haßerfüllten Bischof von Cremona folgen dürfen, ist zweifelhaft. Ein Schreiben von Atto II., Bischof von Vercelli (924–960), beleuchtet die Situation vielleicht treffender. Als Liudolf mit seinem Heere heranzog, ließ sich König Berengar nochmals der Treue seiner Großen versichern. Aber Worte und Eide genügten ihm nicht. Er verlangte von ihnen die Gestellung von Geiseln.

Daraufhin machte Atto II. von Vercelli in einem Schreiben an seine Amtsbrüder, deren Meinung zu dieser Forderung er einholte, folgende Feststellung (zitiert nach Köpke / Dümmler):

»Wenn die alte eidliche Treueverpflichtung nicht mehr genügen solle, so müßten, meinte er, entweder die Fürsten schlechter oder die Bischöfe gottloser geworden sein. Denn entweder, so fuhr er fort, glaubten jene sich durch ihr Wüten so verhaßt, daß sie sich auf die Liebe des Volkes nicht mehr verlassen können.«[85]

Über die Einzelheiten von Liudolfs Unternehmungen in Italien wissen wir wenig, wohl aber, daß er im Jahre 957 in einer Schlacht gegen Berengars Sohn Adalbert in der Nähe von Carpinetti, südlich von Reggio, siegte. Ganz Oberitalien fiel ihm jetzt zu und huldigte ihm. Der Sieg Liudolfs schlägt sich nieder in Urkunden aus Lecco und Mailand von Juni und August des Jahres 957, die sich wieder nach den Regierungsjahren Ottos ausrichten.

Vielleicht war das Jahr 957 Liudolfs glücklichstes Lebensjahr. Er hatte sich rehabilitiert und dem Reich ein Königreich zurückgewonnen. Länder und Schätze hatte er erobert und konnte nun seinen Freunden treu sein, das heißt sie beloh-

nen für ihre Treue, für das Festhalten an der einstmals
begründeten Schwurgemeinschaft.
So zog er im Spätsommer des Jahres zurück ins Reich zu
seinem Vater und König. Mit ihm, bei ihm und durch ihn
sollte seine Zukunft feste und sichere Gestalt bekommen.
Aber auf dem Heimmarsch, in Pombio, zwischen Novara
und dem Lago Maggiore, ereilte ihn der Tod am 6. September.
Seine Getreuen trugen ihn zurück über die Alpen, ins Reich.
In St. Alban in Mainz, neben seiner Schwester Liudgard,
fand er sein frühes Grab. Sein Halbbruder, Erzbischof Wilhelm von Mainz, bereitete ihm den christlichen Grabgang.
Mit Liudolf von Schwaben starb, nach Empörung und Rebellion, nach tragischem Kampf gegen den Vater, eine Lichtgestalt der deutschen Geschichte. Alle die bösen Anschläge
und Kämpfe konnten sein Bild nicht verdunkeln. Liutprand
von Cremona ruft aus: »Oh, wäre er niemals geboren oder
nicht so früh hingerafft worden!«[86]
Er war mehr als ein Rebell:
Er verkörperte die alte germanische Stammesverfassung,
das große Akkordement der Freien und Edlen unter einer
selbstgewählten Herrschaft, wie sie sich unter dem Königtum seines Großvaters, Heinrich I., herausgebildet hatte.
Es ist das Sehnen und Trachten zu diesem Ideal hin, das
Liudolf aus der Menge der kleinen Rebellen und Verschwörer heraushebt. Sein Volk hat dies verstanden und so sein
Bild in der Erinnerung bewahrt.

Die Sicherheit des Reiches

Nach dem Slawenzug von 955 an der Recknitz stabilisierte
sich auch die Nordostgrenze des Reiches. Des Königs Stellvertreter in Sachsen, Herzog Hermann, hatte hier die Lage
unter Kontrolle.
Die Situation im Westen des Reiches bot ebenfalls ein erfreuliches Bild.
Hatte während der Wirren der Jahre 939–941 Lotharingien
immer wieder versucht, sich dem Reich zu entziehen, hatten

andererseits die westfränkischen Könige immer wieder versucht, die Gunst der Stunde zu nutzen, wenn im ostfränkischen Reich innere Unruhen ausbrachen, so blieb der Westen des Reiches diesmal in vollkommener Ruhe.

Das lag an der Schwäche des französischen Königtums. Zudem war König Ludwig IV. (der Überseeische) mit der Schwester Ottos des Großen, Gerberga, verheiratet. Der zweite Mann im Staate, aber der Erste an Macht, Herzog Hugo von Francien, lebte im Ehebunde mit Hadwig, gleichfalls einer Schwester König Ottos.

Die deutsche Position wurde verstärkt durch die behutsame, aber dennoch starke Hand Bruns, der nicht nur Erzbischof von Köln, sondern auch Oberherzog in Lotharingien war.

Im Jahr 954 fand der französische König Ludwig der Überseeische im Alter von 33 Jahren einen frühen Tod und in St. Remy sein Grab.

Seine Witwe, die Königin Gerberga, eilte sofort zu Herzog Hugo von Francien, ihrem Schwager und zeitweiligen Gegner, und stellte sich unter seinen Schutz. Das Zusammenwirken der beiden ottonischen Schwestern, Hadwig, der Frau Hugos, und Gerberga, der Königinwitwe, bewährte sich. Hugo von Francien, jetzt unzweifelhaft der stärkste Mann im französischen Reich, widerstand der Versuchung, selbst nach der Krone zu greifen, und knapp zwei Monate nach König Ludwigs Tod läuteten in Reims die Krönungsglocken. Der zwölfjährige Lothar wurde durch Erzbischof Artold von Reims in St. Remi in der Nachfolge seines Vaters Ludwig zum König von Frankreich geweiht.

Hinter der Königserhebung Lothars stand nicht nur der gute Wille Herzog Hugos, nicht nur die Diplomatie und die Zusammengehörigkeit der ottonischen Schwestern, nicht nur die ordnende Hand des Erzbischofs Brun von Köln, der ja des jungen Königs leiblicher Onkel war, sondern auch der hegemoniale Wille König Ottos.[87]

Der Brun-Biograph Ruotger bringt die Rolle des Kölner Erzbischofs in dieser so wichtigen Staatsangelegenheit sehr deutlich zum Ausdruck:

»Denn er (Brun) führte die Staatsgeschäfte in jeder Hinsicht gemeinsam mit seinem Herrn und Bruder. Als Lothar, der

Sohn seiner Schwester (Gerberga), der aus altem Königsgeschlecht stammte, von seinen Vettern schwer bedrängt
wurde, rettete und erhöhte er ihn wunderbar. Er gab nicht
eher nach, als bis er ihn an die Stelle seines Vaters eingesetzt,
und die Söhne Hugos, die jenem an Macht und Einfluß
überlegen waren, und alle Großen dieses Reiches unter sein
Joch gebeugt hatte. So sorgte er für alle, auf daß alle unter
einer einzigen Herrschaft zugleich vor äußeren Feinden sicher und untereinander in Frieden leben konnten.«[88]
Zwar faßt Ruotger hier zwei Geschehnisse zusammen, die
Inthronisierung König Lothars und den späteren Streit mit
seinen Vettern.

Offensichtlich jedoch ist, daß der Kölner Erzbischof in seinen
Eigenschaften als lotharingischer Landesherr und Onkel des
neuen Königs regulierend und stabilisierend in die französischen Angelegenheiten einzugreifen vermochte.

Der mächtige Herzog Hugo erhielt zum Dank von dem
jungen König Lothar den Dukat über die »regna Burgund
und Aquitanien«.

Als Herzog Hugo am 16. Juni 956 starb, verteilte sich zunächst seine Macht auf seine Söhne Hugo (dem erst das
12. Jahrhundert den Namen Capet zueignete), Otto und Odo
Heinrich, die noch nicht im regierungsfähigen Alter waren.

Nun verwalteten die beiden ottonischen Schwestern, Gerberga für ihren zwölfjährigen Sohn und König, Lothar, und
Hadwig für die robertinisch-capetingische Linie, die ganze
Macht in Frankreich. Von nun an erscheint – nach K. F.
Werner – »Brun als Schiedsrichter, ja als Mitregent im Westreich, wo er auf Wunsch Gerbergas zweimal militärisch
interveniert«.[89]

Die ottonisch-französische Versippung und die damit ver-
bundene Einflußnahme reichte aber noch über die beiden
Schwestern Gerberga und Hadwig hinaus. Auf einem Hof-
tag zu Köln im Jahre 965 verheiratete Otto der Große seinen
Neffen Lothar, den König von Frankreich, mit Emma, der
Tochter seiner Frau, Königin Adelheid, aus deren erster Ehe.

Die neuen Ordnungen des Reiches

König Otto der Große hatte seinen erbitterten Kampf gegen das germanische Stammesherzogtum geführt. Dieser Kampf gegen die alten, gewachsenen Strukturen war der Grund der Rebellionen und Aufstände, die er zu seiner Regierungszeit ertragen mußte.

Nur der König konnte von Gottes Gnaden sein, der Herzog nicht. Das war Ottos Auffassung. Der Herzog war Amtsherzog aus dem Willen des Königs, aber nicht aus einem Geschlechteranspruch oder gar aus göttlichem Recht.

Betrachtet man aber die Jahre 955/956, die Zeit der großen ottonischen Triumphe, und sieht sich im Reich um, so kann man nicht behaupten, daß Otto diesen sich selbst gestellten Anspruch vollkommen erfüllt hätte.

In Baiern, dem Herzogtum seines verstorbenen Bruders, herrschte, vom König bestätigt und gebilligt, Heinrichs Witwe Judith, eine geborene Liutpoldingerin, Tochter und Abkömmling jenes bairischen Herzog Arnulf, der durch Aufgabe des eigenen Königsanspruchs den Sachsen Heinrich I. in seinem Königtum gefestigt hatte.

Indem Otto das Erb- und Nachfolgerecht des Sohnes seines Bruders und der Judith anerkannte, sanktionierte er jedoch wieder das Stammesherzogtum in Baiern und entfernte sich vom Gedanken des Amtsherzogtums.

Nicht anders in Schwaben. Hier war der Herzogsstuhl nach der Amtsenthebung und Unterwerfung des Königssohnes Liudolf vakant. Entgegen seinem Staatsprinzip des Amtsherzogtums setzte König Otto hier Burchard II. als Herzog ein, einen Mann aus der alten, in Volk und Stamm verwurzelten Hunfridingerfamilie. Doch verheiratete er ihn an seine Nichte, die Tochter seines toten Bruders Heinrich, und band damit Burchard in die Königssippe ein.

In Sachsen regierte seit 953 der Markgraf Hermann aus dem alten Geschlecht der Billunger als Stellvertreter des Königs. Im Jahre 961 wurde er durch den Willen des Königs zum Herzog ernannt.

Dies zwar zweifellos ein klassisches Amtsherzogtum. Jedoch war das Familien- und Stammesdenken so stark, daß sich

dieses Herzogtum fünf Generationen lang in der Billunger
Familie vererbte. Also auch hier war die genuine Stellung der
Familie im Stammesleben Voraussetzung zum Herzogtum.

In dem immer empfindlichen Lotharingien regierte der Bruder des Königs, Erzherzog Brun von Köln, als Oberherzog.
Aber auch er war gezwungen, sich auf einheimische Geschlechter zu stützen. In Niederlotharingien war das der
Graf Gotfried, der ab 959 den Titel eines Herzogs führte und
zu den Vertrauten des Erzbischofs gehörte. Er war der Anführer eines Aufgebots schwerer Reiterei, die Brun seinem
Bruder Otto nach Italien zur Verstärkung sandte. Der Herzog Gottfried starb auf diesem Feldzug an der Pest. Wie nahe
er der Herrscherfamilie gestanden haben muß, bezeugt eine
Stiftung des Königs und Kaisers für das Seelenheil seines
getreuen Gottfried.

In Oberlotharingien gelang es Brun, die mächtige Familie der
Grafen von Bar zur Stärkung der königlichen Herrschaft zu
gewinnen, wobei Graf Friedrich von Bar, Bruder des Bischofs
Adalbero von Metz (929–964) und Schwiegersohn Hugos
von Francien, der seine Abstammung auf Karl den Großen
zurückführte, ab dem Jahre 959 den Herzogstitel trug.

Das Herzogtum Franken blieb weiterhin der Krone unterstellt.

Es gelang also dem König nicht, die familienrechtliche und
stammesmäßige Bindung der Herzogsgewalt zu eliminieren.
Die Herzöge, einmal vom König ernannt, begannen sich
sofort zu institutionalisieren. Sie erstrebten und erlangten
fast immer die Erbnachfolge, wie das die Billunger als neues
sächsisches Herzogsgeschlecht vorlebten.

Was aber König Otto, kraft seiner Persönlichkeit, kraft seiner
Triumphe, kraft seiner staunenswerten Unerschütterlichkeit
erreichte, war, daß die Herzöge von nun an während seiner
Regierungszeit treu zu König und Reich standen.

Das war das Ergebnis eines langwierigen, kampfgeschüttel-
ten Prozesses, den durchgestanden zu haben einen Teil von
des Königs Größe ausmachte.

Die ottonische Reichskirche

Die »ottonische Reichskirche« ist eine Wortschöpfung der Geschichtsschreibung. Bei genauerer Prüfung deckt der Begriff die Wirklichkeit der ottonischen Kirchenlandschaft nicht ab.

Unter dem machtvollen Wort der »ottonischen Reichskirche« stellt man sich eine straff gegliederte kirchliche Hierarchie vor, an deren Spitze der König und Kaiser als Primas steht, der die ganze Kirche im geistigen wie im geistlichen Bereich beherrscht und dem sich Erzbischöfe, Bischöfe und Äbte willig unterordnen.

Dem war nicht so.

Die ottonische Reichskirche war vielfältiger, verwickelter, ja, zerrissener.

Das ganze Mittelalter hindurch waren die geistlichen und weltlichen Ordnungen ein Wildwuchs von Privilegien, Benefizien und Exemtionen, die von den jeweils Begünstigten zäh verteidigt wurden. Es hätte der Kraft eines Titanen bedurft, dieses Gestrüpp einander widersprechender Vergünstigungen und Lasten abzuholzen. Vor allem, weil die Mächtigen auf allen Ebenen darin ein probates Herrschaftssystem sahen.

Genau wie die weltlichen Großen hatten auch die Bischöfe eigene Vorstellungen von ihrer Aufgabe und ihrer Macht. Doch stand die Kirche immer auf der Seite der Reichseinheit, auch innerhalb der Teilreiche, das heißt, sie stand auf der Seite des jeweiligen Königs.

Der König war, schon seit Konstantins des Großen (306–337) Zeiten, Herr der Kirche. Eine Tradition, die auch vom Frankenkönig Chlodwig (482–511) übernommen und an die fränkisch-germanischen Königreiche weitergegeben wurde.

Auf der Synode von Hohenaltheim im Jahre 916 hatten sich die ostfränkisch-deutschen Bischöfe demonstrativ auf die Seite des Königs gestellt. Vor allem auch, um die Macht der Herzöge, die sich immer wieder am Kirchengut bereicherten, einzuschränken.

Allerdings fehlten auf der Synode von Hohenaltheim die

sächsischen Bischöfe. Man sieht, das Verhalten des Reichs-
episkopats läßt sich nicht generalisieren.

Als im Jahre 880 der Sachsenheros Brun im Kampf gegen die
Normannen fiel, kämpften und starben an seiner Seite die
sächsischen Bischöfe Dietrich von Minden und Markwart
von Hildesheim. In Baiern das gleiche Bild.

Als der Markgraf Luitpold sich der Ungarnflut entgegen-
warf, kämpfte und fiel mit ihm der Erzkaplan Theotmar,
Erzbischof von Salzburg, in der Schlacht von Preßburg am
4. Juli 907.

Der kämpfende Bischof, wie er sich in dem heiligen Bischof
Ulrich von Augsburg in der Verteidigung seiner Stadt beim
Ungarnsturm des Jahres 955 und in seiner unerschütterlichen Königstreue darstellt, ist kein Spezifikum der ottonischen Zeit.

Zur ottonischen Reichskirche gehörte aber kein dauerndes
Harmonieverhältnis zwischen König und Episkopat.

Die Rolle des Erzbischofs Friedrich von Mainz ist erinnerlich.

Ebenso zeigt die Kastration des Patriarchen von Aquileja und
die ebenso brutale Blendung des Erzbischofs Herold von
Salzburg durch den Bruder des Königs die Spannung und
Disharmonie zwischen Herrscherhaus und Bischöfen.

Mit seinem eigenen Sohn Wilhelm, dem Nachfolger Friedrichs auf dem Erzstuhl von Mainz, geriet Otto in tiefen
Widerstreit, als er aus dem Moritzkloster zu Magdeburg ein
Erzbistum für die Slawenmission machen wollte und dabei
die Rechte des Mainzer Erzbistums berührte.

Auch der Bischof Bernhard (923–968) von Halberstadt stellte
sich gegen diesen königlichen Plan, der sein Bistum aus der
Kirchenprovinz Mainz herauslösen und in dem neuen Erzbistum Magdeburg aufgehen lassen sollte.

Natürlich verteidigte der Erzbischof Wilhelm von Mainz
seine eigenen Rechte, wenn er sich für den Erhalt seines
Suffraganbistums Halberstadt einsetzte.

Empört schrieb Erzbischof Wilhelm an den Papst: »Zu seinen
Lebzeiten würde es dergleichen nicht geben. Der Papst möge
vielmehr, am liebsten zu Mainz, unter der Leitung der drei
Erzbischöfe, Wilhelms selbst, Bruns von Köln und Ruotpert
von Trier, eine Synode zusammentreten lassen, um über den

gesamten Zustand der Kirche Rates zu pflegen, um Abhilfe namentlich auch zu schaffen für die gesetzwidrige Blendung des Erzbischofs Herold von Salzburg und über die höchst ungerechte Vertreibung des Bischofs Ratherius von Lüttich – und über alles andere Unkraut, das den Weizen der heiligen Kirche ersticke.

Viel lieber wolle er als Heidenbote in die Fremde gehen, als das Unglück seiner Kirche mit anschauen, denn nimmermehr dürfe das Geld Hadamars – den Wilhelm ebenso gehaßt zu haben scheint wie sein Vorgänger Friedrich – mehr vermögen, als die frommen Satzungen des heiligen Bonifatius und aller früheren Päpste.«[90]

Wenn sich Erzbischof Wilhelm über »Hadamars Geld« erregte, so zielt er damit auf die Mission des fuldischen Abtes in Rom. Er verteilte dort Geld, feiner gesagt »Geschenke«, um Unterstützung für die Anstrengungen des Kaisers zur Schaffung eines Magdeburger Erzbistums zu finden. Dabei wird Abt Hadamar nicht versäumt haben, die vom Mainzer Erzbischof immer wieder angefochtene Immunität seines Klosters Fulda durch entsprechende Geschenke zu untermauern.

Auch dieser Streit des Erzbischofs Wilhelm und seines Vorgängers Friedrich zeigt die Unterschiedlichkeit der Auffassungen innerhalb der »ottonischen Reichskirche«.

Auch das Kloster Fulda, dessen Abt zu dieser Zeit Hadamar war, ein Vertrauter Ottos des Großen, war bereits 751 unter König Pippin in die Immunität entlassen und kirchenrechtlich nur dem Papst unterstellt worden. Das Ausscheiden des Klosters aus der Jurisdiktion der Mainzer Metropoliten war von diesen über die Jahrhunderte als eine Schmälerung ihrer erzbischöflichen Rechte angesehen und immer wieder bekämpft worden.

König Otto mußte noch bis zum Jahre 968 warten, das heißt bis zum Tode seines Sohnes, des Erzbischofs Wilhelm, und des Bischofs Bernhard von Halberstadt, bis es ihm gelang, sein Erzbistum Magdeburg mit den Suffraganbistümern Brandenburg, Havelberg, Merseburg, Meißen und Zeitz zu gründen. Dann erst konnte er sein Gelübde, geschworen vor der Ungarnschlacht auf dem Lechfelde, erfüllen.

Wir sehen, die Allgewalt des königlichen Willens innerhalb der »ottonischen Reichskirche« hatte, vor allem im innerkirchlichen Bereich, ihre Grenzen.

Eines aber war dem König zweifellos gelungen: Seit dem Jahre 937 gab es keine Mediatbistümer mehr, sondern nur noch königsunmittelbare Bischofskirchen. Das heißt, die Gewalt der Bischofsinvestitur lag beim König.

Die Symbolfigur der ottonischen Reichskirche ist der königliche Bruder, der Erzbischof Brun von Köln.

In unerschütterlicher Liebe und Treue dem König und Bruder zugewandt, verband er als Erzbischof und Erzherzog von Lotharingien geistliches und weltliches Herrscheramt. Tiefe Spuren hinterließ er im Kanzleramt und in der Hofkapelle. In der neuaufblühenden Hofkapelle schuf er eine Pflanzstätte künftiger Reichsbischöfe. So sehen wir in der Umgebung des Königs und auf den Bischofssitzen Männer aus dieser Institution, aber auch aus der königlichen Kanzlei, die durch die Schule und Herrschaftsauffassung des Erzbischofs Brun geprägt waren.

Zu ihnen gehören Adaldag, der zum Erzbischof von Hamburg aufstieg, und Poppo, der zum Bischof von Würzburg erhoben wurde. Ein junger Verwandter des Königs und Kaisers namens Liudolf, der während König Ottos Romfahrt bei dem jungen Otto II. als Kanzler amtierte, wurde Bischof von Osnabrück. Der spätere Erzbischof von Mainz, Willigis, kam aus der königlichen Kanzlei, in der er als Notar gewirkt hatte.

Der Anteil der an die Kapellane vergebenen Bistümer war so groß, daß von der Regierungszeit Heinrichs II. (1002–1024) bis zur Mitte des 11. Jahrhunderts 50% aller Bischöfe aus dieser Personengruppe kam. Aber die Vereinheitlichung der Kirche und die Ausrichtung auf das Herrscherhaus war damit noch immer nicht erreicht. Althoff und Hagen geben hier einen schwerwiegenden Hinweis:

»Zu der königlichen Kapelle und zur Umgebung Bruns gehörten in der Mitte des 10. Jahrhunderts zu einem großen Prozentsatz jüngere Söhne aus den Adelssippen, die sich in der politischen Auseinandersetzung mit Otto dem Großen befanden. Die Aufnahme in die Hofkapelle und in den Kreis um Brun gehörte offensichtlich zu den honores, bei denen man die Ansprüche des hohen Adels nicht übergehen konnte. Die Kapellan-Bischöfe standen damit sozusagen zwischen ihren Verwandten und dem König, und ihre Loyalität gegenüber diesen beiden Bindungen stellt sich als Problem dar. Daß diese Sicht der Dinge diskussionswürdig ist, zeigt sich schlagend am weiteren Verhalten der Bischöfe, die aus dem Schülerkreis Bruns und aus den Anfängen der Promotion von Hofkapellänen auf Bischofssitze stammen. Nicht weniger als drei von ihnen unterstützten nämlich nach dem Tode Ottos des Großen die Erhebungen Heinrich des Zänkers gegen Otto II. und im Jahr 983 auch den Versuch, dem unmündigen Otto III. den Thron streitig zu machen. Es waren dies Thietrich von Metz, Ekbert von Trier und Giselher von Magdeburg. Zur Unterstützung Heinrich des Zänkers aber fanden sich nachweislich noch einmal die Personengruppen zusammen, die auch schon gegen die Herrschaft Ottos des Großen bewaffnet opponiert hatten. Die genannten Kapellan-Bischöfe haben sich somit in keiner Weise anders verhalten, als dies etwa ihre ›unzuverlässigen‹ Vorgänger Friedrich von Mainz, Adalbero von Metz oder Ruodhart von Straßburg getan haben.«[91]

Wir sehen, auch das »ottonische Reichskirchensystem« war kein Patentrezept zur Verfestigung der Königsherrschaft. Und auch die Formel: »Mit Kirche und König gegen den Adel«, ist zu einfach.

Wenn vom Ungarnsieg des Jahres 955 bis zu Ottos Tod am 7. Mai 973 das Reich, trotz Ottos Abwesenheit in Italien, in Ruhe blieb, so lag dies in der machtvollen Herrscherpersönlichkeit des Königs begründet, in seinem unerbittlichen Kampf gegen die Herzogsgewalten und schließlich in dem Ruhm, den Reichsfeind, der ja fast das ganze christliche Abendland in Not gebracht hatte, besiegt zu haben.

Gegen ein solches Charisma konnte sich kein Widerspruch mehr erheben.

Damit waren freilich die Ansprüche der Adelsgesellschaft im Reich nicht aufgehoben, Ansprüche und Strukturen, die nicht nur bei dem schwachen Königtum der letzten

Karolinger ihre Bedeutung im Normannen- und Ungarnkampf gewonnen hatten, sondern die in Jahrhunderte noch
vor der Zeit von Karl dem Großen zurückreichten, als das
Idealbild der Germanen der »freie Stammesgenosse« gewesen war. Das war die Zeit, in der die im Thing versammelten
Männer über Krieg und Frieden entschieden und darüber,
was Recht war. Trotzdem der Freie im achten, neunten und
zehnten Jahrhundert immer mehr zurückgedrängt und in
die Abhängigkeit, ja auch in die Hörigkeit getrieben worden
war, waren die Grundzüge dieser Denkauffassungen nur
überwuchert, aber nicht vernichtet worden. Der Mitbestim-
mungsanspruch war immer ein Teil der germanischen Welt
gewesen. Er war nach dem Untergang der »freien Stammesgenossenschaft« vom Adel, der diesen Untergang mitbe-
wirkt hatte, übernommen worden.

Dies ist einer der seltenen Fälle, in der das Lebensgefühl, das
Rechtsempfinden der Basis, von den Eliten, dem Adel, übernommen wurde, was in seinem Verhältnis zum Königtum
zum Ausdruck kam.

Das Reich, das war die Lehre aus der Herrschaft Heinrichs I.,
konnte nur in Übereinstimmung mit der Adelsgesellschaft
regiert werden, oder man mußte die gewaltige Lebenskraft
eines Otto des Großen haben, um die Kräfte der Herzogsgewalten und mittleren Führungskräfte in die Reichs- und
Königsinteressen zu kanalisieren. Dabei konnten die Kirchenfürsten wichtige, aber nicht ausschließliche Helfer sein,
da auch sie, wie wir sahen, oftmals unter eigenen Zwängen
und Interessen handeln mußten.

Von den sechs deutschen Erzbistümern waren drei in den
Händen von direkten Verwandten des Königs, Erzbischof
Wilhelm von Mainz als Sohn, Erzbischof Brun von Köln als
Bruder, Heinrich von Trier als Vetter. Aber selbst diese enge
verwandtschaftliche Bindung an den König hat Erzbischof
Wilhelm im Falle des Erzbistums Magdeburg nicht davon
abgehalten, auf Gegenkurs zum König und Vater zu gehen.
Als weitere Verwandte des Königshauses erkennen wir die
Bischöfe Liudolf von Osnabrück, Thietrich von Metz, Beren-
gar von Verdun und den gleichnamigen Bischof von Cam-
brai, ferner Bischof Poppo I. und II. vom Würzburg.[92] Trotz-

dem kann der deutsche Episkopat nicht als homogene Einheit gesehen werden.

Wenn Liudolfinger und Ottonen dennoch das Bündnis mit den Bischofskirchen und Abteien suchten und sie unverdrossen nicht nur mit Ländereien, sondern auch mit neuen Hoheitsrechten ausstatteten (Münzrechte, Gerichtsbarkeit, Banngewalt), so hatte dies doch seinen guten Sinn. Unter Otto III. wurden den Bischöfen sogar oftmals ganze Grafschaften übertragen.

Denn beim Tode eines Bischofs fielen das Bistum sowie die verliehenen Hoheitsrechte und Grafschaften wieder an die Krone zurück, da ja, anders als beim Adel, keine Erbberechtigung präsentiert werden konnte.

Waren bei Karl dem Großen Grafenämter reine Königsämter gewesen, die beim Tode des Inhabers zur Neuvergabe an den König zurückfielen, so hatte sich das unter den späten Karolingern verändert und zwar zuungunsten der Krone. Jetzt betrachtete der Adel seine Ämter und Lehen als erblich und nicht mehr als Privilegium des Königs, das dieser bei Todesfall oder anderer Gelegenheit nach seinem Willen neu vergeben konnte.

Auch unter Heinrich I. und Otto dem Großen hatte sich das nicht wesentlich geändert. Wohl war es Otto gelungen, zumindest die Herzogsämter wieder in die Vergabe des Königs zurückzuholen. Doch auch hier setzte sofort nach der Belehnung ein Automatismus ein, das Herzogsamt wieder in den Erbgang zu bringen.

So war die Belehnung der Bischöfe eine Maßnahme des Königtums, die Verfügbarkeit seiner Lehen sicherzustellen.

Andererseits war offensichtlich geworden, daß die Männer der Kirche bessere Administratoren waren als die weltlichen Amtsinhaber. Das wird deutlich in der militärischen Hilfe, die sie der Krone bieten konnten.

So zeigt ein Reichsaufgebot des Jahres 981, wahrscheinlich zur Auffrischung kaiserlicher Truppen in Italien bestimmt, folgendes Kräfteverhältnis zwischen geistlichen und weltlichen Herrschaften. Es stellte das:

Erzbistum Mainz	100 Panzerreiter
das Erzbistum Köln	100 Panzerreiter
das Erzbistum Trier	70 Panzerreiter
das Erzbistum Salzburg	70 Panzerreiter
das Bistum Straßburg	100 Panzerreiter
das Bistum Augsburg	100 Panzerreiter
das Bistum Regensburg	70 Panzerreiter
das Bistum Würzburg	60 Panzerreiter
das Bistum Lüttich	60 Panzerreiter
das Bistum Verdun	60 Panzerreiter
das Bistum Worms	40 Panzerreiter
das Bistum Eichstätt	40 Panzerreiter
das Bistum Konstanz	40 Panzerreiter
das Bistum Chur	40 Panzerreiter
das Bistum Freising	40 Panzerreiter
das Bistum Toul	20 Panzerreiter
das Bistum Speyer	20 Panzerreiter
das Bistum Cambrai	12 Panzerreiter
die Abteien:	
Fulda	60 Panzerreiter
Reichenau	60 Panzerreiter
Weißenburg	50 Panzerreiter
Lorsch	50 Panzerreiter
Hersfeld	40 Panzerreiter
Prüm	40 Panzerreiter
Ellwangen	40 Panzerreiter
St. Gallen	40 Panzerreiter
Kempten	30 Panzerreiter
Murbach	20 Panzerreiter
Stablo und Iden	12 Panzerreiter
Insgesamt:	1504 Panzerreiter

Das Laienaufgebot, also das
Aufgebot der Grafschaften
und Herzogtümer, stellte: 600 Panzerreiter.[93]

Diese Zahlen dürfen in ihrem Verhältnis nicht absolut gesehen werden, da es sich nach neuester Auffassung nur um ein

Ergänzungsaufgebot handelte. Wir kennen nicht die Zahlen des Hauptaufgebots. Vielleicht sind dort die weltlichen Mächte stärker erfaßt gewesen, so daß ein genauer Vergleich nicht möglich ist. Dennoch zeigen die Zahlen, daß der militärische Beitrag der Bistümer und Abteien erheblich, ja unverzichtbar war. Die Äbte und Bischöfe waren Kirchenfürsten geworden und auf dem Wege zu Reichsfürsten. Otto der Große vergab die Grafenrechte in Mainz, Köln und Magdeburg an die jeweiligen Erzbischöfe. Unter Ottos Nachfolgern setzte sich dieser Prozeß fort.

Otto II. vergab Hildibald von Worms und Milo von Minden die Einkünfte und die Grafengewalt an ihren jeweiligen Bischofssitzen. Der Vogt des Bischofs, und nicht mehr der Graf, war an diesen Orten nunmehr der Vollstrecker der öffentlichen Gewalt. Auch die Verleihung ganzer Grafschaften wurde üblich. König Otto II. vergab die ganze Grafschaft Cadore an den Bischof von Freising. Unter Otto III. schließlich vermehrten sich die Personalunionen zwischen Bischofs- und Grafenamt.

Der Weg zum geistlichen Reichsfürstenstand war unaufhaltbar beschritten.

III.
Der Kaiser

1. DER WEG NACH ROM

Nach dem Ungarnsieg auf dem Lechfeld, den Siegen an der Slawengrenze, vor allem aber nach der Beruhigung im Innern des Reiches konnte Otto seine Aufmerksamkeit wieder den italischen Verhältnissen zuwenden.

Mit dieser Hinwendung nach Italien beschwor Otto der Große einen Konflikt herauf, der im Grunde bis heute die Geister trennt und in dem berühmten Streit der beiden Professoren Heinrich von Sybel und Julius Ficker seinen sichtbarsten Ausdruck fand.

Heinrich von Sybel, preußischer Protestant und Mitte der fünfziger und sechziger Jahre des 19. Jahrhunderts Verfechter der später bismarckschen kleindeutschen Lösung (Deutschland ohne Österreich), sah in König Heinrich I. den wirklichen Repräsentanten eines deutschen Königtums, frei von römischer Bevormundung und ganz auf sich und seine nationalen Aufgaben konzentriert. Otto der Große war für ihn der König, der Deutschland auf den falschen Weg nach Süden, nach Rom, gewiesen hatte, den imperialen Spuren Karls des Großen folgend.

Julius Ficker, ein Westfale aus dem katholischen Lager, vertrat die universalen Aufgabenstellungen des deutschen Kaisertums und somit eine großdeutsche Lösung mit Einbeziehung Österreichs und seiner europäischen Verpflichtungen.

In unseren Tagen hat die Wissenschaft erkannt, daß Geschichte nicht dazu dienen darf, tagespolitischem Geschehen das historische Alibi zu geben. Natürlich stellt sich auch heute dem nachdenklichen deutschen Zeitgenossen die Frage, welcher Weg für die Deutschen und ihren Staat der bessere gewesen wäre, der Weg des deutschen Kaisertums oder die Begrenzung auf ein nationales Deutschland, wie man sie in die Politik König Heinrichs I. hineingeheimnissen wollte. Denn uns ist ja der Bericht des Widukind erinnerlich, daß Heinrich den Romzug nur unterließ, weil ihn Krankheit befiel.[1]

Aber die Völker können sich ihre Schicksale nicht in einem Warenhauskatalog aussuchen.

Für die deutschen Könige, Heinrich I., Otto den Großen und ihre Nachfolger, stellte sich die Frage, ob Rom oder nicht, nie. Den Romzug zu wagen war ihnen Pflicht, die aus der Weltsicht des christlichen Abendlandes erwuchs. Heinrichs Auftrag beendete sein Tod, aber Otto der Große hatte die Zeit und die Aufgaben erfüllt, die Voraussetzung für den Weg zum Kaisertum waren. Er hatte die Feinde der Christenheit, die Ungarn, besiegt, die ihre tödlichen Verwüstungen ja nicht nur nach Deutschland, sondern auch nach Frankreich, Burgund und Italien gebracht hatten. Er hatte den Auftrag der Ostmission erfüllt, die er mit der Gründung des Magdeburger Erzbistums aktiv vorantrieb. Mission zu betreiben, den Glauben zu verbreiten, Schirmherr der Kirche und des Abendlandes zu sein, das waren Inhalte des Kaisertums.

Nur das »nomen Imperatoris« noch galt es zu erwerben. Auf das Kaisertum zu verzichten mußte einem deutschen Herrscher so absurd erscheinen, wie etwa, um überspitzt zu formulieren, per Dekret das Christentum abzuschaffen.

Im übrigen war dieser König schon lange im Bewußtsein seiner Zeit ein Kaiser. Widukind von Corvey nennt Otto nach der siegreichen Ungarnschlacht konsequent »Kaiser«. Ja, er berichtet von einer Akklamation des Heeres auf dem Schlachtfeld. Ihm galt die antike Formel: »Den Kaiser macht das Heer«.

Wenn Otto jetzt wieder den Blick nach Süden richtete, handelte er aus der inneren Logik seiner Zeit und dem Empfinden seines Volkes.

Im Jahre 956 hatte der König seinen Sohn Liudolf mit einem Heer nach Italien entsandt. Er sollte den italischen König Berengar, der die Zeit der inneren deutschen Aufstände dazu benutzt hatte, sich aus der Vasallität davonzustehlen, entweder zu neuer Unterwerfung zwingen oder ihn verjagen. Vielleicht sollte er auch, wenn wir Hrotswith von Gandersheim glauben wollen, mit Willen des Vaters und Königs ein eigenes italisches Königtum anstreben.

Nach glänzenden Siegen in Oberitalien zerbrach Liudolfs Erfolg an seinem frühen Tod am 6. September 957 in Pombia, südlich des Lago Maggiore.

Schon im Winter 951/952 hatte Otto römische Kaiserträume geträumt. Aber seine Unterhändler, der Erzbischof Friedrich von Mainz und der Bischof Hartbert von Chur, waren erfolglos von Rom zurückgekehrt. Der damalige Papst Agapet II. konnte sich gegen den römischen Stadtherrn Alberich (932–954) nicht durchsetzen. Der Römer wünschte keinen deutschen Oberherrn. Otto hatte die für ihn ungünstige Konstellation akzeptiert und war wieder nach Deutschland gezogen.

Jetzt hatten sich die Dinge in Italien verändert.

Alberich, der römische Stadtherr, Sohn der berüchtigten Marozia und des Markgrafen Alberich von Spoleto, war im Jahre 954 gestorben.

Gewiß war dieser Mann eine schillernde Gestalt, aber nicht ohne Größe.

In einer Rebellion gegen den zweiten Mann seiner Mutter, König Hugo, hatte er diesen vertrieben und zweiundzwanzig Jahre lang die Herrschaft in Rom behauptet.

Er nannte sich: »Princeps atque omnium Romanorum senator«.

Die Herrschergewalt dieses Mannes war so groß, daß man im Norden in ihm einen König sah und Byzanz ihm eine Prinzessin als Gattin für seinen Sohn zu geben bereit war. Sein Tod setzte diesem Plan ein Ende.

Fünf Päpste lebten unter Alberichs harter Hand und führten in bezug auf Herrschergewalt ein Schattendasein. Aber Alberich hatte enge Verbindung mit dem berühmten Reformabt Odilo von Cluny, von eben jenem Cluny, das die Herrschaftsstrukturen des Mittelalters durch seine Ideen von Grund auf ändern sollte.

Zunächst setzte Alberich im Verein mit Abt Odilo eine Klosterreform im cluniazensischen Sinne durch. Bekannt sind uns seine Reformen in den Klöstern von Subiaco und Farfa,

S. Andreas auf dem Oreste und S. Maria, das Alberich aus seinem Familienbesitz auf dem Adventin ausstattete.

Im Gegensatz zu dem Bild des gestrengen Klosterreformers erscheint Alberich, als er den römischen Adel zwang, am Grabe des heiligen Petrus zu schwören, beim künftigen Tode des derzeit amtierenden Papstes Agapet II. seinen einzigen Sohn und Erben Octavian zum Papst zu erwählen. So hoffte er, Stadtgewalt und Papstherrschaft auf seinen Sohn zu vereinen.

Das Schicksal war bereit, dieses Spiel mitzuspielen. Im Jahre 954 starb Alberich, ein Jahr später Papst Agapet, und Alberichs einziger Sohn Octavian wurde im Alter von siebzehn Jahren zum Papst erhoben. Er nannte sich Papst Johannes XII. (955–964) und regierte vom 16. 12. 955 bis zum Tage seiner Absetzung durch Kaiser Otto am 4. 12. 963 die Christenheit. Ein halbes Jahr danach fand er während eines Exzesses im Mai 964 seinen frühen Tod.

Aber auch der andere Protagonist auf der italischen Bühne forderte das Eingreifen des deutschen Königs. Es galt, den italischen König Berengar, seine tatkräftige Frau Willa, die ein eigenständiger politischer Faktor war, und seinen Sohn und Mitkönig Adalbert, die nach Liudolfs Tod wieder unangefochten in Italien herrschten, wegen Bruchs der Vasallität zu bestrafen und zu vertreiben.

Denn wer das Kaisertum anstrebte, mußte unangefochtener König von Italien sein.

Tatsächlich hatte sich König Berengar im Versuch der Festigung seiner Macht in Italien verhaßt gemacht. Liutprand von Cremona warf ihm offen Tyrannei vor. Er hatte seine Gegner, den Erzbischof Walbert von Mailand, den Bischof Waldo von Cremona und den Markgrafen Otbert, den Stammvater des Hauses Este aus welfischem Geschlecht, vertrieben und verjagt.

Jetzt versuchten König Berengar und sein Sohn Adalbert – den Traditionen und historischen Zwängen lombardisch-italischer Könige folgend – ihre Macht auf Süditalien und den Kirchenstaat auszuweiten.

Dies führte zum Zusammenstoß mit dem jungen Papst und Stadtherrn von Rom, Johannes XII., der sich nicht an das weise väterliche Prinzip der Machtkonzentration hielt, sondern ebenfalls expandieren wollte.

Bei diesem Zusammenstoß war Papst Johannes zweifelsohne der Schwächere. So mußte er sich, wie seine Vorgänger, um Hilfe an den mächtigen König im Norden wenden. Die Situation des Johannes war noch aus anderen Gründen erschwert. Einmal hatte ihm die zweiundzwanzigjährige Stadtherrschaft des Alberich über Rom stadtinterne Feinde erzeugt.

Zum zweiten bot der Lebenswandel des jungen Papstes und Stadtfürsten Anlaß zu offener Kritik.

Wir müssen bedenken, daß Abt Odilo von Cluny viele Male in Rom gewesen war und dort die cluniazensische Klosterreform vorangetrieben hatte. Mußte nicht der Kreis der Reformmönche Anstoß am sittenlosen Treiben des jungen Papstes nehmen?

Und die Männer, die im Jahre 960 den päpstlichen Hilferuf vor König Otto brachten, waren römische Kleriker, der Diakon Johannes und der Protoscriniar (Geheimschreiber) Azo, ausgesprochene Gegner des sittenlosen Papstes und Anhänger der cluniazensischen Reformbewegung. A. Hauck weist in seiner Kirchengeschichte auf die verworrenen, von unterschwelligen Konflikten geprägten päpstlichen und römischen Verhältnisse hin:

»Wenn Johannes diese Männer als Gesandte wählte, so ist auch dies ein Beweis, daß man in Rom seine Not benützte, um ihn zur Herbeirufung Ottos zu zwingen ... Alberich hatte der mönchischen Reformbewegung, die von Cluny aus ihren Lauf durch die Welt genommen hatte, den Zugang nach Rom geöffnet ... Kann das alles ohne Wirkung auf den römischen Klerus geblieben sein? Wie aber mußten die cluniazensisch gesinnten Mönche und Kleriker über Johann urteilen: er gab durch sein Leben den größten Anstoß. Nicht nur, daß er mehr Fürst als Papst war; die Gebote der Sittlichkeit schienen für ihn nicht zu existieren. Der Abscheu gegen Johann, der den beiden Klerikern (dem Diakon Johann und dem Protoscriniar Azo) zugeschrieben wird, mußte alle cluniazensisch gesinnten Männer erfüllen. Sie suchten die Verbesserung der Verhältnisse in Rom herbeizuführen, indem sie den Papst zwangen, sich in die Arme der Deutschen zu werfen.«[2]

Zu der päpstlichen Gesandtschaft gesellten sich Abordnungen des lombardischen weltlichen und geistlichen Adels, Beschwerde gegen den König Berengar von Italien zu führen.

Adalbert von Weißenburg berichtet unter dem Jahre 960: »Es kamen auch als Gesandte vom apostolischen Stuhl der Diakon Johannes und der Kanzleivorstand Azo, um den König zur Verteidigung Italiens und der römischen Republik gegen die Tyrannei Berengars aufzurufen. Auch Walbert, der Erzbischof von Mailand, und Waldo, der Bischof von Cremona, und der Markgraf Otbert kommen, auf der Flucht vor König Berengar, zum König nach Sachsen; doch auch fast alle übrigen Bischöfe Italiens fordern ihn durch Briefe und Gesandte auf, zu ihrer Befreiung zu kommen.«[3]

Die Gunst der Stunde und der Umstände sprachen für Otto. Die verschiedensten politischen Strömungen und Kräfte Italiens erwarteten ihn. Dennoch bereitete der König seinen Zug zur Erlangung der Kaiserkrone gut vor.

Im Mai 961 versammelte Otto die Großen seines Reiches in Worms zu einem Reichstag. Zur Sicherung seiner Dynastie ließ Otto seinen gleichnamigen, erst sechsjährigen Sohn zum König wählen. Von Worms zog man nach Aachen, wo am Pfingstsonntag, dem 26. Mai 961, der königliche Knabe in der Pfalzkirche Karls des Großen zum König gekrönt wurde. Die lotharingischen Großen, die in Worms nicht anwesend waren, schlossen sich förmlich der Wahl an, worauf die drei rheinischen Erzbischöfe den feierlichen Krönungsakt vornahmen.

Diese Erhebung des Sohnes Otto war nun völlig abgesichert durch die Designation des Vaters, durch die Wahl der Großen und den kirchlichen Krönungsakt.

Die Erziehung und Fürsorge für den jungen König wurde in die Hände seines Halbbruders und Sohnes des Königs, Erzbischof Wilhelm von Mainz, gelegt. Die Regierung des Reiches während Ottos Abwesenheit wurde wahrscheinlich dem Bruder des Königs, Erzbischof Brun, übertragen. Von einer Regentschaft im rechtlichen Sinne kann wohl nicht

gesprochen werden, jedoch die Belange des Reiches waren
bei Königssohn und Königsbruder gut aufgehoben.

In Sachsen wurde der bewährte Herzog Hermann zum Stellvertreter des Königs ernannt, jedoch verblieb dem Markgrafen der Slawenmarken, dem Kriegshelden Gero, die Selbständigkeit. Das Reich war in guter Hut.

So konnte König Otto guten Mutes im August 961 sein Heer
bei Augsburg versammeln, wahrscheinlich auf dem Lechfelde, das sich mit seiner Auenlandschaft und der guten
Wasserversorgung durch die Flüsse Wertach und Lech oftmals in der fränkisch-deutschen Geschichte für solche
Zwecke angeboten hatte.

Der König wurde begleitet von seiner Frau, der Königin
Adelheid. Diese Tatsache deutet darauf hin, daß der König
aufgrund der vorher geschilderten politischen Umstände
wohl mehr an eine Inbesitznahme als an einen schweren
Feldzug dachte.

Der König zog über den Brenner nach Italien, Widerstand
gegen ihn brach nicht auf.

König Berengar II. floh mit seinem Anhang in einige Bergfe-
sten im Apennin und an den oberitalischen Seen.

Eine legendenhafte Darstellung aus dem berengarischen
Königskreis berichtet uns, König Berengars Sohn und Mitkönig Adalbert habe den Auftrag gehabt, mit einem riesenhaf-
ten Heer von 60000 Streitern die Etschklausen zu sperren.
Angesichts des herannahenden deutschen Heeres sollen ihn
aber seine Großen aufgefordert haben, nach Pavia zu gehen
und seinen Vater zur Abdankung zu zwingen, da sie nicht
mehr bereit seien, König Berengars und seiner Frau Willa
Härte länger zu ertragen. König Berengar soll einverstanden
gewesen sein, seine Frau Willa jedoch nicht. Als König
Adalbert seinen Großen diesen Tatbestand erklärte, verließen sie ihn und begaben sich in ihre Städte und Herrschaften, so daß König Otto Pavia und die ganze Lombardei
kampflos nehmen konnte.[4]

Der grundsätzliche Wahrheitswert dieser Schilderung wird
uns von dem Continuator Reginonis bestätigt:

»... und begab sich darauf über Baiern und Trient nach
Italien. Hier traf er fast alle Grafen und Bischöfe von Italien

und wurde ehrenvoll, wie es sich gebührte, von ihnen empfangen, zog dann in aller Machtfülle und ohne Widerstand
zu finden in Pavia ein und befahl, den von Berengar zerstör-
ten Palast wiederaufzubauen. Berengar aber und Willa und
ihre Söhne schlossen sich in den Befestigungen und Burgen
ein, die sie in ihrem Besitz hatten, und rückten nirgends ins
Feld, um gegen den König etwas zu wagen.«[5]
Die Eroberung Oberitaliens scheint für den König ein Blu-
menkrieg gewesen zu sein. Der König ordnete die schlimmsten Ungerechtigkeiten und setzte die oberitalischen Großen
wieder in ihre Rechte ein. Liutprand, der erbitterte Gegner
von König Berengar, weiß das elegant zu formulieren:
»Indem nun der gute König das Zerstreute sammelte und
das Zerbrochene wiederherstellte, gab er jedem das Seine
und zog dann nach Rom, um dort dasselbe zu tun.«[6]
Liutprands elegante Bibelzitate vergessen zu erwähnen, daß
für ihn »das Seine« darin bestand, daß er vom König zum
Bischof von Cremona erhoben wurde. Von einer erneuten
Krönung Ottos zum König von Italien berichten uns unsere
Quellen nichts. Das war auch überflüssig, da er sich ja schon
seit seinem ersten Italienzug von 951/952 in dem Besitz dieses
Königreiches fühlen durfte.
Im November/Dezember 961 entsandte der König den Abt
Hatto von Fulda nach Rom, um die Präliminarien zur Kaiser-
krönung zu eröffnen, die gleiche Aufgabe, die einstmals bei
Karls des Großen Kaiserkrönung der Abt Fulrad von St.
Denis und eine Bischofskommission unter der Leitung der
Erzbischöfe Arn von Salzburg und Hildebald von Köln über-
nommen hatten.
Der kluge Abt Hatto von Fulda versäumte bei dieser Gele-
genheit nicht, sich am 10. Dezember 961 die Privilegien sei-
nes Klosters nochmals bestätigen zu lassen.[7]

Der Kaiser unter dem Schwert

Die Verhandlungen zwischen dem Papst und dem König waren ungleich schwieriger als die vergleichbaren Verhandlungen zwischen Karl dem Großen und Papst Leo III. im Jahre 800. Hatte damals ein hilfloser Papst den großen Frankenkönig gegen die rebellierende römische Stadtkamarilla zu Hilfe gerufen, bereit, sich unter den Schutz eines weltlichen Oberherrn zu begeben, so war die Situation zwischen Papst Johannes XII. und König Otto weit vielschichtiger, verwickelter.

Zwar suchte auch dieser Papst Schutz gegen seine Feinde und war im Tausch dazu bereit, die Kaiserkrone zu vergeben, aber Johannes war eben nicht nur Papst, sondern auch Stadtherr, Fürst von Rom.

Die Polarität der Lage wird in einem Bericht des Bischofs Thietmar von Merseburg sichtbar:

»Beim Einzug in Rom (Kaiserkrönung Ottos I. am 2. Februar 962) machte der Cäsar den jungen Mann (Graf Arnsfried, ein Verwandter des Kaisers aus der Familie der Königinmutter Mathilde), dem er größtes Vertrauen schenkte, zu seinem Schwertträger mit den Worten: ›Wenn ich heute an der heiligen Schwelle der Apostel beten werde, halte du ständig das Schwert über mein Haupt! Denn ich weiß wohl um die unseren Vorgängern oft recht gefährliche römische Treue. Der kluge Mann muß alles zukünftige Unheil zuvor bedenken, damit es ihn nicht unvorbereitet trifft. Geh später beten auf dem Monte Mario, soviel du willst!‹«[8]

Die Krönung verlief ohne Zwischenfall. Auch die Königin Adelheid wurde zur Kaiserin gesalbt und gekrönt und erscheint von da an in den ottonischen Urkunden als die »Genossin des Reiches und als Genossin (Teilhaberin) unseres Kaisertums«. Am 13. März 962 urkundet Otto »admonitione dilecte nostro coniugis Adelehide regni nostri consortis«. Ähnlich heißt es am 6. Oktober: »consultu atque interventu Adelaide nostre dilectissime coniugis nostrique imperii consortis«.[9]

Diese Beurkundungen, die der Königin und Kaiserin die Teilhabe am Reich und am Kaisertum bescheinigen, finden wir nicht vor der Romfahrt, wohl aber danach öfters in italischen Urkunden. Damit hatte der Kaiser der Stellung seiner bedeutenden Frau öffentlich und vor der Welt Rechnung getragen.

Der Krönung vorausgegangen war ein Sicherheitseid, den der König dem Papst nach karolingischem Vorbild geschworen hatte. Darin verpflichtete sich der König unter anderem, direkte Regierungshandlungen in Rom zu unterlassen und ohne den Rat des Papstes keine Anordnungen und Verfügungen zu treffen, die den Papst oder die Römer angingen. Auch wurde in dem Eid davon ausgegangen, daß Otto irgendeinen Fürsten seiner Wahl mit dem italischen Reich belehnen werde. Dieser Fürst aber habe sich dann dem Papste eidlich zu verpflichten. Dann wurde dem Papst Sicherheit vor seinen innerstädtischen Feinden zugesagt. Darin eingebunden war ein Versprechen Ottos, daß der Papst nie mit seiner Billigung seiner Würden enthoben werden konnte.

Man sieht, es ging dem Papst nicht nur um die Sicherung seiner geistlichen Rechte, der Stadtfürst von Rom forderte auch Sicherheit für sein weltliches Reich.

Denn keiner wußte besser als Johannes, wie anfechtbar einerseits die Form seiner Wahl war, und andererseits, wie bedroht seine Würden und Rechte durch die Anstößigkeit seines Lebenswandels waren.

Außerdem hatte Otto dem Papst in seinem Eid die Rückgabe der römischen Gebiete beschworen.

Es waren zwei wesensfremde Menschen, die das Schicksal an die Spitze der Christenheit gestellt hatte. Der Papst und Stadtherr, leichtlebig bis zur Sittenlosigkeit, ein Jüngling, der noch nichts erkämpft und alles ererbt hatte, und der schwerblütige, sittenstrenge, zeit seines Fürstenlebens im Kampf stehende deutsche König. Zwei Spieler, die voller Mißtrauen den jeweils nächsten Zug des anderen beobachteten.

Jetzt war der Papst an der Reihe, die Wünsche des Königs zu erfüllen.

Schwer lastete auf der ganzen deutschen Kirche, vor allem der Salzburger Kirche, die nicht durch rechtmäßigen Ge-

richtsbeschluß, sondern durch einen Willkürakt des Königsbruders Herzog Heinrich von Baiern durchgeführte Blendung des Salzburger Erzbischofs. Den geblendeten Erzbischof Herold schloß jetzt der Papst aus dem Priesterstand
aus und untersagte ihm mit Bannandrohung das Lesen der
Messe. Dann genehmigte der Papst im nachhinein die vor
vier Jahren durchgeführte Neubesetzung des erzbischöflichen Stuhles von Salzburg und sandte dem neuen Inhaber
das Pallium zum erweiterten Gebrauch. So heilte der Papst
die Wunde am Leib der deutschen Kirche.

Dann erfüllte er auf einer römischen Synode am 12. Februar
einen Herzenswunsch des Königs, indem er Magdeburg
zum Erzbistum erhob.

Ja, der Papst nahm die deutschen Erzbischöfe und Bischöfe
in die Pflicht, sich nicht länger der Gründung des Magdeburger Erzbistums zu widersetzen.

Nun erst verkündete der Kaiser, einen Tag später, sein
berühmtes »Ottonianum«, die Erklärung über den Status des
Kirchenstaates, die Rechtssatzung über die Papstwahl und
die Befugnisse des Kaisers in Rom. Die kaiserliche Prunkur-
kunde, in Purpurschrift gehalten, ist uns überkommen und
ruht auch heute noch in den Archiven des Vatikans.

Beim Vergleich der kostbaren Prunkschrift des »Ottonianums« mit dem vorher geleisteten Eid des Kaisers entdeckte
der Kirchenhistoriker Albert Hauck (1845–1918) eine scheinbar nicht gravierende, aber nicht zu übersehende Divergenz:
»Im Eid war die päpstliche Landeshoheit fast uneinge-
schränkt anerkannt, im ›Ottonianum‹ dagegen ist die kaiserliche Gerichtsgewalt über Rom so, wie sie im Vertrag von 824
festgesetzt worden war, erneuert. Da war kein direkter Widerspruch; aber ein bemerkenswerter Unterschied: über der
landesherrschaftlichen Gewalt des Papstes erhob sich wieder die oberherrliche Gewalt des Kaisers. War es die Folge
davon, daß Otto die römischen Verhältnisse mit eigenen
Augen gesehen hatte; oder erkaufte sich der Papst durch
dieses Zugeständnis den sofortigen Abzug des Kaisers?«[10]

Diese Auffassung Albert Haucks wird darum hier herausgestellt, weil sie uns ein Motiv für das künftige Verhalten
Johannes XII. sichtbar macht. Sicher ist für das sittenlose und

sittenwidrige Verhalten des jugendlichen Papstes, die Verluderung der heiligsten Würde des Abendlandes keine Entschuldigung möglich. Darüber wird uns noch Liutprand von Cremona, Sprecher des Kaisers im Papstprozeß, hinreichend aufklären. Aber das Verhalten des römischen Stadtherrn findet in der von Hauck genannten Diskrepanz seine Erklärung, und das Wort Verrat wird einem jetzt nicht mehr so leicht über die Lippen gehen.

Johannes konnte sich als Stadtfürst von Rom angesichts des Unterschiedes zwischen der kaiserlichen Eidesleistung und den Inhalten des »Ottonianums« von Otto dem Großen getäuscht fühlen. Sah er sich dadurch von der Treuepflicht gegenüber dem Kaiser befreit? Am gleichen Tage der Verkündung des »Ottonianums«, am 14. Februar 962, verließ der Kaiser im Vertrauen auf die ausgehandelten Positionen die Stadt Rom. Er zog nach Pavia, um von dort aus den Kampf gegen Berengar II. fortzusetzen, der ja als Machtfaktor in Italien immer noch nicht ausgeschaltet war. Berengar selbst hatte sich auf der Felsenburg San Leo di Montefeltre im Apennin, südwestlich von San Marino, verschanzt. Seine Gattin Willa nahm die Insel San Giulio im Ortasee zur Zuflucht. Als sie sich dort nicht mehr halten konnte, floh sie zu ihrem Mann nach San Leo di Montefeltre.

Berengars Anhänger beherrschten Burgen am Ostufer des Lago Maggiore, darunter Valtravaglia, die befestigte und mächtige Isola di Comacina im Comersee, aber auch am Gardasee besaß man mit der Festung Garda einen starken Platz.

Der Kaiser selbst belagerte die Felsenburg San Leo. Aber mit den Belagerungskünsten der Zeit gelang es nicht, diese Felsennester und Inselfestungen zu brechen. Berengars Sohn und Mitkönig Adalbert gelang die Flucht nach Korsika. Dort nahm er Verbindung mit den Sarazenen in Fraxinetum und mit Papst Johannes XII. auf.

Jetzt hatte der Unterschied zwischen Eid und Ottonianum für den Kaiser schlimme Folgen. Papst Johannes verband sich mit seinem Feind Berengar, dieser wiederum mit den Sarazenen. Der Heilige Vater gar versuchte die Ungarn zu einem erneuten Einfall nach Deutschland zu bewegen.

Der Kaiser unterschätzte den Papst und seine politische Flexibilität. Er sah in ihm einen jungen Mann, der zu sexuellen Ausschweifungen neigte und der menschlich wie politisch fest an die Hand genommen werden mußte.

Seine Einschätzung des Papstes sah so aus:

»Er ist noch ein Kind, er wird leicht durch das Beispiel guter Männer zu bessern sein. Ich hoffe noch, daß er durch einen Tadel in Ehren und freimütige Ermahnung sich mühelos von diesen argen Dingen freimacht; dann werden wir mit dem Propheten sagen: Das ist die Änderung der Hand des Höchsten. Zuerst fordert«, setzte der Kaiser hinzu, »die Reihenfolge, den Berengar zu vertreiben, der sich noch in Montefeltre hält, dann wollen wir dem Herrn Papst mit väterlicher Ermahnung zureden. Wenn nicht aus freien Stücken, wird er doch aus Scham sich in einen vollkommenen Mann verwandeln. Und wenn er so gezwungenermaßen bessere Sitten annimmt, so wird er sich schämen, sie wieder abzulegen.«[11]

Die Menschenkenntnis des Kaisers trog.

Papst Johannes lud König Adalbert, den Sohn Berengars, nach Rom ein und stellte sich demonstrativ an seine Seite.

Gesandtschaften wurden ausgetauscht, Vorwürfe erhoben, zurückgewiesen und wieder erhoben, bis schließlich der Kaiser, indem er genügend Truppen vor San Leo di Montefeltre ließ, um die Einschließung der Bergfeste zu erhalten, mit dem übrigen Heer und weiteren Verstärkungen aus Deutschland nach Rom zog. Der Papst und König Adalbert flohen. Rom, in zwei Parteien gespalten, ergab sich kampflos dem Kaiser. Der erhielt von den Römern einen weiteren Schwur, der weit über die im Ottonianum festgelegte Machtstellung des Kaisers hinausging. Liutprand von Cremona, der ja als Gesandter des Kaisers an den Papst die ganzen Ereignisse persönlich miterlebt hatte, ist in diesem Falle ein besonders kompetenter Zeuge der Zeit:

»Die Bürger aber nahmen den heiligen Kaiser mit seinem ganzen Heer in die Stadt auf (3. November 963), erneuerten das Gelöbnis der Treue und gelobten überdem mit einem feierlichen Eide, daß sie niemals einen Papst erwählen noch weihen lassen wollten ohne die Zustimmung und Bestätigung des erhabenen Herrn Kaisers Otto und seines Sohnes, des König Otto.«

Damit hatte der Kaiser bei der Besetzung des römischen Stuhles die gleiche Macht erlangt wie bei der Einsetzung eines Reichsbischofs. Der Kaiser aber ging zur Klärung der Dinge noch einen Schritt weiter.

2. Gericht über den Papst

Kaiser Otto ging in der Konsequenz seines Handelns über die vergleichbare Haltung Karls des Großen hinaus. Dieser hatte sich bei den gegen Papst Leo III. erhobenen gleichen Vorwürfen der Erkenntnis gebeugt, daß ein Papst nicht justiziabel sei. Diese Auffassung fand ihre Begründung in dem Urteil einer Synode italischer Bischöfe, das auf Veranlassung Theoderichs des Großen (493–526) seinerzeit über den Papst Symmachus (498–514) gefällt worden war. Auch dieser Papst war von einer Gegenpartei angeklagt worden, er habe sich in seinem Lebenswandel und seiner Amtsführung schuldig gemacht. Der Spruch der Synode besagte, das Urteil über den Papst sei Gott anheimzustellen.

Kaiser Otto kam zu einer anderen Entscheidung.

Am 6. November 963 fand in der Peterskirche unter dem Vorsitz des Kaisers eine Synode statt. Der Papst war zu dieser Synode eingeladen. Auch wenn diese Einladung in die Form einer demütigen Bitte gekleidet worden war, an ihrer Konsequenz gab es keinen Zweifel. Da Kaiser Otto kein Italienisch sprach, bestimmte er den Bischof Liutprand von Cremona zu seinem Sprecher.

Die Synode wurde zum Tribunal über den Papst.

Sein sündiger Lebenswandel wurde dargelegt, obwohl dieser dem Kaiser auch vor der Kaiserkrönung bekannt gewesen war. Im Grunde ging es nicht um die Sünden des Papstes, sondern darum, daß er sich als Stadtfürst von Rom nicht in die Rechtsordnung des Ottonianums einfügen wollte und sich darum mit den Feinden des Kaisers verbündet hatte.

Dennoch ist die Summe der päpstlichen Sünden erstaunlich, zu deren Ankläger sich der Kardinaldiakon Benedictus machte: »Der Kardinaldiakon Benedictus und die übrigen

Diakone und Priester sagen aus, daß sie wüßten, daß der
Papst Bischofsweihen für Geld erteile und daß er einen
zehnjährigen Knaben zum Bischof von Todi geweiht habe.
Nach dem Kirchenraub, sagten sie, brauche man nicht zu
fragen, denn darüber belehre uns der Augenschein besser
als alle Worte. (Papst Johannes hatte mit großen Teilen des
Kirchenschatzes Rom verlassen.)
Über seine ehebrecherischen Handlungen sagten sie aus, sie
hätten zwar dergleichen mit Augen nicht gesehen, wüßten
aber gewiß, daß er mit der Witwe des Rainer, mit der Ste-
phana, einer Beischläferin seines Vaters, und mit der Witwe
Anna und ihrer Nichte Unzucht getrieben und den heiligen
Palast zu einem Hurenhaus und Bordell gemacht habe.
Sie bezeugten ferner, daß er öffentlich der Jagd nachgegan-
gen sei, daß er seinen Beichtvater Benedictus habe blenden
lassen, und derselbe sei bald darauf gestorben, den Kardinal-
subdiakon habe er entmannen und töten lassen; ferner bezeugten sie, daß er Feuer angelegt, sich mit dem Schwerte
umgürtet und Helm und Panzer angetan habe. Daß er des
Teufels Minne getrunken habe, bezeugten alle, Geistliche
wie Laien, mit lautem Zuruf. Beim Würfelspiel, sagten sie,
habe er den Jupiter, die Venus und andere Dämonen angeru-
fen. Metten und kanonische Stunden habe er weder gehalten
noch sich mit dem Zeichen des Kreuzes gesegnet.«[12]
Diese Vorwürfe, die in einem Brief des Kaisers an den Papst
niedergelegt waren, beantwortete der Papst nicht. Er ließ
aber den Bischöfen mitteilen, ihre Absicht, einen neuen
Papst zu wählen, sei ihm nicht unbekannt; würden sie sie
ausführen, seien sie alle exkommuniziert.
Die Synode trat am 22. November erneut zusammen, nahm
die Auffassung des Papstes zur Kenntnis, lud ihn erneut
dringend ein und sprach die Drohung der Exkommunikation
gegen Johannes aus. Am 4. Dezember war es soweit.
Die Bischöfe, der Klerus und das Volk von Rom baten den
Kaiser um die Absetzung des Papstes Johannes. Kernpunkte
ihrer Argumentation waren:
»Ein noch nie dagewesenes Geschwür muß mit einem ent-
sprechenden Brenneisen ausgebrannt werden. Wenn seine
Verdorbenheit ihm allein schadete, so müßte man ihn, so gut

es ginge, dulden. Aber wie viele, die vorher keusch waren, sind nicht durch sein Beispiel zur Unkeuschheit, wie viele würdige Männer durch das Vorbild seines Wandels zur Nichtswürdigkeit verleitet?

Wir bitten daher die Herrlichkeit Eurer kaiserlichen Würde, jenes Ungeheuer, dessen Laster durch keine Tugend aufgewogen werden, aus der heiligen katholischen Kirche auszustoßen und einen anderen zu setzen, der uns durch das Beispiel seines guten Wandels zugleich zu leiten und förderlich zu sein vermag, der selbst rechtschaffen lebt und uns das Muster eines tugendhaften Lebens darstellt.«[13]

Kaiser Otto gewährte die Bitte, die ja das Ziel seines Wollens war. Der Protoscriniar Leo, zwar ein Laie, aber ein tadelsfreier Mann, der in rascher Folge die notwendigen Priesterweihen erhielt, wurde gewählt und vom Kaiser bestätigt. Zwei Tage später, am 6. Dezember 963, wurde er zum Papst geweiht und erhoben, nachdem er dem Kaiser den Treueid geleistet hatte.

Otto der Große hatte sich durchgesetzt. Aber das Ende der römischen Kabalen war noch nicht erreicht.

Zwar führte die Gefangennahme Berengars und seiner Frau Willa in den letzten Dezembertagen des Jahres 963 zu einer Stabilisierung der italischen Verhältnisse. Berengar und Willa kamen nach Bamberg ins Exil, wo Berengar im Jahre 966 verstarb. Seine ehrgeizige Frau Willa trat in ein Kloster ein. Ihre drei Töchter kamen in die Sorgepflicht der Kaiserin Adelheid und erhielten eine Erziehung, die ihrem Stande gemäß war. Die Söhne Berengars kämpften noch eine Zeitlang um ihr Königtum und verloren sich dann in der Geschichte.

Der Kaiser beging das Weihnachtsfest in Rom. Aber der abgesetzte Papst Johannes XII. hatte seinen Kampf noch nicht aufgegeben. Schließlich hatten er und sein Vater diese Stadt drei Jahrzehnte regiert. In dieser Zeit waren Verbindungen entstanden, die immer noch trugen.

Am 3. Januar 964 brach ein Aufstand der Römer gegen den Kaiser aus. Aber hier zeigte sich Ottos – von Widukind oftmals gepriesene – Unerschütterlichkeit. Auf der Tiberbrücke, auf der die Römer Barrikaden errichtet hatten, trat er ihnen, ein kampfbereiter germanischer Fürst, mit dem Schwert in der Hand entgegen.

Trotz zahlenmäßiger Unterlegenheit siegten die Deutschen. Nach Liutprands bildreicher Darstellung zerstreuten die kampferprobten Streiter des Kaisers die Feinde »wie der Falke einen Schwarm kleiner Vögel«.

Das Blutbad war groß und wurde nur darum nicht größer, weil der Kaiser Einhalt gebot und Gnade gewährte.

Am anderen Tage wartete das besiegte Rom mit neuen Schwüren auf, dargebracht über dem Leibe des heiligen Petrus, und um die Gnade des Kaisers wiederzugewinnen stellte man einhundert Geiseln. Doch gab der Kaiser auf Bitten seines Papstes Leo VIII. die Geiseln der Stadt zurück.

Otto wollte wohl das Ansehen seines Papstes stärken, sichtbar machen, welches Gewicht der Kaiser dem Heiligen Vater gab.

Aber dieses Zeichen der Gnade und Güte verfing nicht bei den Römern. Kaum hatte Otto die Stadt verlassen, um sich nach Camerino und Spoleto zu begeben – denn dort wurde König Adalbert vermutet –, als Papst Johannes XII. aus der Campagna, wo er sich verborgen hatte, mit Truppen in die Stadt Rom zurückkehrte. Nur mit großer Not gelang es Papst Leo VIII. aus Rom zu fliehen und beim Kaiser in der Mark Camerino Zuflucht zu suchen. Er feierte mit dem Kaiser dort zusammen das Osterfest (3. April 964). Der Kaiser konnte zunächst aus Mangel an Truppen den erneuten Abfall Roms nicht strafen.

So konnte Papst Johannes sein Rachefest feiern.

Dem Kardinaldiakon Johannes ließ er die rechte Hand abhacken, dem Geheimschreiber Azo die Nase, die Zunge und zwei Finger abschneiden. Beide hatten als päpstliche Gesandte den Sachsenkönig Otto nach Rom eingeladen. Die Bestrafung dieser zwei Männer erhärtet die vorher ausgesprochene Vermutung, daß sie die Gegner des Papstes waren, die dem sittenlosen Kirchenherrn die Genehmigung abgerungen hatten, den deutschen König nach Rom zu holen.

Den persönlichen Gesandten des Kaisers, den Bischof Otger von Speyer, der als Missus in Rom verblieben war, schützte nicht die Vollmacht des Kaisers. Papst Johannes ließ ihn ergreifen und geißeln.

Dann berief er auf den 26. Februar eine Synode ein. Die sechzehn versammelten Bischöfe, die seinem Rufe gefolgt waren, verdammten die Synode vom 4. Dezember des vorigen Jahres, erklärten die Absetzung des Papstes für ungesetzlich und verfluchten den gesamten Synodalvorgang. Papst Leo VIII. wurde als Eidbrüchiger jeglicher geistlicher Würden beraubt. Mit dem Kirchenfluch wurde belegt, wer dem nunmehr abgesetzten Leo seinen Rat und Beistand gewährt hatte zur Erlangung der päpstlichen Würde. Dies traf vor allem den Bischof Sicco von Ostia, der den Laien Leo über die Stufenleiter kirchlicher Ämter und Würden zum Papst geweiht hatte.

Trotz seines sichtbaren Grimms blieb Johannes XII. gegenüber der Person des Kaisers zurückhaltend. Er schleuderte gegen ihn weder Fluch noch Bann. Vielleicht hielt er auch noch nach dieser Synode eine Aussöhnung mit Otto dem Großen, dessen Natur völlig verkennend, unter Opferung von Leo VIII. für möglich.

Bei der Persönlichkeit von Papst Johannes XII. ist zu bedenken, daß er der Sohn der Marozia war, einer machtbesessenen Frau, die durch die Schilderung des eifrigen Liutprand von Cremona zur Symbolfigur der stadtrömischen Pornokratie wurde.

Von ihr hatte er Lebenswandel, das heißt Sittenlosigkeit, geerbt, dazu eine völlige innere Bindungslosigkeit, die es ihm erlaubte, den Feind von gestern als Freund von heute und den Freund von heute als Gegner von morgen zu sehen. Mit seinen politischen Kombinationsspielen scheiterte er indessen an der moralischen Radikalität des Kaisers.

Aber bevor ihm der Kaiser gebührende Antwort erteilen konnte, starb Johannes XII. Sein Tod wird uns von Liutprand so überliefert: »Doch bevor noch des heiligen Kaisers Streitkräfte beisammen waren, wollte es der Herr für alle Zeiten offenbar machen, mit welch gutem Recht Papst Johannes von seinen Bischöfen und der ganzen Gemeinde verstoßen und mit welchem Unrecht er später wieder aufgenommen worden war, und er wurde in einer Nacht außerhalb Roms, als er sich mit der Frau eines gewissen Mannes ergötzte, vom Teufel derart an der Schläfe getroffen, daß er im Laufe von acht Tagen an dieser Wunde starb (14. Mai 964).«[14]

Und nun vollzog sich ein neues Schauspiel. Man kann darin vom nationalen deutschen Standpunkt aus ein Exempel römischer Falschheit sehen, vom römischen Standpunkt her eine Demonstration stadtrömischen Freiheitswillens.

Der Kaiser hatte in der Zwischenzeit aus der Lombardei und dem mittleren Italien neue Heereskräfte herangezogen. Überdies hatte ihm sein Bruder Brun, Erzbischof und Erzherzog von Lotharingien, ein Kontingent der gefürchteten Panzerreiter, unter der Führung des Herzogs Gotfried von Niederlotharingien, zur Verstärkung zugesandt.

So zog der Kaiser mit einer imponierenden Kriegsmacht nach Rom, um die Stadt und den Papst Johannes, den er noch am Leben glaubte, zu strafen und seinen Papst Leo VIII. wieder einzusetzen.

Da erreichte ihn eine Gesandtschaft der Römer, die ihm vom Tode des Johannes berichtete und gleichzeitig um Erlaubnis bat, den Kardinaldiakon Benedict zum neuen Papst wählen zu dürfen. In Ottos Augen war dies eine Ungeheuerlichkeit. Für ihn gab es nur einen Papst, seinen Papst Leo, den Johannes und die Römer vertrieben hatten.

Der Kaiser gab eine stolze und ihn charakterisierende Antwort: »Wenn ich mein Schwert lasse, dann will ich auch zulassen, daß der Herr Papst Leo nicht wieder den Stuhl Petri besteige.«[15]

Dennoch, die Römer setzten sich über die eindeutige Willenserklärung des Kaisers hinweg und wählten den Kardinaldiakon Benedict zum neuen Papst.

Hier zeigt sich, wie schwer Rom unter der deutschen Oberherrschaft litt. Wie sehr die Stadt um ihre Rechte und Freiheiten kämpfte, daß sie trotz der heranrückenden deutschen Kaisermacht diesen Schritt, mit dem sie allerdings wieder ihre Schwüre brach, wagte.

Mit der Wahl Benedicts hatten die Römer ein feines Gespür bewiesen und einen moralisch untadeligen Mann von hohem Ansehen und von großer Gelehrsamkeit gewählt, der den Ehrennamen »der Grammatiker« führte.

Benedict stand den Männern der cluniazensischen Reform nahe, und auch der erklärte Gegner des Papstes Johannes XII., der Protoscriniar Azo, erscheint in seinem Umkreis.

Offenbar sollte die Wahl Benedicts nicht nur einen würdigen Papst auf den Stuhl Petri bringen, sondern es sollten auch die Frommen und Rechtgläubigen damit von der Seite des Kaisers gerissen werden.

Der Kaiser zog einen eisernen Belagerungsring um die Stadt. Bald wütete dort der Hunger. Die Not war so groß, daß die gequälten Menschen für einen Scheffel Kleie dreißig Denare zahlten.[16]

Obwohl der neue Papst auf den Mauern der Stadt erschien, allerdings nicht gewappnet wie sein Vorgänger Johannes XII., sondern im priesterlichen Ornat, und seinen Römern Mut zusprach, den Kaiser und sein Heer mit Exkommunikation bedrohte – der Hunger besiegte die Stadt.[17]

Am 23. Juni gaben sie auf und öffneten die Tore dem kaiserlichen Heere, lieferten den unglückseligen Papst Benedict aus, indem sie für den eigenen Seelenfrieden die beschwichtigende Formel fanden: »Besser ist es, daß dieser eine für uns alle sterbe, damit unsere Seelen von den Qualen des Hungers befreit werden.«[18]

Diese Niederlage hatte Rom tief getroffen!

Aber wiederum schwuren die Römer über dem Grabe des hl. Petrus dem Kaiser ihre Treueide, bestätigten das mehrfach von ihnen gebrochene Ottonianum, in dem festgelegt war, daß die Römer niemals einen Papst wählen dürften ohne die Zustimmung Kaiser Ottos und seines Sohnes König Otto.

Papst und Kaiser beriefen in die Laterankirche eine Synode ein, an der zwei deutsche Metropoliten, Erzbischof Adaldag von Hamburg und Erzbischof Heinrich von Trier, teilnahmen, sowie zahlreiche italische Bischöfe. Das Hauptziel der Synode war, den armen Papst Benedict V. abzuurteilen. Der Delinquent, der sicher einer der würdigsten Männer jener Tage war, wurde vorgeführt und von dem Kardinaldiakon, ebenfalls ein Benedict, befragt: »»Mit welcher Vollmacht, nach welchem Gesetz hast du, Eindringling, dieses päpstliche Gewand dir angemaßt, da dieser, unser hier gegenwärtiger ehrwürdiger Papst Leo noch lebt, den du gemeinschaft-

lich mit uns, nachdem Johannes angeklagt und abgesetzt
worden war, zur höchsten apostolischen Würde erwählt
hast?

Kannst du bestreiten, dem hier gegenwärtigen Kaiser versprochen zu haben, daß du samt den anderen Römern
niemals einen Papst wählen oder weihen würdest, ohne
seine und seines Sohnes, des Königs Otto, Zustimmung?‹

Benedictus erwiderte: ›Habe ich gefehlt, so erbarmt euch
meiner.‹ Da bat der Kaiser unter Tränen – und zeigte damit
seine große Barmherzigkeit – die Synode, den Benedictus
nicht ungehört zu verdammen. Wenn dieser es wolle und
könne, so möge er auf die Fragen antworten und seine Sache
verteidigen; wenn er es aber nicht könne noch wolle und sich
schuldig bekenne, so möge man ihn um Gottes willen einige
Barmherzigkeit finden lassen. Als Benedictus dies vernahm,
warf er sich eiligst Papst Leo und dem Kaiser zu Füßen und
rief, er habe gesündigt, er sei ein Eindringling auf dem
heiligen römischen Stuhl. Hierauf nahm er sich selbst das
Pallium ab und übergab es nebst dem Bischofsstabe, den er
in der Hand trug, dem Papst Leo. Dieser zerbrach den Stab
und zeigte die Stücke dem Volke.

Dann befahl er dem Benedictus, sich auf die Erde zu setzen,
und nahm ihm das Messgewand, die sogenannte Planeta,
samt der Stola ab. Darauf sprach er zu allen Bischöfen wie
folgt: ›Den Benedictus, den Eindringling auf dem heiligen
römischen und apostolischen Stuhl, entsetzen wir aller bischöflichen und priesterlichen Würde, aber aus Erbarmen
des Kaisers Otto, durch den wir auf den uns gebührenden
Stuhl wieder eingesetzt sind, lassen wir ihn die Weihen des
Diakonats behalten, doch nicht mehr zu Rom, sondern an
dem Orte, wohin er verbannt.‹«[19]

Der abgesetzte Papst wurde dem Erzbischof Adaldag von
Hamburg übergeben. Der nahm ihn mit nach Hamburg, wo
er würdig und in großer Frömmigkeit lebte. Er starb am 4. Juli
des Jahres 965. Kaiser Otto III. (983–1002) ließ später, so
meldet uns der Bischof Thietmar von Merseburg, seine Gebeine nach Rom zurückführen. Ein Zeichen, daß dem un-
glücklichen Manne hohe Wertschätzung geblieben war.

Die deutsche Kaisermacht hatte sich nach vielen Kämpfen

und hart erfochtenen Siegen durchgesetzt. Dabei bewährte sich immer wieder Ottos Unerschütterlichkeit im Schwanken der Zeit und des Kriegsglücks. Unbeirrbar ging er seinen Weg, von der Richtigkeit seines Tuns überzeugt.

Diese Unerschütterlichkeit, ob der Weg durch Höhen oder Tiefen führte – sie hat ihm die Bewunderung der Zeitgenossen und der Nachgeborenen gesichert.

Zwar war Ottos Kaiserreich nicht mit dem Karls des Großen vergleichbar, auch wenn Thietmar von Merseburg eingangs des zweiten Buches seines Chronikons rühmend sagt:

> »Seit dem Hinscheiden Karls sah die Welt
> keinen größeren Herrscher,
> Kaum wird ein Hirte wie er je wieder des
> Königtums walten!«

Karls Reich war identisch mit dem christlichen Abendland, mit dem Herrschaftsbereich des Papstes. Ottos Kaiserreich umfaßte Ostfranken, das Reich der Deutschen also, das sich bis zur Elbe und darüber vorgeschoben hatte, sowie Lotharingien, Burgund und Italien.

Unübersehbar ist, daß Ottos Kaiserherrschaft in Italien als Fremdherrschaft empfunden wurde, darum auch der vehemente Widerstand.

Der Bischof von Vercelli, ein Mann mit kritischem Abstand sowohl zu dem tyrannischen König Berengar als auch zu Otto, vertrat sicherlich die Auffassung von großen Teilen des Klerus wie des italischen Volkes, wenn er über des Kaisers Heere schrieb:

»Das Heer des fremden Fürsten besteht aus mancherlei Kriegsvolk, verschieden nach Stamm und Sprache. Es sind Menschen, denen es unmöglich ist, mäßig zu leben: sie rauben alles, was Wert hat; selbst im Heiligtum schänden sie edle Frauen. Haben sie das Land zur Wüste gemacht, dann beginnt der Rückzug. Denn es ist unmöglich, diese Scharen in der Fremde zusammenzuhalten. Auch ist es einem großen Fürsten unziemlich, von dem eigenen Heer im Stich gelassen, bei denen zu verweilen, deren schwache Treue er fürchtet. Deshalb zieht er nach der Heimat zurück, fröhlich, sie wiederzusehen.«[20]

Zweifellos hatte Otto ein Vielvölkerheer nach Italien geführt. Es ist das Kennzeichen des Imperiums, daß es viele Völker in sich vereint und toleriert. Atto von Vercellis Klage ist sicher berechtigt, aber fast auf jegliche Soldateska anwendbar, jedoch werden viele Menschen in Italien so gedacht und empfunden haben.

Doch ist gegen diese Auffassung das Zeugnis des Papstes Johannes XIII. (965–972) zu stellen. Darin bescheinigt der Papst dem deutschen König und Kaiser, daß er Rom, die Hauptstadt der ganzen Welt und der universalen Kirche, die von den Gottlosen fast zugrunde gerichtet war, gerettet und in aller Ehrfurcht den alten herrlichen Zustand wiederhergestellt habe.[21]

Was das ottonische Kaiserreich vor allem vom Reich des großen Frankenkaisers unterschied, war, daß Frankreich diesem Reichsverband nicht mehr angehörte. Zwar war die französische Reichsführung schwach und stand unter dem Einfluß von Ottos Bruder, dem Erzbischof Brun und den beiden ottonischen Schwestern, Gerberga und Hadwig. Jedoch innerhalb Frankreichs hatte ein Eigenleben und ein Verselbständigungsprozeß begonnen, wie es der kulturellen Dynamik der Menschen dort entsprach.

Otto hatte dies wohl verspürt.

In seinem Verhältnis zum Papsttum veränderte sich nach Ottos abschließendem Sieg wenig. Den Römern aber entzog er – als Strafe für ihre schwankende und wechselnde Haltung – das Recht zur Papstwahl. Eine Maßnahme, die bei Ottos römischen Erfahrungen verständlich ist. Ansonsten behandelte er den Papst mit der ihm zustehenden Hochachtung.

Wenn er sich dem Papst gegenüber äußerte, so befahl er nicht, sondern er bat. Er erkannte den Papst im kirchlichen Bereich an und regierte nicht in die Glaubensinhalte der Kirche hinein, wie es Karl der Große unbekümmert getan hatte.

So hinterließ er in Rom einen kaiserlichen Beauftragten, der aber in den Dingen der weltlichen Tagespolitik dem Papst unterstand. Bedenkt man das alles, kann das Wort von Gregorovius, »Otto habe das Papsttum dem Kaisertum untertan und die Kirche Roms zu einer deutschen Vasallin gemacht«, nicht bestehen. Auch in die Verwaltung des lombardisch-italischen Königreiches hatte Otto, der im eigenen Land für seine radikale Königsauffassung gestritten hatte, wenig eingegriffen und mit den gewachsenen Kräften zusammengearbeitet. So war Italien ruhig geblieben, bis auf die verzweifelten Versuche König Adalberts und seines Bruders Wido, die Krone für ihr Haus zurückzuerobern. Aber diese peripheren Ereignisse beeinträchtigten die deutsche Herrschaft in Italien nicht mehr.

Nur eine letzte Prüfung mußte der Kaiser auf diesem italischen Feldzug noch bestehen. In seinem Heer, das er schon zurückführen wollte, brach in der beginnenden Sommerhitze eine ansteckende Krankheit (wahrscheinlich die Pest) aus. Sein Heer erlitt schwere Verluste. Treueste Freunde sanken in Fieberschauern dahin: der Abt von Weißenburg, der Erzbischof von Trier und auch Herzog Gotfried von Niederlotharingien, der ihm im Jahr zuvor lotharingische Panzerreiter zur Verstärkung zugeführt hatte.

Ein Schicksal, das deutschen Königen und Kaisern oftmals vor Rom widerfahren ist. Dem König Lothar II. im Jahre 869, 1022 Kaiser Heinrich II., dem Salierkaiser Konrad II. im Jahre 1038, dem Stauferkaiser Friedrich I. im Jahre 1167 und Kaiser Heinrich VI. im Jahre 1191.

Kaiser Otto ritt nach Norden, in bessere Klimalagen. Er ging über Lucca nach Ligurien, wo er sich auf der Jagd erholte. Im Herbst fiel Berengars letztes Widerstandsnest, die Inselfestung Comacina. In Pavia erlebte der Kaiser das Ende des Jahres, in dem er sich durch seine unbeirrbaren Kämpfe mit Gottes Hilfe so durchgesetzt und wunderbar erhöht hatte.

Im Januar 965 brach der Kaiser nach Deutschland auf. Er zog über Mailand, den Monte Cenery und den St. Bernhard nach Chur. Schon am 18. Januar war der Kaiser im Kloster St. Gallen zu Gast, wo er dem Kloster volle Immunität und die freie Abtwahl verlieh. Dies war sein erster Regierungsakt wieder auf deutschem Boden.

In Heimsheim an der schwäbisch-fränkischen Grenze konnte der Kaiser seine beiden Söhne in die Arme schließen, Erzbischof Wilhelm von Mainz und den jungen König Otto.

In Worms traf er den getreuen Bruder, Erzbischof Brun von Köln. Dann feierte er im Kreise seiner Getreuen am 26. März das Osterfest in der Pfalz Ingelheim.

Der Kaiser genoß die Wiederkehr in sein Reich.

Von Ingelheim aus besuchte er das nahegelegene Frankfurt und Wiesbaden und zog durch den Vorfrühling ins Elsaß nach Erstein in der Umgebung von Straßburg. Dann kehrte er Ende Mai nach Ingelheim zurück und fuhr von dort mit dem Schiff den Rhein hinunter nach Köln.

3. GLÜCKLICHE TAGE IM REICH

Aufenthalt in Köln

Überblickt man das Leben des Kaisers Otto, das wir von seiner Krönung in Aachen im Sommer 936 bis hin zu jenem Maientag begleitet haben, da der Kaiser mit dem Schiff rheinabwärts fuhr zu der alten imperialen Stadt Köln, so kann man feststellen, daß dem Kaiser in dieser Zeit alles Unglück widerfahren war, das einem Herrscher begegnen kann.

Er war vielfach verraten worden; der eigene Bruder, ja vielleicht der eigene Sohn hatten ihm nach dem Leben getrachtet. Der Schwiegersohn, Herzog Konrad der Rote, und viele seiner Großen wollten ihn vom Throne stoßen, um das Reich in seiner inneren Verfassung wieder in die Zeit seines Vaters, König Heinrichs I., zurückzuführen.

Er und seine Idee vom Reich und vom Königtum hatten vor Abgründen gestanden, alleine, verlassen, bis auf Gott, dem er immer vertraut hatte.

So war in ihm Dankbarkeit gewachsen, Dankbarkeit wie ein Fels, fest und sicher.

Er hatte Triumphe erlebt.

Das Wunder von Birten, wo Gott sichtbarlich die Wenigen, die in seinem Namen kämpften, siegen ließ über die große Schar der Feinde.

Aus der verzweifelten Situation vor Mainz und Breisach hatte ihm Gott den Sieg, das Wunder von Andernach geschenkt. Verrat, Niederlagen, Triumphe.

Der Sieg auf dem Lechfeld gegen die Reichsfeinde, die Ungarn, das war der Tag seines Lebens, der ihn zum ersten Fürsten des Abendlandes machte und der den Anspruch auf die Kaiserkrone in sich barg.

Die Kaiserkrönung in Rom, eine Krönung unter dem
Schwert, fast ein Symbol seines Lebens.

War diese Kaiserkrone ein Triumph? Nein, sie war sein
Schicksal; notwendigerweise, unausweichlich, das Ergebnis
von Idee, Kampf und Sieg.

Er hatte über einen Papst Gericht halten müssen. Über einen
unwürdigen, verbrecherischen Papst. Er hatte in seiner Seele
den Kampf des Christen mit dem Kaiser austragen müssen.
Des Christen, der da glaubte, daß nur Gott einen Papst
richten kann, mit dem Kaiser, der das beleidigte Recht auf
Erden wiederherstellen mußte. Der Kaiser hatte gesiegt.

Hatte der Kaiser die Liebe erfahren?

Fürsten lebten nicht für die Liebe. Da war in seiner Jugend
die große Gefühlsaufwallung zu einer schönen Slawin gewesen, der Mutter seines Sohnes, des Erzbischofs Wilhelm.
War das Liebe gewesen oder eine emotionale Flutwelle, die
über ihn dahingebraust war?

Er mag an die stille englische Prinzessin Edgith gedacht
haben, die er geheiratet und zu seiner Königin gemacht
hatte. Sie war die Urenkelin eines Heiligen gewesen, und
etwas von einer heiligen Sanftheit hatte in ihr gelebt.

Sie hatte ihm die Töchter Liudgard und Mathilde geschenkt
und den Sohn Liudolf, den Liebling des Volkes, dessen
Schicksal es war, gegen den Vater zu kämpfen, um dann
doch – wieder mit ihm versöhnt – im Dienste des Reiches in
Italien zu sterben.

Auch die Trauer hatte er erfahren, die Trauer um diesen
Sohn, der ihm so lange widerstanden hatte. Trauer um seine
Tochter Liudgard, die früh verstorben mit ihrem Bruder
Liudolf in St. Alban ihr Grab gefunden hatte. Trauer um
seine stille, fromme Frau Edgith. Es galt seine Verfügung,
daß er selbst einmal neben ihr, im Magdeburger Dom bestattet werden sollte.

Warum neben Egdith und nicht neben seiner Kaiserin, seiner
Genossin auf dem Thron, der strahlenden Adelheid von
Burgund? Wir wissen es nicht, wir werden es nie erfahren.
Hier fließen die Quellen zu dünn, zu spärlich. Wir können
nur die wenigen Tatsachen deuten. Im Tode entschied sich
der Kaiser für Edgith, nicht für Adelheid.

Glück, war dem Kaiser im Laufe seines Lebens Glück widerfahren?

Wir müssen die uralte Frage stellen: Was ist Glück?

Vielleicht, wie die Griechen sagten, die Übereinstimmung des eigenen Ichs mit der Welt. Der Christ würde sagen: Glück, das ist die Hingabe der Seele an Gott. Oder vielleicht noch einfacher: Glück ist die Geborgenheit des Menschen.

Während der Kaiser mit seinen Schiffen durch die Frühlingszeit der Rheinlandschaften dahinglitt, dem heiligen Köln entgegen, der Metropolitanstadt seines geliebten Bruders Brun, dort, wo nach all den schweren Jahren seine Mutter und seine Familie auf ihn warteten, muß er das Glück der Geborgenheit empfunden haben.

Die Stadt Köln selber war durch das Wirken des königlichen Bruders zur heiligen Stadt geworden, da Erzbischof Brun Heiligenreliquien aus aller Herren Länder nach Köln gebracht hatte. Es war der Glauben des Mittelalters, daß die Ansammlung von Reliquien dem Orte selber den Glanz der Heiligkeit verleihe. Ruotger, der Brun-Biograph, schreibt:

»Sie (die Reliquien) sind Wahrzeichen seines unbesiegbaren Glaubens, in dem er nicht das Seine suchte, sondern das, was Jesu Christi ist. Alle wissen es noch, mit welcher Freude und Begeisterung er den Stab und die Kette des heiligen Petrus nach Köln gebracht hatte, den Stab aus Metz, die Kette aus Rom. Zu seinen Ehren erweiterte er sein hochgerühmtes Haus (den Hildebold-Dom), das er aus einem schönen Gotteshaus in ein wahres Prachtwerk verwandelte. Die weltberühmten Märtyrer Patroklus, Elifius, Privatus und Gregorius, deren Taten gewaltig sind, deren Verdienste ruhmvoll und die als Schutzherrn zuverlässig sind, sowie die kostbaren Reliquien des Christopherus und des heiligen Pantaleon, deren Fürsprache er sich ganz besonders empfahl, brachte er als liebliche Perlen und süße Unterpfänder mit bewundernswertem Eifer von den verschiedensten Orten her an seinen Bischofssitz.«[22]

In dieser Stadt der Heiligen empfing der Erzbischof seinen kaiserlichen Bruder.

Sie feierten gemeinsam das Pfingstfest am 14. Mai 965 in Köln.

Es muß ein glanzvoller Tag gewesen sein. Ruotger schreibt: »daß die ganze gottgeliebte Familie und alle Großen des Reiches zugegen waren«. Dann sagt er: »Denn es steht fest, daß noch nie ein Ort jemals in einem so festlichen Glanz einer so zahlreichen Menge von Menschen verschiedensten Standes, Alters und Ranges erstrahlte.«

Das Geschlecht der Königinmutter Mathilde hatte sich versammelt. An der Spitze ihr kaiserlicher Sohn. Konnte er in dieser Stunde vergessen, daß sie, die Mutter, es gewesen war, die den Anspruch seines Bruders Heinrich auf den Thron, entgegen der Designation seines Vaters, unterstützt hatte?

Heinrich, der Bruder, der damals an Schönheit und Gestalt dem Vater so sehr glich und der sein verbindliches, liebenswürdiges Wesen, dem Vater gleich, in Politik umzusetzen wußte. Damals war Heinrich der Strahlende gewesen und weit entfernt von der brutalen Härte seiner letzten Jahre.

Heilt eine solche Wunde, eine solche Zurückweisung durch die Mutter im Herzen eines Sohnes jemals?

Doch heute war der Tag der Freude, des Jubels.

Das Haus Sachsen zeigte, durch wie viele Kronen es die Welt regierte. Da war der Kaiser selbst, dessen Krone den Reichtum Italiens und den Glanz Roms in sich barg. Seine Frau, die Kaiserin Adelheid, von der Gerbert von Aurilac, der spätere Papst Silvester (999–1003) später sagte: »Es ist offenkundig, daß ihr die ruhmvollste Frau, die Mutter der Königreiche seid.«

Daneben, mit der Krone von Frankreich, des Kaisers Schwester Gerberga, die Witwe König Ludwigs IV., mit ihrem Sohn, König Lothar.

Dann war da die andere Schwester des Kaisers, Hadwig, die Frau des mächtigen Herzogs Hugo von Francien, die Mutter des großen Hugo Capet und Stammutter des capetingischen Königsgeschlechts, das sieben Jahrhunderte dem Throne Frankreichs die Könige stellte. Da standen mit der Krone von Burgund des Kaisers Nichte Mathilde, die Tochter der Gerberga mit ihrem Manne, König Konrad. Dazu die schöne Judith, die Witwe des verstorbenen Bruders Heinrich, als Herzogin und Regentin von Baiern für den noch unmündigen Sohn, den späteren Heinrich den Zänker, mit dem Herzogsreif von Baiern im Haar.

Und im vollen Ornat ihrer bischöflichen Pracht die beiden Kirchenfürsten des sächsischen Hauses, der Bruder des Kaisers, Erzbischof Brun von Köln, und der Sohn des Kaisers, Erzbischof Wilhelm von Mainz. Und zwischen beiden, weil von beiden betreut, die Hoffnung aller, der neunjährige und schon gekrönte König Otto II.

Dieser Hoftag war ein Gipfel des sächsischen Hauses. Ein Gipfel im Leben all dieser großen Damen und Herren, denn einer aus ihrem Hause war aufgestiegen zum Kaiser, zum Herrn und Verteidiger des Abendlandes und der Christenheit.

Über die politischen Beschlüsse des Hoftages zu Köln berichten die Quellen wenig. Wohl ist anzunehmen, daß die ein Jahr später erfolgte Ehe zwischen Emma, der Tochter der Kaiserin Adelheid aus ihrer ersten Ehe mit König Lothar von Italien, mit König Lothar von Frankreich dort im Familienkreis festgelegt wurde.

Damit blieb nicht nur die Macht in der Sippe, sondern auch der deutsche Einfluß auf das westliche Nachbarland erhalten.

Der Kaiser und seine Familie trennten sich wieder. Von nun an riß der Tod laufend Mitglieder aus diesem Kreise. Der Kaiser zog nach Osten in seine engere Heimat, wo man bereits auf ihn wartete. Der Erzbischof Brun, der getreue Vermittler zwischen dem westfränkischen Königshaus und der Familie Hugos des Großen, zog nach Compiegne, wo er mit den zerstrittenen Neffen verhandelte. Da erfaßte ihn eine Krankheit, die ihn in Reims aufs Krankenbett zwang. Folgen wir seinem Biographen, so war es im Grunde keine Krankheit, sondern eine große Ermattung und Erschöpfung durch die Bürde seiner Pflichten.

Aufgespalten zwischen geistlichem Bischofsamt und weltlicher Herzogsmacht hatte der zarte und geduldige Mann seine Kräfte verzehrt.

Die Einbindung Lotharingiens ins Reich, die Beruhigung der immer bewegten Westgrenze, ein nach Innen und Außen praktizierter Friedenswille, das war seine politische Leistung. Darüber hinaus war er für Köln ein Erzbischof, der durch seine Kirchenbauten in Köln noch immer gegenwärtig ist.

Seine Kirchen- und Klosterschöpfung St. Pantaleon, in der sein Leib die letzte Herberge fand, zeugt noch heute mit seinem mächtigen ottonischen Westwerk vom imperialen Baustil der Zeit.

Der Mensch von heute findet schwer Zugang zu vielen panegyrischen Nachrufen mittelalterlicher Schreiber, zu übertrieben dünkt uns die Lobrede, das Fürstenlob. Nicht so bei Bruns Epitaph:

»Herzen, entsendet Gebete, erhebet klagend die Stimme,
Seht, der Vater des Landes, liegt unter kaltem Gestein!
Er, eines Königs Sohn, landauf und landab unvergessen.
Bruno, der Friedensfreund, edel war er und fromm.
Erzbischof war er und saß auf Kölns erhabenem Throne.
Alle Guten im Land sahen in ihm einen Freund.«[23]

Reliquiensegen über Sachsen

Von Köln aus zog also der Kaiser in seine eigene, engere Heimat, nach Sachsen. Ihm vorausgezogen war der Erzbischof Adaldag von Hamburg/Bremen, der den Kaiser auf seinem ganzen Romzug begleitet, Konzilien und Papstabsetzung mitgetragen hatte und dem der abgesetzte Papst Benedict in Obhut gegeben worden war. Erzbischof Adaldag hatte sich in Italien reichlich mit Reliquien versorgt, so daß er viele Pfarrkirchen seiner Erzdiözese damit begaben konnte.

Ebenso hatte der Kaiser gehandelt. Hierüber berichtet Thietmar von Merseburg:

»Viele Leiber von Heiligen ließ der Kaiser durch seinen Kaplan Dodo (Koseform von Liudolf, Kanzler von 953–967, dann Bischof von Osnabrück) aus Italien nach Magdeburg bringen... Aber auch kostbaren Marmor, Gold und Edelsteine ließ der Cäsar nach Magdeburg schaffen. In alle Säulenkapitelle befahl er sorgsam Heiligenreliquien einzuschließen.«[24]

MAGNI ET PACIFICI

PERENNITER AUGUSTORU

peti archicapellani recognoui.

incarnationis DCCCC LXXII · Inditione · XV

· pn uero · v. actum rome ad scos aptos

Die Heiratsurkunde der Kaiserin Theophanu
Ausschnitt aus dem unteren Teil der Urkunde mit Löwen-Medaillon und Kaiser-Monogrammen.
(Staatsarchiv Wolfenbüttel)

Kaiserin Theophanu, Gemahlin Ottos II. (geb. um 950–991), Detail aus dem Einbanddeckel des Echternacher Evangeliars Ottos III., (983–1002) *(Gezeichnet von Florian Wies)*

Die Nationen des Reiches huldigen dem Kaiser (Otto III.)
Buchminiatur aus dem Evangeliar des Bamberger Domschatzes um 1000.
(Archiv für Kunst und Geschichte, Berlin)

redemib: fcis
pficiam & fa
is Compl. lun. P
effectu. cui
gnuf accepun? P
i Heirici of
is omps ds. &
iam fperande
intercedente
nfeffore tuo

Heinrich der Zänker, Herzog von Baiern, (955–976, 985–995), Vater Kaiser Heinrichs II.
Die prachtvolle Buchmalerei des rebellischen Heinrich befindet sich im Regelbuch von Nieder-
münster in Regensburg. Der Anspruch auf die Krone und seine königliche Abkunft wird sichtbar
durch den runden Nimbus, dessen Verwendung für die Darstellung eines Lebenden, um den es sich
hier handelt, äußerst selten ist und fast ausschließlich Herrschern vorbehalten blieb. Heinrich II.
überführte später die kostbare Handschrift nach Bamberg. *(Staatsbibliothek Bamberg)*

Der Kaiser beschenkte die Kirchen von Hildesheim, Magdeburg, Halberstadt, Quedlinburg und das St. Michaelskloster in Lüneburg mit italischen Reliquien. Auch das waren für die Menschen der Zeit Romfahrt und Kaisertum ...

Die Reliquien waren nicht einfache dingliche Gegenstände der Verehrung.

Nein, sie waren Teilhabe am Heiligtum, Wege und Brücken, die zur Gnade Gottes, zu seinem Erbarmen führten. Italien war reich an Reliquien. Die Cäsaren hatten in der Zeit der Christenverfolgung ganze Arbeit geleistet. Tausende und Abertausende Christen waren hingeschlachtet worden. Der wirkliche Kronschatz der Kirche war das heilige Blut der Märtyrer. An diesem Schatz teilzuhaben, die Reliquie eines Märtyrers zu besitzen, jener Menschen, die furchtlos und lächelnd ihr Leben im Glauben an den dreieinigen Gott hingegeben hatten, deren Glaubensgewißheit so groß war, daß sie, wie Christus, den Tod überwanden, mußte das Ziel jeder einzelnen Kirche sein.

Der Kaiser, der im fernen Italien die Kaiserkrone errungen hatte, brachte diese kostbaren, nie versiegenden, gnadespendenden Schätze in seine Heimat und schenkte den Menschen Teilhabe an einer Ewigkeit in Christus.

Die Lage im Osten und Nordosten

Wie sehr der Kaiser an Ansehen gewonnen hatte, erweist die Tatsache, daß während seines zweiten Italienzuges das Reich, bis auf die territorial begrenzten Aufstände des Wichmann, in Ruhe und Ordnung blieb.

In Sachsen herrschte der getreue Herzog Hermann, und die Ostmarken wurden durch die Kraft des Markgrafen Gero zusammengehalten.

Auch die Dänengrenze gewann an Festigkeit, und der dänische König Harald Blauzahn nahm den christlichen Glauben an. Ein Priester mit Namen Poppo muß sich, nach Widukind, darum besonders verdient gemacht haben:

»Die Dänen waren von altersher Christen, dienten aber nichtsdestoweniger den Götzen nach heidnischer Weise. Es

ereignete sich aber, daß bei einem Gastmahl ein Streit über
die Verehrung der Götter entstand in Gegenwart des Königs.
Die Dänen behaupteten, Christus sei zwar ein Gott, aber es
werde noch andere Götter geben, deren Macht noch größer
sei, da sie den Menschen noch größere Zeichen und Wunder
durch sich kundtäten. Dagegen erklärte ein Geistlicher, der
jetzt als Bischof ein gottgeweihtes Leben führt, namens
Poppo, es gäbe nur einen einzigen wahren Gott, den Vater
mit dem eingeborenen Sohn Jesus Christus und dem Heiligen Geiste, die Götzen aber seien Dämonen und nicht Götter. König Harald aber, der eifrig zum Hören, bedächtig zum
Sprechen geschildert wird, fragte ihn, ob er diesen Glauben
durch sich selbst bezeugen wolle. Ohne Zögern erklärte er
sich bereit. Der König aber gebot, den Geistlichen bis zum
anderen Tag zu bewachen. Als es Morgen geworden war,
ließ er eine Eisenmasse von großer Schwere mit Feuer erhit-
zen und befahl dem Geistlichen, für den katholischen Glauben das glühende Eisen zu tragen. Der Bekenner Christi
ergriff das glühende Eisen und trug es so lange, als es der
König selbst befahl, zeigte allen die unverletzte Hand und
erwies so vor der ganzen Versammlung die Wahrheit des
katholischen Glaubens. Nach dieser Probe bekehrte sich der
König, beschloß, Christus allein als Gott zu verehren und
befahl seinen heidnischen Untertanen, die Götzen zu ver-
werfen.«[25]
Der standhafte Priester Poppo wurde mit einem der däni-
schen Bistümer, wahrscheinlich mit Schleswig, belohnt.
Auch in Polen hatte sich die Lage zugunsten des Reiches
entwickelt.
Der Polenherzog Mieszko (†992), von Widukind als »rex«
und bei Thietmar als »Getreuer des Kaisers« benannt, heiratete 965/66 die Tochter des Böhmenherzogs Boleslaw I.
(935–967) Dubrawa und nahm ein Jahr später, unter dem
Einfluß seiner katholischen Frau, das Christentum an. Er trat
damit ein in die christliche »Familie der Könige«.
Um den Kaiser wurde es einsamer. Dem Tod des Bruders
Brun am 11. Oktober 965 war der Tod des Freundes und
Kampfgefährten, des Markgrafen Gero, am 20. Mai 965 vorausgegangen. Sein gewaltiges Erbe mußte nun im Sinne der

Reichsinteressen neu geordnet werden. Das riesige »Markherzogtum« Geros wurde in sechs Markgrafschaften aufgespalten. Der durch viele negative Erfahrungen vorsichtig gewordene Kaiser wollte soviel Macht, die er dem Freunde Gero bedenkenlos anvertraut hatte, nicht mehr in einer Hand wissen.

In dem Gefühl, die Ostgrenzen seien gesichert, konnte der Kaiser jetzt im Dezember 965 nach Köln ziehen, um am Grabe des zu früh verstorbenen Bruders Brun zu trauern und zu beten.

Den Erzbischofsstuhl von Köln besetzte er neu mit Folkmar, dem vertrauten Kapellan des verstorbenen Bruders. Mit dem Herzogsamt von Lotharingien seines Vorgängers Brun wurde Folkmar nicht belehnt. Das Amt des Erzkapellans wurde dem Sohne des Kaisers Erzbischof Wilhelm von Mainz übertragen. Bis zum Ende des alten Reiches blieb dieses Amt dann mit dem Erzstuhl von Mainz verbunden.

Auch in Lotharingien beließ – beziehungsweise stellte – Otto eine Gewaltenteilung her. Einen lotharingischen Oberherzog wie Brun hat es nach ihm nicht mehr gegeben.

Es blieb ein Herzogtum Oberlotharingien unter der Herrschaft des Herzogs Friedrich (949–984) aus dem Geschlecht der mächtigen Grafen von Bar.

In Niederlotharingien gab es eine solch eindeutige Herzogsgewalt nach dem Tode des Herzogs Gottfried, der im Jahre 964 dem Kaiser ein lotharingisches Ersatzheer nach Rom zugeführt hatte und dann vor den Mauern der ewigen Stadt von der Pest dahingerafft worden war, nicht mehr.

Als Nachfolger in den Funktionen wäre Graf Richar anzusehen, der mit Hennegau und Brabant die Grenze gegen Flandern absicherte.

Der Kaiser feierte Weihnachten in Köln. Das Jahr eröffnete und erlebte er in der Gesellschaft seiner Frau, der Kaiserin Adelheid, und seiner Söhne Erzbischof Wilhelm und König Otto II.

Am 17. Januar sehen wir ihn in Aachen, »dem vorzüglichsten Königssitz diesseits der Alpen«. Hier bestätigte er der dortigen Marienkapelle, der Krönungskirche, daß weder er noch seine Nachfolger die Marienkapelle und ihr Eigentum einem Bischof noch einem Laien zu eigen geben würden.

Im März kehrte der Kaiser nach Sachsen zurück, wo seine Tochter Mathilde, die einzige Tochter, die ihm seine Frau Adelheid geschenkt hatte, im Alter von zwölf Jahren zur Äbtissin des Quedlinburger Nonnenklosters erwählt wurde. Es ist die gleiche Mathilde, der Widukind von Corvey seine Sachsengeschichte zueignete.

Dann besuchte Otto die jüngste Klosterstiftung seiner Mutter Mathilde, Nordhausen, wo er eine ganze Woche mit der Mutter verbrachte.

Der Abschied zwischen Mutter und Sohn wird uns als schmerzlich und tränenreich geschildert. Wohl aus dem beiderseitigen Wissen heraus, daß sie sich zum letztenmal gegenüber standen. Als der Kaiser nach gemeinsamer Messe, von der Mutter ans Kirchenportal geleitet, davonritt, soll die alte Königin in die Kirche zurückgeeilt sein und die Stelle geküßt haben, wo der Sohn eben noch gestanden hatte. Einige Herren des kaiserlichen Gefolges, die den Vorgang beobachtet hatten, meldeten dies dem Kaiser. Sofort sprang dieser vom Pferde und eilte in die Kirche zu der weinenden und betenden Mutter zurück, und kniete vor ihr nieder mit den Worten: »Oh verehrte Herrin, mit welchem Dienste vermögen wir euch diese Tränen zu vergüten?«[26]

In Worms hielt der Kaiser am 15. August einen Reichstag ab. Als Reichsverweser und Vormund für den jungen König Otto II. wurde wieder des Kaisers Sohn, Erzbischof Wilhelm von Mainz, bestellt. Von Worms zog der Kaiser rheinaufwärts über Speyer, Straßburg und Chur über die Alpen. Er wählte den Septimerpaß.

Die Anwesenheit des Kaisers in Rom war zwingend geworden. Sechs Jahre sollten vergehen, bis der Kaiser wieder deutschen Boden betrat.

4. ITALIEN UND BYZANZ

Der dritte Italienzug

Der dritte Italienzug des Kaisers hatte drei Gründe. Erstens galt es, aufständische Lombarden zu strafen, zweitens mußte Otto wiederum den Papst zu Hilfe eilen, und drittens gedachte er, seine Herrschaft über Süditalien auszuweiten. Damit aber berührte er den Herrschaftsbereich des uralten, noch immer mächtigen Byzanz, das auf seine Machtpositionen in Süditalien nie verzichtet hatte.

Ohnehin gab es eine tiefgreifende Verstimmung zwischen dem byzantinischen und dem germanisch-deutschen Kaisertum, seit Otto der Große ab dem Jahre 962 mit dem Titel »Imperator Augustus« urkundete.

Über die Verhältnisse in der Lombardei unterrichtet uns der Continuator Reginonis unter dem Jahr 965:

»In demselben Jahr fallen einige von den Langobarden in gewohnter Weise vom Kaiser ab und führen Adalbert nach Italien zurück. Da sandte der Kaiser den Burchard, Herzog der Alamannen, nach Italien. Der fuhr, um mit ihm zu kämpfen, wo man ihn auch finden möchte, mit den dem Kaiser treuen Langobarden und Alamannen zu Schiff den Po hinab und landete in der Gegend, wo sich, wie er gehört, jener aufhalten sollte. Sofort bei der Landung griff Adalbert sie an, dabei fiel sein Bruder Wido mit vielen anderen. Adalbert aber entkam mit knapper Not durch die Flucht und ging in eine Gebirgsgegend, wo er sich vor dem Kaiser verbergen wollte. Der Herzog aber, froh über diesen Sieg, kehrte in seine Heimat zurück und berichtete dem Kaiser, was ihm begegnet war.«[27]

Ebenfalls noch im Jahre 965 starb Papst Leo VIII., jener Papst, den der Kaiser mit so vielen Mühen und Kämpfen dem rebellischen Rom aufgezwungen hatte.

Diesmal entsprachen die Römer ihren Schwüren. Sie sand-
ten den von Papst Johannes XII. verstümmelten Geheimschreiber Azo und den Bischof Marinus von Sutri nach
Sachsen mit der Bitte an den Kaiser, einen neuen Papst zu
benennen.

Der gab ihnen als kaiserliche Gesandte die Bischöfe Otger
von Speyer und Liutprand von Cremona, zwei Männer, die
während des zweiten Italienzuges fest an der Seite des
Kaisers gestanden hatten und mit dem kaiserlichen Willen
ebenso vertraut waren wie mit den Verhältnissen in Rom.

Unter deren Leitung wählten dann die Römer den kaiserlich
gesinnten Crescentier Johannes XIII. (965–972), bislang Bischof von Narni, zum neuen Papst.

Doch dieser neue Papst schien, nach Adalbert von Weißenburg, keine glückliche Hand zu haben:

»Sogleich verfolgt dieser (der neue Papst) die Vornehmen
unter den Römern rücksichtsloser als nötig war, so daß er in
kurzem erfahren muß, daß sie ihm sehr feindlich abgeneigt
sind, denn er wird vom Stadtpräfekten (Petrus) und einem
gewissen Rodfred ergriffen, aus der Stadt vertrieben und in
Campanien ins Gefängnis geworfen.«[28]

Die lombardischen Verhältnisse waren schnell geregelt.
Adalbert stellte sich dem König nicht zum Kampf. Er hatte
zunächst das Feld geräumt, wenngleich er nicht auf seinen
Königsanspruch verzichtet hatte.

Der abtrünnige Bischof Sigolf von Piacenza, dessen Abfall
um so schwerer wog, da er einstmals Zeuge der Lehenshul-
digung der Könige Berengar und Adalbert vor Otto in
Augsburg gewesen war und daher wissen mußte, daß der
deutsche König und Kaiser italischer Oberherr war, wurde
mit einigen aufständischen Grafen in die Verbannung nach
Sachsen und Franken geschickt. Damit war die Lombardei
wieder fest in kaiserlicher Hand.

In Rom genügte der Schatten des Kaisers.

Noch vor seiner Ankunft setzte sich in einem Aufstand eine
kaisertreue römische Partei durch und rief, vor der Strafe
des Kaisers zitternd, den Papst Johannes XIII. zurück. Der
eilte von Capua, bei dessen Fürsten Pandulf er Aufnahme
gefunden hatte, nach Rom. Um den 12. November 966

konnte der Papst seinen Sitz auf dem Lateran wieder einnehmen.

Wenn die Römer gedacht hatten, durch die Rückholung des Papstes der Strafe des Kaisers zu entgehen, so hatten sie sich getäuscht.

Der Kaiser erschien zu Weihnachten 966 in der Stadt. Die Decaronen, die zwölf militärischen Hauptleute der zwölf römischen Militärregionen und ein dreizehnter für Trastevere, wurden aufgehängt. Der erwähnte Rodfred wurde beim Aufstand, der zur Rückkehr des Papstes führte, erschlagen. Der Stadtpräfekt Petrus wurde auf der Flucht ergriffen und einem besonders schimpflichen Schicksal zugeführt.

Der Kaiser lieferte nämlich den Petrus dem Papst aus, der dann dem schaulustigen römischen Publikum ein makabres Theater der Erniedrigung zelebrierte. Man schor dem ehemaligen Stadtpräfekten zunächst den Bart, dann hing man ihn am Haupthaar am Schweif des Pferdes von Marc Aurels Denkmal auf. Man glaubte damals, es handle sich um die Reiterstatue von Konstantin dem Großen. Dann wurde der unglückselige Mann nackt, verkehrt herum, das heißt mit dem Gesicht zum Hinterteil des Tieres, auf einen Esel gesetzt, es wurde ihm die Narrenschelle umgehängt, und er wurde mit Hohn, Spott und Geißelhieben durch die Straßen von Rom getrieben. Nach dieser Schmähung wurde er wieder dem Kaiser übergeben, der ihn nach Germanien verbannte.

Die Gräber der anderen Empörer, Rodfred und Stephan, ließ der Kaiser öffnen und ihre Gebeine zerstreuen.

Die Hand des Kaisers lag schwer auf der Stadt.

Der Mönch Benedict von St. Andrea auf dem nahen Berg Soracte faßte die Empfindungen der Zeitgenossen in folgenden Aufschrei:

»Wehe dir Rom, daß du durch so viele Völker unterdrückt und niedergetreten bist! Auch von dem Sachsenkönige bist du genommen worden, deine Völker kosteten das Schwert, und deine Stärke ist zu nichts geworden. Dein Gold und Silber schleppen sie in ihren Säcken davon. Die Mutter warst du, jetzt bist du zur Tochter geworden, was du gehabt hast,

hast du verloren. Deiner ersten Kraft bist du beraubt, zur Zeit des Papstes Leo bist du vom ersten Julius zertreten worden. Hoch hast du einst über den Völkern triumphiert und die Welt niedergeworfen, die Könige der Fremden erwürgt. Du hast das Zepter und die größte Macht gehabt, von dem Sachsenkönige bist du geplündert und arg gebrandschatzt worden.

So wie es von einigen Weisen gesagt worden ist und in deinen Geschichtsbüchern steht: Ehedem hast du die fremden Völker bekämpft und an allen Enden von Norden bis Mittag die Welt besiegt. Jetzt bist du vom Volk der Deutschen in Besitz genommen, du warst allzuschön. Alle deine Mauern mit Türmen und Zinnen waren, wie es noch erfunden wird: du hattest 381 Türme, 46 Schlösser, 6800 Zinnen und 15 Tore. Wehe dir, leonische Stadt, schon längst wärst du genommen worden, jetzt aber bist du vom Sachsenkönige in Verlassenheit gestürzt.«[29]

Nach diesem drakonischen Strafgericht über Rom und die Römer hielten Kaiser und Papst in den ersten Januartagen des Jahres 967 eine Synode ab. Um große Dinge wurde nicht verhandelt, vielmehr vermittelt sich der Eindruck, daß anstehende Tagesfragen das Thema der Verhandlung waren. Unter den Versammelten erschien auch der Langobardenherzog Pandulf Eisenhaupt, der nun in den Urkunden als Markgraf von Spoleto und Camerino erscheint. Dieser Zuwachs an Macht und Territorien war der Dank an Pandulf von Capua für die Unterstützung des Papstes und seine Treue zur deutschen Partei.

Im Februar zog der Kaiser nach Süden. Die Huldigung Pandulfs ebnete ihm den Weg. Pandulfs Bruder, Herzog Landulf von Benevent, erkannte ihn als Oberherrn an. Ob auch Gisulf von Salerno Huldigung erbrachte, ist nicht gesichert, doch wird es bei Holtzmann wie bei Hlawitschka angedeutet.[30]

Kaiser Otto folgte auch hier den Maximen Karls des Großen, daß man des Papstes und des Kirchenstaates nur sicher sein konnte, wenn man die Vormachtstellung auch in Süditalien innehatte. Allerdings war damit die Auseinandersetzung mit Byzanz vorgegeben.

Erfüllung in Ravenna

Nachdem der Kaiser sich der südlichen langobardischen Herzogtümer Capua und Benevent versichert hatte, zog er über Rom nach Ravenna, der alten Kaiserstadt der weströmischen Kaiser und der oströmischen Exarchen. Hier feierte er mit dem Papst am 31. März 967 das Osterfest und berief einen Reichstag und zugleich eine Synode ein. Es war eine glanzvolle Veranstaltung. Über fünfzehn italische Bischöfe waren erschienen, darunter drei Erzbischöfe, Petrus von Ravenna, Walbert von Mailand und Radoald von Aquileja. Von deutschen Bischöfen standen dem Kaiser zur Seite Bischof Lantwart von Minden und der in italischen Angelegenheiten oftmals erprobte Bischof Otger von Speyer. Auch der seit der Synode von Rom im Jahre 963 dem Kaiser als Dolmetscher und Sprachrohr dienende Bischof Liutprand von Cremona stand ihm zur Verfügung.

Von den weltlichen Herren treffen wir an des Kaisers Schwager, König Konrad von Burgund, den Herzog Burchard von Schwaben und den Pfalzgrafen Otbert.

Ein Widerschein dieses Ereignisses fällt auf uns in einem Brief des Papstes Johannes XIII. an die Christenheit über die Synode von Ravenna, in dem er feststellt (zitiert nach Köpke / Dümmler): »Rom, das Haupt des Erdkreises und Sitz der allgemeinen Kirche – durch Missetäter fast zugrunde gerichtet, sei von dem Herrn Otto, dem großen, von Gott gekrönten und dreimal gesegneten Cäsar, errettet und mit aller Ehrerbietung in seine frühere Würde wiedereingesetzt worden, und nach Konstantin habe als dritter sein Sohn, der Kaiser Otto, die römische Kirche am meisten erhöht.«[31]

(Der zweite, nicht genannte Kaiser ist Karl der Große.)

Die Haltung des Papstes ist verständlich, denn Kaiser Otto hatte ja nicht nur sein Papsttum bewirkt und gestützt. Er hatte auch Kirche und Papsttum aus einem vollkommen verluderten, innerlich unglaubwürdigen Zustand befreit.

Ein Zustand, der jedem aufrechten, um das Wohl der Kirche besorgten Christen verhaßt sein mußte.

So ist Ottos zweiter und dritter Italienzug nicht nur unter dem Vorzeichen deutscher imperialer Vormachtstellung zu sehen, sondern auch als ein Versuch, die Kirche zu heilen und zu reinigen.

Dann gab der Kaiser dem Papst Teile des Kirchenstaates, nämlich Ravenna, Ferarra und Commaccia, wieder zurück. Der Papst übertrug seine Rechte auf diese Gebiete an die Kaiserin Adelheid, so daß wir davon ausgehen dürfen, daß kaiserliche Beamte weiterhin in Ravenna regiert haben.

Neben der Klärung von Rechts- und Eigentumsfragen, die ja stets nach solchen Umbruchszeiten anstehen, befaßte sich die Synode mit dem Problem der verheirateten Geistlichen. Schon der Bischof Atto von Vercelli hatte vergeblich versucht, die Ehelosigkeit seiner Priester zu erstreiten.

Namentlich der niedrige Klerus hatte sich ihm immer wieder mit dem Argument widersetzt, die Priester benötigten zu ihrem Lebensunterhalt des weiblichen Beistands. Sicherlich ein gewichtiges Argument, wenn man sich in das Leben eines einfachen Landgeistlichen hineinzudenken versucht. Mit Geld- und Naturalabgaben allein konnte sich so ein Landpfarrer sicher nicht durchbringen. Es bedurfte wohl eines Pfarrhofs, der aus einer durch den Geistlichen selbstbetriebenen Landwirtschaft und Viehhaltung einiges zusteuern konnte, um den Pfarrherrn zu ernähren. Da war eine Ehefrau eine willkommene Gehilfin.

Wir erfahren von einem Grafen Nanno von Verona, der sich entschieden auf die Seite seiner Geistlichkeit und deren Lebensbedürfnisse stellte. Ja, der Graf gebot sogar seinem Klerus, auf der Bischofssynode nicht zu erscheinen, obwohl sich der Bischof auf den Willen des Kaisers berufen konnte.

In den meisten Kirchenprovinzen fanden die ravennatischen Synodalbeschlüsse zur Ehelosigkeit der Priester keinerlei Beachtung.

Für den Kaiser war die Synode von Ravenna noch aus einem anderen Grund von besonderer Bedeutung.

Achtzehn Jahre waren vergangen, seitdem er vor der Schlacht auf dem Lechfelde geschworen hatte, im Falle des Sieges dem heiligen Laurentius zu Ehren ein Bistum zu Merseburg zu stiften.

Der Merseburger Plan war dann auf Magdeburg verlagert worden, aber immer waren der Bistumsgründung neue

Schwierigkeiten erwachsen. Zwar hatte der Papst Johannes XII. auf der römischen Synode des Jahres 962 dem Kaiser die Genehmigung zur Errichtung des Erzbistums Magdeburg erteilt, jedoch mochte Otto diese seine Gründung nicht auf Beschluß eines von ihm abgesetzten und zum Häretiker *Ketzer* erklärten Papstes durchsetzen.

Noch einmal trug jetzt der Kaiser dem Papst und der heiligen Synode sein Gelübde vor, aber auch die Notwendigkeit, in Magdeburg ein Erzbistum zu errichten, als geistiges Haupt der Slawenmission. Man muß dabei bedenken, daß die Mission zum Gottesauftrag eines christlichen Königs und Kaisers gehörte.

So bekräftigte die Synode durch die Unterschriften aller Teilnehmer die Bulle des Papstes Johannes XIII. zur Gründung des Erzbistums Magdeburg.

Zugleich wurden die Suffraganbistümer der neuen Erzdiözese bestimmt. Es waren dies die schon bestehenden Bistümer von Havelberg und Brandenburg. Neu hinzu kamen Merseburg, Meißen und Zeitz.

Dann wurde das neue Erzbistum an Rang und Würde den drei großen rheinischen Erzsitzen Trier, Mainz und Köln gleichgestellt. Auch stellte der Papst die Abtei Quedlinburg, die von der jugendlichen Kaisertochter Äbtissin Mathilde geleitet wurde, unter seinen besonderen Schutz. Synode und Papst sicherten der Abtei »für ewige Zeiten« ihre Freiheit und ihr Eigentum gegen eine jährliche Zahlung von fünfzehn Pfund Silber. Dann schleuderte der Papst seinen Bannfluch gegen den abgesetzten und geblendeten Erzbischof Herold von Salzburg, der die Bannung durch den päpstlichen Vorgänger mißachtet hatte und auf seine Ehrenrechte und die Ausübung seines Amtes nicht verzichten wollte. Der baldige Tod des Erzbischofs beendete die Probleme des erzbischöflichen Stuhles von Salzburg, dessen Rechte und Pflichten nun voll von Erzbischof Friedrich wahrgenommen wurden. Damit war endlich das jahrelange Schisma eines deutschen Erzbistums geheilt.

Noch während seines Aufenthaltes in Ravenna erreichte den Kaiser Otto eine Gesandtschaft des byzantinischen Kaisers. Darüber berichtet der Continuator Reginonis:

»Während der Kaiser in Italien weilte, kamen in Ravenna Gesandte des Nikephoros, des Kaisers der Griechen, zu ihm, brachten Ehrengeschenke und erbaten von ihm Frieden und Freundschaft. Der Kaiser nahm sie ehrenvoll auf und entließ sie in gebührender Weise, schickte dann seinen Gesandten zu demselben Kaiser der Griechen nach Konstantinopel, um seinem Sohn, König Otto, die Stieftochter desselben Nikephoros, die Tochter nämlich des Kaisers Romanos, ehelich zu verbinden. Der kehrte im selben Jahr noch vor Weihnachten wieder zum Kaiser zurück.«[32]

Das Werben um die Braut aus Byzanz

Man sieht, auch hier folgte Kaiser Otto seinem Vorbild Karl dem Großen, der sein Kaisertum mit einer Heirat seiner Tochter Rotrud mit dem byzantinischen Kaiser Konstantin VI. (780–797) erhöhen und festigen wollte. Man kann aus dem Verhalten Ottos aber auch folgern, daß gleiche politische Situationen zu gleichen Handlungen führen.

Und genauso wie damals stellten sich dem erstrebten Ehebündnis politische Schwierigkeiten in den Weg.

Die Gesandtschaft der Byzantiner forderte von Kaiser Otto in Ravenna den Rückzug aus Süditalien, da dies als Einbruch in die Hoheitssphäre des byzantinischen Reiches angesehen wurde.

Kaiser Otto hatte die byzantinische Ehe so fest in seine Vorstellungen eingebunden, daß er seinen Sohn, König Otto II., nach Italien befahl, wo dann in Rom am Weihnachtstage 967 die Kaiserkrönung des zwölfjährigen Otto durch den Papst durchgeführt wurde.

Kaiser Otto der Große wollte damit seinen Sohn der Braut aus Byzanz ebenbürtig machen.

Doch Byzanz mochte solchen Gedanken nicht folgen.

Der Kaiser Nikephoros hatte in Makedonien ein starkes Heer zusammengezogen und stand zu einer Intervention in Unteritalien bereit. Der Gesandte Kaiser Ottos, der Venezianer Dominicus, traf in dieser Situation mit Nikephoros zusammen und versprach schriftlich, daß Kaiser Otto im Falle einer byzantinischen Heirat die Grenzen des byzantinischen Reiches respektieren werde. Das bedeutete den Verzicht auf drei süditalische Herzogtümer. Aber das war ein Alleingang des Gesandten. Er hatte seine Vollmachten weit überzogen. Kaiser Otto hatte sich das ganz anders gedacht.

Seine Spekulation war gewesen, daß bei einer Heirat seines Sohnes mit der byzantinischen Prinzessin Anna diese als Morgengabe den Ottonen die Ansprüche auf Unteritalien einbringen würde. Man sieht, an Selbstbewußtsein fehlte es den deutschen Kaisern nicht.

Um nun Argumente durch militärischen Druck zu ersetzen, marschierte der Kaiser mit einem kleinen Heer in Begleitung seiner Gemahlin, Kaiserin Adelheid, nach Süditalien. Von Benevent aus brach er in Apulien ein, um für künftige Verhandlungen weitere Faustpfänder an sich zu bringen. Von November 968 bis Mai 969 blieb Otto mit seinem Heere in Calabrien und Apulien. Aber vor Bari, dem wichtigsten Stützpunkt byzantinischer Macht, biß er sich fest.

Er erkannte, daß seine Kräfte nicht ausreichend waren und daß diese Seefestung nicht ohne eine Flotte zu brechen war. Nur einmal, im Jahre 871, war es dem Karolingerkaiser Ludwig II. gelungen, Bari zu erobern.

Ottos geschickter Unterhändler, der bewährte Bischof Liutprand von Cremona, wußte beim byzantinischen Kaiser scharfzüngig zu argumentieren:

»›Das Land‹, antwortete ich (so Liutprand zu Nikephoros), ›welches du als Teil deines Reiches bezeichnest, gehört, wie Abstammung und Sprache der Einwohner beweist, zum Königreich Italien. Es stand unter der Gewalt der Langobarden, und Ludwig, der Kaiser der Langobarden und Franken, hat es durch seinen Sieg über die Übermacht der Sarazenen aus ihren Händen befreit (871). Aber auch Landulf, der Fürst von Benevent und Capua, hat es sich mit Gewalt unterworfen und sieben Jahre beherrscht (Sieg Landulfs I. über die Sarazenen im Jahre 915 am Garigliano); und noch bis auf den heutigen Tag wäre es nicht aus seiner und seiner Nachfolger Dienstbarkeit gekommen, wenn nicht der Kaiser Romanos die Freundschaft unseres Königs Hugo mit einer unermeßlichen Geldsumme erkauft hätte... Und wie ich sehe,

schreibst du es gar nicht dem Großmut, sondern der Ohn-
macht meines Herrn zu, daß er nach der Erwerbung von
Italien und Rom das Land so viele Jahre dir überlassen hat.
Den Freundschaftsbund jedoch, welchen du, wie du sagst,
durch eine Heirat schließen wolltest, halten wir für Lug und
Trug; einen Waffenstillstand verlangst du, da doch die Lage
der Dinge nicht von der Art ist, daß du ihn verlangen noch
daß wir ihn zugestehen sollten. Aber damit nun aller Betrug
aufgedeckt werde und die Wahrheit ans Licht komme, so hat
mein Herr mich zu dir gesandt: wenn es deine Absicht ist, die
Tochter des Kaisers Romanos und der Kaiserin Theophano,
meinem Herrn, dem Kaiser Otto, seinem Sohne zur Gemahlin zu geben, sollst du mir solches eidlich versichern, dann
werde ich meinerseits eidlich geloben, daß mein Herr in
Erwiderung dieser Freundschaft dir das und das tun und
halten wird. Schon jetzt aber hat mein Herr dir als seinem
Bruder ein festes Unterpfand seiner freundlichen Gesinnung
gegeben, indem er, von mir beraten, den du für den Anstifter
dieses Unfriedens ausgibst, bereit ist, ganz Apulien, das in
seiner Gewalt war, dir zu überlassen. Dafür gibt es ebenso
viele Zeugen, wie Apulien Einwohner hat.‹«[33]
Der schlaue Bischof von Cremona war ein Diplomat von
besonderer Güte. Anscheinend hatte er ganz vergessen, daß
sein Herr, Kaiser Otto der Große, Apulien geräumt hatte,
weil er Bari nicht nehmen konnte. Er transformierte die
Schwäche seines Herrn vor Bari in eine Tugend um, er
machte aus dem schon verlorenen Apulien ein Freund-
schaftsgeschenk seines Kaisers an Nikephoros.
Die Standpunkte schienen unvereinbar. Jetzt hielt man Liutprand wie einen Gefangenen am Hofe von Byzanz fest. Der
Bischof und seine Delegation litten Not.
In dieser Not hat uns Liutprand ein Bildnis des byzantinischen Hofes und seines Kaisers in den grellen Farben des
Hasses gezeichnet, das trotz alledem das Gemälde eines
brüchig gewordenen Staates und seiner Gesellschaft ist.
So beschreibt Liutprand den Kirchgang des byzantinischen
Kaisers: ». . . Aber auch die Hofleute, die mit ihm durch die
Reihen dieser barfüßigen Volksmasse zogen, trugen weite
und vor Alter löcherige Gewänder. Es wäre anständiger

gewesen, wenn sie in ihrer Alltagskleidung erschienen wären. Es war keiner unter ihnen, dessen Urahn sich diesen Rock neu angeschafft hätte. Mit Gold oder Edelsteinen war niemand geschmückt als allein Nikephoros, den die für seine Vorgänger gemachten kaiserlichen Gewänder noch häßlicher machten . . .«

». . . Und als nun dieses Scheusal (gemeint ist der Kaiser Nikephoros – was der Siegreiche heißt) wie ein Kriechtier dahinschritt, sangen ihm schmeichelnd Sänger zu: ›Siehe, da kommt der Morgenstern! der bleiche Tod der Sarazenen; Nikephoros der Herrscher!‹ Deshalb sang man auch: ›Dem Herrscher Nikephoros viele Jahre! Ihr Völker, betet ihn an, verehrt ihn, beugt den Rücken vor seiner Größe!‹ Wieviel richtiger wäre es gewesen, wenn sie gesungen hätten: ›Du ausgebrannte Kohle . . . du gehst wie ein altes Weib, siehst aus wie ein Waldteufel, du Tölpel, du Wildsau, du Ziegenbock, du Hornochse, du Tiermensch, du Borstenvieh, du störrischer, bäurischer, grober Barbar, du widerspenstiger Kappadozier!‹ Durch diese lügenhaften Hudeleien aufgeblasen, betrat er nun die Sophienkirche . . .«[34]

Die Zitate der bischöflichen Majestätsbeleidigungen wären mühelos fortzusetzen. Doch wenden wir uns nun der Beschreibung eines Gastmahls des byzantinischen Kaisers mit Liutprand zu:

»An demselben Tage zog er mich an seinen Tisch . . . Während der ekeligen und widerwärtigen Mahlzeit, die wie bei Betrunkenen von Öl triefte, richtete er an mich viele Fragen über Eure Macht, Eure Reiche und Ritter. Als ich ihm der Sache und der Wahrheit gemäß antwortete, rief er: ›Du lügst; die Krieger deines Herrn verstehen weder zu reiten noch zu Fuß zu kämpfen. Die Größe ihrer Schilde, die Schwere ihrer Panzer, die Länge ihrer Schwerter und die Last ihrer Helme erlauben ihnen weder auf die eine noch auf die andere Art zu fechten und‹, fügte er spöttisch hinzu, ›auch ihre Gefräßigkeit hindert sie, für die der Bauch ihr Gott ist, der Rausch ihr Mut und Trunkenheit Tapferkeit ist; die mit leeren Magen schwach und nüchtern voller Angst sind. Auch hat dein Herr keine Flotte.

Ich allein habe tapfere Seeleute; ich werde ihn mit meinen

Schiffen angreifen, seine Seestädte zerstören und alles, was nahe der Flüsse ist, in Asche legen. Wie wird er mir, sage mir das, dann noch zu Lande mit seinen wenigen Truppen widerstehen können? Sein Sohn war bei ihm, seine Frau war da, die Sachsen, Schwaben, Baiern, Italiener, alle waren bei ihm, und da sie ein einziges Städtchen, das ihnen Widerstand leistete, nicht einzunehmen wußten (Bari), es nicht einnehmen konnten, wie sollen sie mir widerstehen? Mir, dem Krieger folgen?‹«[35]

Wir sehen, der Kaiser Nikephoros war ein dem Bischof von Cremona durchaus gewachsener Verhandlungspartner. Er hatte die Schwäche des deutschen Kaisers vor Bari durchaus erkannt, so daß von Liutprands emphatisch vorgetragenem apulischen Geschenk nicht viel übrigblieb.

Die gegensätzlichen Standpunkte blieben unvereinbar.

Nach viermonatiger Gesandtschaft, die wie gesagt oftmals einer Gefangenschaft gleichkam, kehrte der Bischof von Cremona erfolglos zu seinem Kaiser zurück.

Der über die Berichte Liutprands erzürnte Kaiser Otto zog wieder nach Apulien. An seiner Seite der getreue und grimmige Pandulf Eisenhaupt, der entschlossene Feind der Byzantiner. Der Kaiser brach über Apulien bis nach Calabrien vor. Die Byzantiner verschanzten sich in ihren befestigten, unangreifbaren Städten. Der Kaiser, dem Kriegsbrauch der Zeit folgend, verwüstete mit seinem Heer das offene Land. Ein großer militärischer Nutzen dieser Operation wird nicht erkennbar.

Der Kaiser feierte Ostern 969 (11. April) im fernen Süden. Aber wir sehen ihn bereits am 1. Mai auf dem Rückzug nach Norden, denn die Sommer im Süden, mit ihrer Hitze und der Möglichkeit schlimmer Erkrankungen, waren für deutsche Heere immer eine große Gefahr.

Auf dieser Heerfahrt starb Pandulfs Bruder, Herzog Landulf von Benevent. Nach dem Willen des Kaisers wurde Pandulfs Sohn, ebenfalls ein Landulf, mit dem Herzogtum Benevent belehnt. Der bisherige Bischof von Benevent wurde auf der römischen Synode vom 28. Mai 969 in Rom vom Papst zum Erzbischof erhoben. Kaiser und Papst schien alles daran gelegen, die süditalischen langobardischen Fürstentümer im

Kampf gegen Byzanz zu stärken. Während der Kaiser weiter nach Norden zog, setzte Pandulf Eisenhaupt, dem der
Kaiser einen Teil seines Heeres zur Unterstützung belassen
hatte, seinen Kampf gegen die Byzantiner in Süditalien
fort.

Bei einem Angriff auf das apulische Bovina stürzte Pandulfs Pferd, und des Kaisers bester Mann in Süditalien
geriet in byzantinische Gefangenschaft. Er wurde in Ketten
nach Byzanz geführt.

Um die süditalischen Verhältnisse zu stabilisieren, entsandte nun der Kaiser ein Heer unter der Führung des
Markgrafen Gunter von Meißen und des Grafen Siegfried,
vielleicht Graf im Hassegau. Beide waren erprobte Heerführer.

Es wurden auch einige Siege erkämpft, Capua zurücker-
obert und bei Ascoli ein siegreiches Gefecht geführt, bei
dem über 1500 Byzantiner gefallen sein sollen.

Alles in allem aber sah die Sache des deutschen Kaisers
nicht gut aus. Benevent und Capua zwar waren die Fürstentümer, die gehalten werden konnten. Aber den weiteren Weg nach Süden zu öffnen war für Otto und die nachfolgenden deutschen Kaiser ein nicht zu bewältigendes
Unterfangen.

Als jetzt die Kunde kam, daß der byzantinische Kaiser Nikephoros vor Antiochia einen glänzenden Sieg errungen
hatte, schien der Tag der von Nikephoros angedrohten In-
vasion in Süditalien nicht mehr fern zu sein.

In dieser Stunde trat wieder Kaiser Ottos treuester und
mächtigster Verbündeter an seine Seite, »GOTT«.

Die byzantinische Hochzeit

Was in langen Kämpfen und zähen Verhandlungen nicht
erreicht worden war, jetzt schien es möglich. Der siegreiche Nikephoros Phokas, durch seinen Sieg vor Antiochia
scheinbar in der stärksten Position seines Lebens, wurde
das Opfer einer Verschwörung, einer Palastrevolution.

Der geizige und ehrgeizige, charakterlich abstoßende

Mann hatte sich in den eigenen Reihen zu viele Feinde gemacht. Seine eigene Frau, die Kaiserin Theophano, war selber Mitglied der Verschwörung und soll die Attentäter in ihren eigenen Gemächern verborgen haben.

Das Haupt der Verschwörer war ein Vetter des Kaisers, Johannes Tzimisces.

Er hatte dem Nikephoros Phokas einst den Weg zum Thron geebnet und ihn zu Kaisertum und Herrschaft gebracht. Dank war ihm nicht geworden, vielmehr wurde ihm der Oberbefehl über die byzantinischen Heere im Osten genommen, so daß der verbitterte Mann auf Rache sann. Der Kaiser Nikephoros starb also eines grausamen Todes, und Johannes Tzimisces bestieg den Thron.

Dann überraschte er die staunende Welt durch eine Tat von besonderer Konsequenz. Die Kaiserin Theophano erntete nicht die Früchte des Verrats an ihrem Gatten. Vielmehr wurde sie von dem neuen Kaiser auf die Insel Prote verbannt, fern aller Macht und Herrlichkeit.

Dennoch war die Lage des Johannes Tzimisces nicht ohne Probleme. Innenpolitisch standen ihm die Verwandten und Anhänger des gemordeten Nikephoros gegenüber, außenpolitisch waren die Russen unter ihrem Feldherrn Swetoslow auf dem Balkan einmarschiert und eine Bedrohung für Byzanz geworden.

Zwar schlugen die Byzantiner die Russen in offener Feldschlacht und vertrieben sie vom Balkan. Dennoch erschien es dem neuen byzantinischen Kaiser Johannes ratsam, in Süditalien mit dem deutschen Kaiser in ein entspannteres Verhältnis zu treten und nicht dem Konfrontationskurs seines Vorgängers Nikephoros zu folgen.

Er gab dem Pandulf Eisenhaupt die Freiheit wieder. Dies war ein Zeichen der Friedensbereitschaft und eine Friedensbotschaft zugleich. Wahrscheinlich brachte Pandulf gleich das Einverständnis des Kaisers zu einem byzantinisch-deutschen Ehebund mit.

Sogleich brachte der Kaiser eine hochkarätige Gesandtschaft nach Byzanz auf den Weg, unter der Leitung des Erzbischofs Gero von Köln. Diese Gesandtschaft wurde, anders als die des Bischofs Liutprand von Cremona, mit allen Ehren empfangen. Über die Inhalte dieser Gesandtschaft wissen wir kaum etwas. Der Basileus Johannes Tzimisces, der inzwischen im November 971 Theodoara, die Tochter des purpurgeborenen Konstantin geheiratet hatte, billigte wohl stillschweigend die Vorherrschaft des deutschen Kaisers in Capua und Benevent und dessen Verzicht auf den byzantinischen Süden.

Dafür erhielt Otto für seinen Sohn eine byzantinische Prinzessin, zwar keine purpurgeborene, aber immerhin die Nichte des regierenden byzantinischen Kaisers Johannes Tzimisces.

Dies war ein Erfolg des ottonischen Hauses. Es war die Anerkennung des jungen deutschen Kaisertums durch die uralte Kaisermacht am Bosporus. Kaiser Otto II., der Enkel des ungesalbten Königs Heinrich I., verband sich und sein Haus mit dem Blut byzantinischer Kaiser.

In Benevent wurde die kaiserliche Braut von Bischof Theoderich von Metz, einem Vetter Ottos des Großen, im Namen des Kaisers empfangen und nach Rom geführt.

Widukind von Corvey rühmt die herrlichen Geschenke, die die Prinzessin Theophanu aus Byzanz mitbrachte. Durch diesen Brautschatz, dem man später in den Schatzkammern abendländischer Kirchen nachgespürt hat, fand die Spätblüte griechisch-byzantinischer Kunst einen ihrer Wege ins Abendland.

In Rom, der ewigen Stadt, wurde am Ostersonntag, dem 14. April 972, Hochzeit gehalten und die Prinzessin von Papst Johannes XIII. in der Peterskirche zur deutschen Kaiserin Theophanu gesalbt und gekrönt.

Ein Glücksfall der Geschichte hat uns die Heiratsurkunde der Kaiserin Theophanu überliefert.

Im ältesten Familienkloster der Liudolfinger, dem kaiserlichfreien Reichsstift Gandersheim, gegründet 852, fand diese kostbare Prachturkunde ihre Heimat. Dort wurde sie über 800 Jahre lang verwahrt und unversehrt erhalten. Es ist bezeugt, daß die Kaiserin Theophanu mehrfach in Gandersheim verweilte und daß ihre Tochter Sophia eine der leuchtendsten und berühmtesten Äbtissinnen von Gandersheim war.

So gibt es einen tiefen Sinn, daß Gandersheim diese prächtig-
ste aller Kaiserurkunden des Mittelalters zur Aufbewahrung
erhielt – Geschichtsdokument und Kulturdokument, das die
Höhe der damaligen Buch- und Urkundenmalerei ausweist,
in einem.

Die Heiratsurkunde der Kaiserin Theophanu

Diese Dotalurkunde hat eine Länge von 144,5 Zentimeter
und eine Breite von 39,5 Zentimeter.
Auf der blau-purpurnen Grundfläche, wie hingehaucht, ziehen sich zwei Reihen roter Medaillons, durch Perlenkreise
eingefaßt, von oben nach unten. Sie enthalten stilisierte
Tierdarstellungen, Adler, Löwen, Hirschkühe und Rinder in
den verschiedensten Kombinationen. Die aneinandergefüg-
ten Medaillons bilden in ihrer Mitte geschwungene, auf der
Spitze stehende Vierecke und an den Rändern geschwungene Dreiecke. Sie sind blaugrundiert und mit rotfarbener
Ornamentik aufgelockert. Das Dokument wird an den beiden Längsseiten und an der unteren Querleiste von einem
schmalen Schmuckband eingefaßt, das in den Farben Gold,
Blau und Weiß einen imperialen und umfassenden Rahmen
bildet. In die zwei Zentimeter breite Kopfleiste sind sieben
Medaillons eingearbeitet mit Brustbildern von Heiligen. Die
Zwischenflächen zeigen einander zugewandte Tierdarstellungen, in wechselnder Folge zwei weiße Löwen, zwischen
denen ein Lebensbaum mit blauen Früchten steht, und ein
Paar Pfauen, deren Köpfe sich einer Vase zuneigen, aus der
sich eine Doppelranke von weißen Herzblättern empor-
schwingt.
Über diesen mystischen, aber in strenger Ordnung gestalte-
ten Untergrund zieht sich der mit Goldtinte geschriebene
Text des großen Dokuments.
Die beiden Eingangszeilen oder Signumszeilen enthalten
den Namen des Papstes und der kaiserlichen Herrschaften.
Sie sind in Auszeichnungsschrift, der sogenannten »Capita-
lis rustica«, gehalten, die übrigen Zeilen in einer ruhevoll
vollendeten Buchminuskel.

So kunstvoll die Form, so vollendet der Text, der in seiner stillen Poesie das ganze, aus der Geborgenheit in Gott abgeleitete Weltbild des mittelalterlichen Menschen verkündet.

Darum sei dieses Kunst- und Sprachdokument im vollen Wortlaut vorgestellt:

»IN NAMEN DER HEILIGEN UND UNTEILBAREN TRINITÄT.

Otto, durch die Gunst göttlicher Gnade Imperator Augustus. Gott, von Ewigkeit her der Schöpfer und Begründer aller Dinge, die da sind, hatte zum Beginn des Weltwerdens die ursprünglichen Elemente in vollkommener Schönheit und Harmonie hervorgebracht; dem Menschen, der über der ganzen Schöpfung stehen und über sie gebieten sollte, wollte er als bester Künstler zugleich gewähren, nach seinem Bilde und ihm ähnlich zu werden. Da er nicht wollte, daß der Mensch allein bleibe, und die Absicht hatte, daß seine Nachkommenschaft sich fortpflanze, vermehre und dauernden Bestand habe und daß er ihn in den Stand der Engel nachwachsen lasse, der, durch Hochmut verkleinert, wieder ergänzt werden muß, hat er für diesen Menschen einen ehelichen Beistand gebildet, nachdem er seinem Körper eine Rippe entnommen hatte. In einer Vorsorge, die zu bewundern ist, hat er angeordnet, daß die beiden fortwährend ein Leib sind. Nach heiligstem Gesetz sollten sie Vater und Mutter verlassen, und es sollte der Mann der Gattin anhängen.

Ferner wollte der Begründer beider Testamente und Mittler zwischen Gott und den Menschen, der Herr Jesus Christus selber, der im menschlichen Leibe erschienen und aus dem reinen Schoß der Jungfrau hervorgegangen ist, um sich mit seiner Braut, der Kirche, zu verbinden, so wie ein Bräutigam aus dem Brautgemach kommt, zeigen, daß die Hochzeit, die in rechtmäßiger Institution gefeiert wird, gut und heilig ist und daß er ihr Urheber ist, zu ihnen kommen und sie durch das erste Zeichen seiner Majestät erfreuen, indem er das Wasser in den Wein verwandelte und sie dadurch heiligen.

Indem er durch seine eigene Anordnung darauf hinweist, daß die Eheschließung von Gott eingerichtet worden ist, sagt er schließlich im Evangelium: Was Gott vereint hat, soll der Mensch nicht scheiden.

Ebenso soll nach apostolischem Urteil die Ehe in Ehren gehalten werden und das Ehebett rein sein. Auch durch mehrere Zeugnisse heiliger Bücher wird bekräftigt, daß die Schließung des ehelichen Bundes durch Gottes Urheberschaft geschehen muß und zum Hervorbringen der Nachkommenschaft in wechselseitiger und unauflöslicher Liebe erhalten bleiben muß.

Deshalb habe auch ich, OTTO, auf himmlisches Geheiß Imperator Augustus, indem der Herr mich durch eine mit größtem Dank aufgenommene Milde unterstützt, auf den Ratschlag unseres großen, hochheiligen erlauchten Erzeugers OTTO, des frömmsten Imperator Augustus, sowie auf den Ratschlag der Getreuen Gottes, der heiligen Kirche wie auch unseres Reiches beschlossen, THEOPHANU, die hochangesehene Nichte des konstantinopolitanischen Kaisers JOHANNES in der überaus großen romuleischen Stadt, indem der Apostel PETRUS, der heilige und höchste Fürst der Kirchen, unsere Wünsche begünstigt und indem der Segen des hochheiligen und universalen Papstes JOHANNES XIII. sich anschließt, als Gattin anzunehmen und, indem CHRISTUS sich durch ein begünstigendes und glückbringendes Zeichen geneigt zeigt, ihr das Band der gesetzlichen Ehe und die Teilhaberschaft am Reiche zu versprechen.

Möge der Eifer aller, die jetzt und zukünftig der heiligen Kirche Gottes und uns getreu sind, wissen, daß eben dieser unserer sehr lieben Braut als rechtmäßige Eheschenkung nach der Sitte unserer Vorfahren gewisse Besitztümer innerhalb der italischen Grenzen wie in unseren nordalpinischen Herrschaftsbereichen von uns überlassen sind, die sie erhalten und nach immerwährendem Recht im Besitz haben soll, nämlich Istrien, eine Provinz Italiens, mit der Grafschaft Pescara, nördlich der Alpen die Provinzen Walcheren, Wichelen mit der Abtei Nivelles in der Größe von 14 000 dazugehörigen Hufen; auch unsere kaiserlichen Höfe, angemessen unserer eigenen Majestät, Boppard, Thiel, Herford, Tilleda, Nordhausen, deshalb, weil dies bekanntlich unserer Großmutter, der Herrin MATHILDE, die in Ewigkeit eine Augusta ist, gehört hat, solange es ihr durch göttliche Verfügung vergönnt war zu leben.

All das haben wir durch das Blatt unserer Urkunde dieser
unserer Braut, der hochheiligen und sehr geliebten Theophanu überlassen, geschenkt und ganz und gar verliehen
und aus unserer Verfügungsgewalt und aus unserem Eigentum in ihr Eigentum und ihre Verfügungsgewalt übergeleitet
und zugewiesen zusammen mit Burgen, Häusern, Knechten
und Mägden, Gebieten, Feldfluren, Weinbergen, Wiesen,
Wäldern, soviel die sich erstrecken auf Ebenen wie im Gebirge, mit Gewässern und Wasserläufen, Mühlen, Fische-
reien, allen Dingen, die zu den genannten Höfen oder Provinzen oder der Abtei ungeschmälert gehören. Soweit soll
sie dies alles nach dem Rechte des Eigentums haben, halten
und fest besitzen und soll die Gewalt haben, sei es, es zu
verschenken, es zu verkaufen, es zu vertauschen oder zu
tun, was sie darüber rechtmäßig beschlossen haben wird
unter Ausschluß eines jeglichen Widerspruchs von anderen
Menschen.

Wenn einer versuchen würde, dieser Urkunde unserer Hei-
ratsschenkung zuwiderzuhandeln, so soll er wissen, daß er
unserer Majestät straffällig wird und obendrein dieser unserer geliebten Braut THEOPHANU und unseren Erben 1000
Pfund besten Goldes zahlen muß.

Damit dieses recht gewissenhaft geglaubt und damit es in
aller Zukunft recht sorgfältig innegehalten werde, soll es
nach unserer Anordnung eigenhändig bekräftigt und darunter durch den Eindruck unseres Siegelringes gekennzeichnet
werden.

Zeichen des Herrn (Monogramm: OTTO), des großen friede-
bringenden, ebenso das Zeichen des Herrn (Monogramm:
OTTO), die beide immer unbesiegt und für alle Zeiten von
augustaler Würde sind.

Ich, der Kanzler Willigis, habe anstelle des Erzkaplans Ruotpert die Richtigkeit festgestellt.

Gegeben an den 18. Kalenden des Mai (14. April) im Jahre
der Fleischwerdung des Herrn 972, in der 15. Indiktion, im
11. Jahr des Kaisertums unseres hochheiligen Vaters OTTO
und im 5. Jahr unseres eigenen Kaisertums; geschehen
zu Rom bei den heiligen Aposteln; in glückbringender
Weise.«[36]

Durch die großzügige Streuung des Heiratsgutes seiner Frau in alle Bereiche seines Herrschaftsgebietes zeigte der junge Kaiser, daß die in der Heiratsurkunde genannte »Teilhabe am Reiche« nicht nur ein Wort innerhalb eines Vertragswerkes war, sondern gestaltete Lebenswirklichkeit.

Die Kaiserin aus dem fernen Byzanz war ein Segen für das Reich. Ihr war nur eine elfjährige Ehe beschieden. Dann starb ihr Mann, Kaiser Otto II., im Alter von nur 28 Jahren, am 7. Dezember 983, in ihren Armen in Rom.

Vom Jahre 983 bis zum Jahr 991 hat die Kaiserin als Vormund für ihren damals dreijährigen Sohn, Otto III., das Reich regiert. Josef Fleckenstein nennt sie »die wohl bedeutendste Frau unter den deutschen Herrscherinnen«.[37]

Sie hat die Macht des Reiches erhalten und seine Würde bewahrt.

In Köln sind ihre Spuren noch sichtbar. Der große und der kleine Griechenmarkt zeugen für die durch sie durchgeführte Ansiedlung griechischer Händler, Handwerker und Künstler. Die Pantaleonskirche, die Stiftung ihres angeheirateten Onkels, des verstorbenen Erzbischofs Brun, hat sie gefördert und mit eigenen Geldern ausgebaut.

Als sie am 15. Juni 996, noch immer eine junge Frau, zu Nymwegen starb, fand sie ihr Grab in St. Pantaleon.

Der Einband des Echternacher Evangeliars Otto III., geschaffen zwischen den Jahren 983 und 1002, zeigt uns ihr Bild, eine mädchenhafte Frau in zarten Kleidern und sanftem Faltenwurf. Etwas von Ferne und Fremde ist um sie, und man würde sich nicht wundern, wenn beim zweiten Hinsehen die Gestalt entschwunden wäre in einen märchenhaften Orient.

Deutschland und Italien

Die Eheverbindung des Sohnes mit dem byzantinischen Kaisertum war ein Höhepunkt im Leben und Kämpfen Ottos des Großen, ja des gesamten sächsischen Herrscherhauses. Es war für die Ottonen die Fülle der Zeit, die Akzeptanz und die Rehabilitation des deutschen Kaisertums durch die alte Kaisermacht von Byzanz.

Obwohl Kaiser Otto sich von 966 bis 972 in Italien aufhielt, verlor er die deutschen Angelegenheiten nicht aus den Augen. Auch hier fügten sich die Dinge nach dem Willen des Kaisers.

Graf Wichmann, der ewige Rebell gegen den König und Kaiser, der immer wieder im Verbund mit Wenden und Slawen die Ostgrenze des Reichs beunruhigt hatte, war am 22. September 967 im Kampf gefallen. Das Ende seines Empörerlebens schildert Widukind von Corvey:

»So erschöpft er auch war, hieb er dennoch viele (seiner Feinde) von ihnen nieder; endlich nahm er sein Schwert und reichte es dem vornehmsten der Feinde mit folgenden Worten: ›Nimm dieses Schwert und überbringe es deinem Herrn, damit er es zum Zeichen des Sieges nehme und es seinem Freunde, dem Kaiser, übersende, auf daß dieser wisse, er könne nun eines erschlagenen Feindes spotten oder einen Blutsverwandten beweinen.‹ Und nach diesen Worten wandte er sich gegen Morgen, betete, so gut er konnte, in seiner Muttersprache zum Herrn und hauchte seine mit vielem Elend und Jammer erfüllte Seele aus in die Barmherzigkeit des Schöpfers aller Dinge.«[38]

Der Kaiser teilte Wichmanns Erbgut, um dessen Besitz sich der jahrzehntelange tödliche Streit zwischen Wichmann und seinem Oheim, dem Sachsenherzog Hermann, entzündet hatte, dem Michaelskloster in Lüneburg und die andere Hälfte dem Kloster Kemnade an der Weser zu.

An dieser Aufteilung ist bemerkenswert, daß der dem Kaiser ergebene Herzog Hermann leer ausging. Das läßt darauf schließen, daß die Ansprüche des Grafen Wichmann doch nicht so unbegründet waren.

Im Grafen Wichmann begegnet uns jenes germanische Rechtsbewußtsein, das nicht in der Lage ist, einen Rechtsbruch hinzunehmen. Das Recht kommt direkt von Gott. Wird es gebrochen, sei es von einem König oder Kaiser, so ist man verpflichtet, für die Heilung des Rechts bis zum Tode zu kämpfen. Dieses Gesetz hatte Graf Wichmann erfüllt.

Am 14. März endete das Leben der Königinmutter Mathilde, zweiunddreißig Jahre nach dem Tode ihres Gatten,

König Heinrichs I. An der Seite dieses Unvergessenen fand sie in Quedlinburg ihr Grab.

Sie hatte sich nach dem Tode ihres zweitgeborenen Sohnes Heinrich von Baiern im Jahre 955 aus allem politischen Leben zurückgezogen und Trost in einem heiligmäßigen Leben gesucht, wie uns Widukind erzählt:

»Wenn wir nun zu ihrem Tod etwas zu sagen wünschen, so fühlen wir uns zu schwach, weil die Tugend einer solchen Frau alles Können unseres schwachen Geistes übersteigt. Denn wer vermöchte ihre Hingabe an den göttlichen Dienst würdig zu beschreiben? Jede Nacht erfüllte sie ihre Zelle mit dem Wohlklang himmlischer Lieder von jeglicher Weise und Mannigfaltigkeit... Sie selbst verharrte in der Kirche in Wachen und Beten und erwartete die Feier der Messe. Darauf machte sie, wo sie von Kranken in der Nachbarschaft hörte, bei diesen Besuch und reichte ihnen, was sie brauchten; dann öffnete sie ihre Hand den Armen, auch nahm sie Gäste, an denen niemals Mangel war, mit aller Freigebigkeit auf; niemanden entließ sie ohne ein freundliches Wort und fast keinen ohne ein kleines Geschenk oder die Unterstützung, die ihm not tat... Und obgleich sie solche Werke demütig Tag und Nacht verübte, vergab sie dennoch der königlichen Würde nichts, und wie geschrieben steht: ›Obgleich sie saß wie eine Königin unter ihrem Volk, war sie dennoch immer und überall der Klagenden Trösterin.‹«[39]

Ihre Klosterstiftungen zu Quedlinburg, Nordhausen, Engern und Pöhlde haben ihr Andenken durch die Jahrhunderte getragen. Ihr Stiefsohn, Erzbischof Wilhelm von Mainz, hatte sie noch auf dem Sterbebett besucht. Auf der Rückreise von Quedlinburg nach Mainz starb der Erzbischof, noch zwölf Tage vor dem Tode seiner Stiefmutter, am 2. März zu Rottleberode. In St. Alban in Mainz wurde er neben seinen Geschwistern Liudgard und Liudolf beerdigt.

Hatte auch Ottos Sohn Wilhelm nach der Synode von Ravenna im Jahre 967 durch päpstlichen und synodalen Spruch den Weg zur Schaffung des Magdeburger Erzbistums freigemacht, so war doch noch ein Hindernis zurückzuschieben. Ein zweiter Tod beseitigte dieses Hindernis: Einen Monat vor dem Erzbischof Wilhelm war am 2. Februar der entschieden-

ste Gegner von Magdeburg, der Bischof Bernhard von Halberstadt, gestorben.

Nun hatte der Kaiser freie Hand!

In kaiserlichem Auftrag veranstaltete der Herzog Hermann
zu Werla eine Bischofswahl für das Bistum Halberstadt.
Die einstimmige Wahl entfiel auf den – vom Vorgänger
Bischof Bernhard empfohlenen – Propst Hildeward. Er
hatte seine geistliche und wissenschaftliche Erziehung im
Kloster von St. Gallen erhalten und galt als Mann tiefster
Frömmigkeit. Er war der Sohn jenes Grafen Erich, der an
der sächsischen Verschwörung des Jahres 941 beteiligt
war. Widukind sagt von diesem Grafen: ». . . ein abgesehen
von dieser Schuld (der Verschwörung gegen den König)
hinsichtlich aller übrigen guten Eigenschaften sehr tüchti-
ger und ausgezeichneter Mann. Als dieser merkte, daß Be-
waffnete auf ihn zueilten, bestieg er, seiner Schuld bewußt, sein Pferd, ergriff die Waffen, und umringt von den
Scharen der Feinde, der alten Tapferkeit und Ehre eingedenk, wollte er lieber sterben, als sich der Gewalt seiner
Feinde zu unterwerfen. Denn er starb, durchbohrt von einem Speer, ein Mann, der durch jegliche Tugend und
Mannhaftigkeit seinen Landsleuten teuer und in hohem
Ansehen war.«[40]

Den Sohn dieses Mannes setzte nun Herzog Hermann im
Auftrage des Kaisers vorläufig zum Bischof von Halberstadt ein.

Aber noch galt es, das im Februar 968 freigewordene Erzbistum Mainz zu besetzen. Dazu hatte Otto den vielfach
erprobten und bewährten Abt Hatto von Fulda ausersehen. Ein Mann, der die kaiserliche Politik immer mitgetragen hatte und von dem keine Schwierigkeiten bei der
Gründung des Magdeburger Erzbistums zu erwarten waren. Geistlichkeit und Volk des Magdeburger Sprengels erfüllten die Erwartungen des Kaisers und wählten Abt
Hatto zu ihrem Erzbischof.

Damit ließ es der Kaiser nicht genügen. Um die Grün-
dungsbeschlüsse für das Erzbistum Magdeburg, die von
der Ravennater Synode im April 967 vollzogen worden waren, im innerpolitischen kirchlichen Raum in Deutschland

abzusichern, rief er die beiden neugewählten Bischöfe zu sich nach Italien. Hier wollte er mit ihnen die Magdeburger Frage abschließend und zweifelsfrei verhandeln.

Mit den beiden neugewählten Bischöfen kamen die Bischöfe Reginold von Eichstätt, Abraham von Freising und Heraklius von Lüttich, wahrscheinlich mit ihren Aufgeboten, um das Heer des Kaisers zu verstärken.

Dann berief der Kaiser Adalbert zu sich. Wir kennen ihn als Mönch von St. Maximin in Trier, als Mitglied der königlichen Hofkapelle, als Abt von Weißenburg, vor allem aber als Continuator Reginonis, das heißt als Fortsetzer der Chronik des Regino von Prüm. Im Jahre 961 war er auf Wunsch der russischen Großfürstin Olga als Missionsbischof nach Rußland gegangen.

Anscheinend hatte die Großfürstin ihre Untertanen falsch eingeschätzt. Die Russen waren nicht zur Annahme des Christentums zu bewegen und blieben bei ihren alten Göttern. Adalberts Mission scheiterte. Mehrere Mitglieder seiner Gesandtschaft wurden erschlagen. Er selber rettete sein Leben durch Flucht und fand Aufnahme beim Erzbischof Wilhelm von Mainz, auf dessen Vorschlag hin er zu dem gefahrvollen Auftrag berufen worden war.

Jetzt entsann sich der Kaiser des verdienstvollen Mannes als Erzbischof des neuen Missionserzbistums Magdeburg. Er war prädestiniert für seine große Aufgabe durch seine Nähe zum Herrscherhaus aus seiner Tätigkeit als Kanzleinotar, durch seine Bildung, sein historisches Wissen, vor allem aber durch seine Kenntnis slawischer Sprachen.

Anfang Oktober 968 fand nochmals in Ravenna eine Synode unter dem Vorsitz des Kaisers statt, in der die gefundenen Positionen zur Magdeburger Frage festgelegt und niedergeschrieben wurden. Der Halberstädter Bischof Hildeward verzichtete auf Teile seines Bischofssprengels zugunsten des Erzbistums Magdeburg, und der Erzbischof Hatto von Mainz – als Bischof Hildewards Metropolit – erteilte ebenfalls dazu seine Zustimmung. Der Halberstädter Bischof wurde durch die Einbuße von Teilen seines Bistums durch Schenkung von Gütern entschädigt. Dann konnte der Kaiser dem Sohn des Rebellen des Jahres 941 den Bischofsstab mit den

Worten überreichen: »Empfange hiermit das Sühnegeld deines Vaters.«[41]

Damit war die Satisfaktion des neuen Bischofs und seiner Familie erreicht. Ein Vorgang, der für den inneren Frieden in Sachsen von großer Bedeutung war.

Vierunddreißig Bischöfe unterschrieben die gefundenen Regelungen. Dann sandte der Kaiser den neuen Erzbischof Adalbert zum Papst nach Rom. In St. Peter wurden dem Papst die Synodalakten von Ravenna vorgelegt nebst den Verzichturkunden des Erzbischofs Hatto und Bischofs Hildeward. Dieser genehmigte die neuen Ordnungen, erkannte Adalbert die erzbischöfliche Würde zu und verlieh ihm am 18. Oktober 968 das Pallium. Gleichzeitig erhielt Adalbert das Recht, im Einverständnis mit dem Kaiser, die Bistümer seiner Diözese – dies waren: Merseburg, Meißen, Zeitz, Havelberg und Brandenburg – untereinander abzugrenzen. Die Nachricht, daß Adalbert den Primat vor den älteren Erzbischöfen von Salzburg und Hamburg oder gar die Aufnahme ins Kardinalskollegium der römischen Kirche erlangt haben soll, gehört zur Kolportage späterer Zeiten.

Das Werk Ottos des Großen in Deutschland schien getan. An den Westgrenzen eine hegemoniale Stellung gegenüber dem Nachbarn Frankreich. Den Osten des Reiches durch die Markgrafschaften gesichert. Durch die endlich erreichte Gründung des Erzbistums Magdeburg nunmehr die Möglichkeit geschaffen, ein gemeinschaftliches Glaubensdach bis weit in den Osten zu wölben, um so, gestützt auf weltliche und geistliche Macht, einen gemeinsamen Kulturraum zu schaffen.

So konnte sich nunmehr der Kaiser seinen italischen Aufgaben zuwenden, die, wie wir sahen, mit der byzantinischen Hochzeit seines Sohnes ihren Höhepunkt erreichten.

5. Rückkehr nach Deutschland

Sechs Jahre war Otto in Italien gewesen, um seine Politik zu vollenden. Es ist ein Zeichen seiner Ausstrahlung als Herrscherpersönlichkeit, daß das Reich die langjährige Abwesenheit seines Herrn ohne Aufstand und Rebellion durchlebte. Die Jahre 937 und 954 gehörten der Vergangenheit an.

Als der Kaiser jetzt über den Septimerpaß – die Alpen überquerend – nach Chur zog und weiter zum Bodensee, lagen 36 Jahre des Kampfes um den unbedingten Primat deutschen Königtums, der seinen universalen Ausdruck in der Kaiserkrone fand, hinter ihm.

Unbeirrbar war er seinen Weg gegangen, durch Treubruch und Verrat. Bis vor die letzten Abgründe, in denen das Reich zu versinken drohte, war er geführt worden, dennoch nie zweifelnd an seinem göttlichen Auftrag, die Welt zu regieren und nach seinem Willen zu formen.

Als er nun mit seinem Sohne in der Mitte des Monats August, die Klöster St. Gallen und Reichenau visitierend, den Bodensee abwärts nach Ingelheim fuhr, war dies die Heimkehr eines Schöpfers, eines Vollenders, der mit der Stetigkeit seines Willens aus vielen Teilen ein Ganzes geformt hatte. Strukturen waren geschaffen, die in ihren Grundzügen Jahrhunderte überdauern sollten. Mitte September fand eine glanzvolle – schon in Rom beschlossene – Synode statt.

Zur Begrüßung und Teilnahme waren erschienen: die sechs deutschen Metropoliten, die Erzbischöfe Rodbert von Mainz als Nachfolger des 970 verstorbenen Hatto, Gero von Köln, Theoderich von Trier, Friedrich von Salzburg, Adaldag von Hamburg und schließlich der sechste und jüngste Metropolit, Erzbischof Adalbert von Magdeburg. Der weltliche Adel wird sicher entsprechend vertreten gewesen sein.

Von den Inhalten dieser Synode ist uns nicht viel überkommen. Aber es ist wahrscheinlich, daß der Kaiser so etwas wie eine Generalinspektion seiner Kirche und seines Reiches nach so langer Abwesenheit durchführte.

Jedoch ein wichtiger, vielleicht symptomatischer Vorfall ist uns überliefert.

Der greise Bischof Ulrich von Augsburg, der seinerzeit die Stadt so tapfer gegen die Ungarn verteidigt hatte und dadurch einen wichtigen Beitrag zum Sieg auf dem Lechfeld erbracht hatte, nahm mit seinem Neffen Adalbero an der Synode teil. Der junge Mann, der im kaiserlichen Heere das Augsburger Aufgebot oftmals geführt hatte, galt allgemein, und auch vom Kaiser anerkannt, als der Nachfolger des Bischofs Ulrich.

Auf der Ingelheimer Synode beging er den Fehler, bereits mit dem Bischofsstab in der Hand aufzutreten.

Die versammelten Bischöfe empfanden dies als Anmaßung, als Verletzung der kanonischen Regeln, ja als Ketzerei. Der voreilige Neffe Adalbero mußte sich durch einen Eid reinigen, daß er nicht gewußt habe, eine Ketzerei zu begehen. Die Vita des heiligen Bischofs Ulrich von Augsburg begründet die Ablehnung der anderen Bischöfe mit folgenden Worten: »Ehrwürdiger Vater, dir sind die Vorschriften aller Kirchenbücher bekannt, du bist stets den rechten Pfad gewandelt und nie davon abgewichen. Es wäre doch nicht recht, wenn du jetzt den Weg, den du immer eingehalten hast, verlassen und dadurch zum Urheber einer so großen Verwirrung würdest, daß bei deinen Lebzeiten ein anderer an deiner Stelle geweiht wird. Denn wenn durch dich dieser Mißbrauch einreißt, werden in Zukunft vielen ehrwürdigen und guten Bischöfen von seiten ihrer Neffen und Geistlichen, die entsprechende Absichten haben, Schwierigkeiten in großer Zahl erwachsen.«[42]

Die Bischöfe wollten den Nepotismus ausschließen, zumindest aber nicht zu offensichtlich werden lassen.

Auch dem Kaiser konnte nicht daran gelegen sein, daß über die Verbindung zwischen Onkel und Neffe sich eine gewisse Erblichkeit der Bistümer einschlich. War es doch gerade der Heimfall des Bistums beim Tode des Inhabers in die Vergabe des Königs und Kaisers, warum von diesem die Bischofskirchen so favorisiert wurden.

Von Ingelheim aus zog der Kaiser noch einmal rheinaufwärts ins nahe Mainz, wo er in St. Alban die Gräber seiner Kinder aufsuchte.

Das Grab Wilhelms, des Erzbischofs von Mainz, des Sohnes der Liebe, den er mit einer schönen Slawin gezeugt hatte. Dann stand er vor dem Grabe Liudolfs, des Schmerzenssohnes, der trotz Aufstand, Verrat und Untreue doch wieder in die väterliche Liebe zurückgefunden hatte. Ihm zur Seite lag die Tochter Liudgard, die Otto dem Schwiegersohn, Konrad dem Roten, als Unterpfand der Treue gegeben hatte. Aber auch sie hatte ihren Mann nicht vor dem Abfall vom König bewahren können. Der Kaiser dachte an seinen toten Bruder, Erzbischof Brun von Köln, der bei Rümlingen in einem Gespräch den Grundstein für die Rückkehr des Rebellen in die Gnade des Königs gelegt hatte. Nicht weit von Mainz, in Worms, ruhten jetzt die Gebeine des ruhelosen Lotharingerherzogs Konrad, der auf dem Lechfeld kämpfend und sterbend seine wiedergefundene Treue dem König bewiesen hatte.

Weihnachten feierte der Kaiser in Frankfurt. Anfang des Jahres 973 war er in seinem sächsischen Rom, in Magdeburg, wo seine erste Frau, Königin Edgith, bestattet war. Aus Italien, wahrscheinlich aus Ravenna, hatte er, wie einstmals Karl der Große, Marmorsäulen, goldenes und silbernes Kirchengerät, Edelsteine und kostbare Reliquien zur Ausschmückung seiner Kirche gesandt.

In seinen letzten Lebensjahren hatte der Kaiser weitere Initiativen zur Ostmission eingeleitet.

Den bairischen Bistümern Salzburg und Passau übertrug er die Missionierung der Ungarn. Im Jahre 971 hatte er das Bistum Passau dem Bischof Pilgram übertragen, der sofort die Mission in Ungarn aufnahm. Zu den Predigern, die er nach Ungarn sandte, gehörte der Schwabe Wolfgang (der Heilige Wolfgang † 994), ein Schüler des Klosters Reichenau. Er versuchte eifrig das Christentum nach Ungarn zu tragen, vor allem auch darum, um der Mission der Ostkirche entgegenzuwirken.

Der Passauer Bischof Pilgrim machte Kaiser Otto auf Wolfgang aufmerksam, und Otto erhob ihn noch im Jahre 972
zum Bischof von Regensburg. Der später heiliggesprochene
Wolfgang machte sich unter anderem auch dadurch verdient, daß er nicht kleinlich auf den Grenzen seines Bistums
beharrte, wie wir das bei der Gründung von Magdeburg
erlebt haben. Er entließ großzügig, ohne Gegenleistung,
Prag aus seinem Bischofssprengel, weil er erkannte, daß der
weite böhmische Raum ein eigenes, selbständiges Bistum
benötigte.

Die Ernte eines Lebens –
Hoftag zu Quedlinburg

Am 23. März 973 feierte der Kaiser das Osterfest in Quedlinburg, dort, wo 5 Jahre früher seine Mutter Mathilde neben
seinem Vater, König Heinrich I., bestattet worden war.
Hier an den Gräbern der Eltern, am Ursprung des eigenen
Lebens, hielt Otto einen Hoftag ab, eine glänzende Manife-
station seiner Macht und Erfolge.
Delegationen aus allen Teilen Europas fanden sich ein, um
dem Kaiser der abendländischen Hegemonialmacht Reve-
renz zu erweisen. Es erschienen Dänen und Böhmen, Ungarn, Bulgaren und Russen, Griechen, Römer und Beneven-
taner.
Der polnische Herzog Mieszko erschien mit seinem Sohne,
dem späteren Boleslaw Chobry, als Unterpfand des Friedens. Ein Jahr zuvor, am Johannistag 972, war es aus unbe-
kannten Gründen zwischen dem Markgraf Hodo, unterstützt von dem Grafen Siegfried von Walbeck, und den Polen
zu einer Schlacht gekommen. Die Polen siegten in dem
blutigen Streit, aus dem fast nur die beiden Grafen sich retten
konnten.
Hier in Quedlinburg wurde der Frieden nach einem Krieg
beschlossen, dessen Motive unbekannt blieben, denn an der
Loyalität des Polenherzogs zum Kaiser bestand kein Zweifel.
Der Böhmenherzog Boleslaw verhandelte in Quedlinburg
über die Errichtung eines Bistums in Prag. Auch wurde hier

die Forderung des verstorbenen Papstes Johannes XIII. erfüllt, der auf dem Bischofsstuhl von Prag einen lateinisch gebildeten Priester und keinen Byzantiner sehen wollte.

In der ganzen Ostmission wurde die Rivalität zwischen Rom und Byzanz sichtbar. Der deutschen Kirche – und damit der katholischen Kirche – gelang die Missionierung Polens, Böhmens und Ungarns. Der byzantinischen Ostkirche jedoch gelang der große Schlag fast ein Jahrhundert später mit der Missionierung Rußlands im Jahre 1088.

Gesandte des Dänenkönigs Harald erschienen, versicherten ihren Friedenswillen und brachten Geschenke dar.

Ungarn und Bulgaren traten vor den Kaiser und verkündeten ihre Friedensbereitschaft. Die Entsendung des Bischofs Brun von Verden nach Ungarn scheint in diesen Quedlinburger Tagen beschlossen worden zu sein.

Ernte eines Lebens – Früchte eines jahrzehntelangen Kampfes. Die Welt schien sich dem Willen und den Wünschen des Kaisers zu fügen. Der Tag des »Imperator pacificus«, des Friedenskaisers, schien angebrochen.

Dann fiel ein schwerer Schatten über die hochgemuten Tage von Quedlinburg. Herzog Hermann erkrankte und starb am 27. März 973. Der Kaiser verlor in ihm, nach dem Tode des Markgrafen Gero, den Treuesten seiner Getreuen. Dieser Mann hatte für ihn stellvertretend Sachsen regiert. Er hatte unerschütterlich die östlichen Grenzen des Reiches verteidigt, darüber hinaus hatten seine Treue, seine Macht, sein Einfluß, seine Standhaftigkeit ins Reich hineingestrahlt und Ruhe und friedliche Entwicklung während der italischen Jahre des Kaisers bewirkt.

Es wurde einsam um Otto.

Die alten Gefährten, die Brüder, alle Kinder aus erster Ehe waren ihm schon im Tode vorausgegangen.

Der Kaiser bestätigte Hermanns Sohn Bernhard im Herzogsamt, und dieser trat voll in die Lehen seines Vaters ein.

Das Himmelfahrtsfest feierte der Kaiser am 1. Mai in Merseburg. Hier empfing er eine afrikanische Gesandtschaft, die ihn, wahrscheinlich im Auftrag der Fatimiden, mit königlichen Ehren und reichen Geschenken erfreute. Was der Gegenstand der Verhandlungen war, ist nicht bekannt. Jedoch waren Ottos Positionen in Süditalien so stark, daß sich dort sarazenische Interessen und die des Reichs im Mittelmeer berührten.

Ob über das sarazenische Raubnest Fraxinetum (la Garde-Freinet), das die Pilgerwege nach Rom verunsicherte, gesprochen wurde, ist wahrscheinlich, aber nicht gewiß.

Der Kaiser zog weiter durch Thüringen zum Kloster Memleben, dem gleichen Ort, an dem auch sein Vater vom Tode dahingerafft worden war.

Todesahnungen umschatteten sein Gemüt.

Die Schilderung seines letzten Tages hat uns Widukind getreulich übermittelt. Geben wir darum dem Mönch aus Corvey das letzte Wort:

»Am Dienstag aber vor Pfingsten (6. Mai 973) kam er an einen Ort, der Memleben heißt. In der folgenden Nacht stand er wie gewöhnlich mit der Dämmerung von seinem Lager auf und wohnte den nächtlichen und morgendlichen Lobgesängen bei. Darauf ruhte er ein wenig. Nachdem hierauf die Messe zelebriert worden war, spendete er nach seiner Gewohnheit den Armen, aß ein wenig und ruhte wiederum auf seinem Lager.

Zur Mittagsstunde aber kam er fröhlich aus seinem Gemach und setzte sich heiter zu Tisch. Nach vollbrachter Aufwartung wohnte er der Vesper bei. Als aber das Magnificat gesungen war, begann er bereits zu fiebern und sich matt zu fühlen.

Als dies die umstehenden Fürsten bemerkten, setzten sie ihn auf einen Sessel. Da er aber das Haupt neigte, als wäre er schon verschieden, weckten sie ihn wieder zu Bewußtsein; er begehrte das Sakrament des Leibes und des Blutes Gottes, nahm es und übergab dann ohne Seufzer mit großer Ruhe den letzten Hauch dem barmherzigen Schöpfer aller Dinge unter den Klängen der liturgischen Sterbegesänge. Dann wurde er von hier in sein Schlafgemach gebracht und, als es schon spät war, sein Tod dem Volk verkündet. Das Volk aber sprach viel zu seinem Lobe in dankbarer Erinnerung, wie er mit väterlicher Milde seine Untertanen regiert und sie von den Feinden befreit, die übermütigen Feinde, Awaren, Sarazenen, Dänen, Slawen, mit Waffengewalt besiegt, Italien unterworfen, die Götzentempel bei den benachbarten Völkern zerstört, Kirchen und geistliche Stände eingerichtet habe, und indem sie untereinander noch viel anderes Gute über ihn redeten, wohnten sie der königlichen Leichenfeier bei.«[43]

Im Verhalten des Volkes, im Rühmen der Taten des Toten, in der Verkündung seines Ruhmes, werden Elemente altgermanischer Totenehrung hinter dem Schleier der christlichen Leichenfeier sichtbar.

Der Bischof Thietmar von Merseburg sagte über Otto: »Seit Karl dem Großen hat auf dem Königsthron kein gleich bedeutender Regent und Schützer unseres Landes gesessen.«[44]

In der Ottos Tode folgenden Nacht wurden seine Eingeweide in der Marienkirche in Memleben beigesetzt, sein mit Spezereien behandelter Leib nach Magdeburg überführt. Sein Sohn, Kaiser Otto II., und die Fürsten des Reiches gaben ihm das Ehrengeleit. Im Dom von Magdeburg wurde er durch die Erzbischöfe Gero von Köln und Adalbert von Magdeburg an der Seite seiner ersten Frau Edgith bestattet. An seiner Grabplatte aus antikem Marmor stehen auf einem Goldblech in einem Distichon die Worte:

»Tres luctus causae sunt hoc sub marmore clausae;
Rex, decus ecclesiae, summus honor patriae«.

(»Drei Gründe der Trauer sind unter diesem Marmor eingeschlossen: der König, der Stolz der Kirche, die höchste Ehre des Vaterlandes«).

IV.
Die Zeit der Ottonen
im Überblick

1. Geistige und künstlerische Ausdrucksformen

Im zerfallenden Karolingerreich wirkten die Antriebskräfte der karolingischen Renaissance noch einige Jahrhunderte weiter fort.

Namen wie Walahfriid Strabo, Dichter und Abt der Reichenau, Hrabanus Maurus, Abt von Fulda und späterer Erzbischof von Mainz, der Erzbischof Ado von Vienne, der Karolinger Nithardt, der uns den tragischen Selbstvernichtungskampf des karolingischen Bruderkrieges überlieferte, der Abt Regino von Prüm und seine Chronik, der Erzbischof Hinkmar von Reims, der uns mit seinem »De ordine palatii« genaue Kenntnis des karolingischen Hofes übermittelte und unter andern auch als der Fortsetzer der Annales Bertiani bekannt ist, Johannes Scotus Eriugena, der Vorsteher der Hofschule Karls des Kahlen, und viele andere zeigen, daß das geistige Leben auch in den Teilreichen nicht zum Erliegen kam.

Doch Anfang des 10. Jahrhunderts erschöpften sich die geistigen Kräfte der von Ungarn und Normannennot geschüttelten Zeit.

Aber mit dem Werden des deutschen Reiches unter den Ottonen kam es zu neuen Impulsen in der Theologie, damals Königin aller Wissenschaften, im Schulwesen, der darstellenden Kunst und, wie schon gewürdigt, vor allem in der Geschichtsschreibung. Wenn von ottonischer Renaissance gesprochen wird, dann darf dies nicht als ein Neubeginn, sondern als eine Weiterführung dessen, was war, gesehen werden.

Das Erbe der Karolingerzeit, namentlich in der Theologie, war so groß, daß die ottonische Geisteswelt darauf sichtend und ordnend zurückgreifen konnte.

Zwar kam es nicht zur Schaffung einer Hofschule wie unter

Karl dem Großen, einer Hofschule, deren tragender Mittelpunkt der Kaiser selbst, seine Familie und seine Freunde waren.[1]

Jedoch blühten Klosterschulen, vor allem aber die Domschulen der Bischofskirchen auf. Hier war des Kaisers Bruder, der 953 zum Erzbischof von Köln erhobene Brun, Förderer und treibende Kraft. Unter seiner Leitung wurde die Kölner Domschule zu einem führenden Institut im Reiche. Würzburg, Hildesheim, Trier, Mainz, Paderborn und Worms, ja auch der neugegründete Erzstuhl von Magdeburg schlossen sich an. Der Ruhm der Domschulen überstrahlte den der Klosterschulen. Jedoch hatten die Domschulen auch einen diesseitigen, weltlichen Auftrag. Es wurde von ihnen, und das bezeugt uns Ruotger, Bruns Biograph, die Absicht verfolgt, dem König mit Hilfe der Wissenschaft Männer zu erziehen, die als Bischöfe und Staatsmänner König und Reich dienen sollten.

Wenn man auch in den theologischen Bereichen der Exegese, der Apologetik und der Dogmatik nicht über die Grenzen karolingischer Traditionen hinausging, so wurde auf dem Gebet der Liturgie Neues, Eigenes, aus dem Vollgefühl ottonischer Macht Gestaltetes, sichtbar.[2]

Alles, was zur Durchführung des Gottesdienstes an liturgischen Gerätschaften benötigt wurde: Sacramentare, Kelche, Monstranzen, Evangeliare, Perikopenbücher, wurde mit äußerster Pracht und Kunstfertigkeit hergestellt.

Als besondere Erscheinung kommt das Ponteficale hinzu, das darum so heißt, weil es für den »Pontifex«, den Bischof, geschaffen war. In diesem Buch wurden die Riten und Gebete niedergeschrieben, die dem Bischof alleine vorbehalten waren. Diese Bücher, die Gottes Wort enthielten, genossen die gleiche Verehrung wie Reliquien oder das Kreuz. Aus dieser inneren Einstellung bezog die prunkvolle Pracht der liturgischen Bücher und Gerätschaften ihre tiefere Rechtfertigung.

Die Liturgie selbst ist der gesamte Ablauf der gottesdienstlichen Handlung, das Mysterium der Messe, der Eucharistie mit dem Wunder der Transsubstiation, der Wesenswandlung, in der aus Brot und Wein Leib und Blut Christi werden.

Liturgische Bücher und Gerätschaften sollten den Glanz dieses Wunders widerspiegeln.

Und da der König als Gesalbter des Herrn Teil der Kirche war, so wandte sich die gestaltende Kunst der Repräsentation der königlichen Majestät zu.

Die Reichskrone, das Essener Mathildenkreuz, der Schmuck der Kaiserin Gisela, das Bernwardkreuz geben hiervon Zeugnis.

Das bedeutendste unter den liturgischen Büchern des 10. Jahrhunderts ist das – nach dem Vorschlag von Carl Erdmann so genannte – ottonische Pontificale. Zwischen 952 und 962 entstanden, enthält es vor allem die Gebete der Herrscherweihe, auch Mainzer Krönungsordo genannt. In ihm ist das gesamte Ritual der Königsweihe festgelegt. Diese ottonische Krönungsordnung fand Eingang in Italien und Rom und wurde später in das Pontificale Romanum eingefügt. Ein sichtbares Zeichen für die Weltgeltung ottonischen Kaisertums.

Die kostbaren liturgischen Bücher, mit juwelenbesetzten Einbänden geschmückt, durch kunstvolle Miniaturen ausgezeichnet, blieben dem feierlichen Gottesdienst vorbehalten. Ihre Stifter waren hohe weltliche oder geistliche Herren oder der Kaiser selbst, wie es im Beispiel des Perikopenbuches Kaiser Heinrichs II. (1002–1024) sichtbar wird. Dieser Schatz wird heute in der Bayerischen Staatsbibliothek in München aufbewahrt.

Im Liuthar-Evangeliar erscheint einer der drei Ottonen in der Mandorla, die sonst nur Jesus Christus vorbehalten ist. Es kann dies als Hybris gesehen werden, aber auch als Ausdruck der absoluten Vereinigung des Herrschers mit Christus, um durch ihn für sich und sein Volk den Weg in die Ewigkeit zu finden.

Die zur Blüte erweckte Buchmalerei der ottonischen Zeit findet einen Gipfel in der Prachturkunde Kaiser Ottos I. aus dem Jahr 962, wo er anläßlich seiner Kaiserkrönung das berühmte »Ottonianum« verlieh, in dem er das Verhältnis zwischen Papst und Kaiser niederlegte. Übertroffen wird dieses Dokument noch durch die bereits besprochene Heiratsurkunde der Kaiserin Theophanu, gegeben von Kaiser

Otto II., die als schönstes Kaiserdokument der deutschen Geschichte gilt.

In all diesen Kunstwerken wächst die ottonische Kunst aus den byzantinisch-karolingischen Vorbildern hinaus und findet zu eigener, schöpferischer Gestaltungskraft.

Es ist die Kunst einer imperialen Repräsentation für einen Gottesstaat, einer Verbindung von Himmel und Erde, wie sie sich im Wirken des Kaiserbruders Brun als Erzbischof und Erzherzog ausdrückt.

Dieser darstellenden Kunst kann sich die ottonische Architektur selbstbewußt zur Seite stellen.

Es sind nicht Königs- und Kaiserpfalzen, die dafür Zeugnis geben, sondern die ottonische Baugesinnung präsentiert sich im Kirchenbau. Sie findet ihren Ausdruck in den Gottesburgen mit ihren wehrhaften, imperialen Westwerken. Ein Baustil, der aus den immer gefährdeten sächsischen Grenzlanden seinen Weg in den Westen des Reichs gefunden hat.

Im Westen stellt er sich in seiner klarsten Form dar in der Kirche St. Pantaleon in Köln. Durch die Stiftungen des Erzbischofs Brun und der Kaiserin Theophanu bekam die Abtei die Mittel, einen Bau zu errichten, den die Zeitgenossen »als eines Kaiserhauses würdig betrachteten«.

Über Ottos des Großen bedeutendstes Baudenkmal, den Magdeburger Dom, um 955 begonnen, aber im Jahre 1207 durch einen Brand völlig zerstört, können uns nur noch die Fundamente begrenzte Auskunft geben. Seine räumliche Größe demonstriert, welche Bedeutung der Kaiser dem Magdeburger Erzbistum für Ostmission und Ostpolitik gegeben hatte.

Dem dreischiffigen Langhaus waren ein Atrium und eine Taufkirche vorgelagert. Ohne diese beiden Baukörper hatte das Langhaus eine Länge von 100 Metern und das Querhaus eine Breite von 30 Metern. Der gewaltige Kirchenbau war mit vier Türen bewehrt und bot einen majestätischen Anblick.

Eine der am besten erhaltenen Kirchen ottonischer Zeit ist St. Cyriakus in Gernrode. Es ist dies die Stiftung des mächtigen Markgrafen und Slawensiegers Gero. Als Äbtissin über das Nonnenkloster setzte er Hadwiga ein, die Frau seines gefallenen Sohnes, nach dessen frühem Tode der rauhe Krieger

Gero sich verinnerlichte und ein frommer Klosterstifter wurde.

Die Kirche St. Cyriakus zeigt sich als eine wohl durchkomponierte dreiteilige Basilika mit Querschiff, Chor und trutzigen Türmen. Die ganze romanische Kirchenanlage atmet die Wehrhaftigkeit der Epoche.

Die Zeit um die Jahrtausendwende war von einer fast leidenschaftlichen Bautätigkeit ergriffen. Die Vermutung, die sündige Menschheit habe sich damals, den befürchteten Weltuntergang des Jahres Tausend vor Augen, von ihrer Sündenschuld reinigen und durch Stiftung von Kirchen und anderen frommen Dingen das Himmelreich erwerben wollen, trägt aber nicht. Denn die Kirchengründungen gehen weit über das Jahr Tausend hinaus; sie sind Ausdruck tiefer Frömmigkeit und Gottessehnsucht.

Träger des Baugedankens waren die jeweiligen Kaiser und ihre Familien, aber auch Bischöfe, Äbte und weltliche Herren traten als Stifter auf.

Aus der Reihe der großen Kirchen sind zu nennen: St. Michael in Hildesheim, St. Georg in Oberzell auf der Reichenau, die Münsterkirche in Essen, St. Remi in Reims und die Abteikirche in Corvey.

Die frühere Holzbauweise wurde abgelöst durch den dauerhafteren und repräsentativeren Steinbau. Gegen die ältere mediterrane Längsbasilika setzte sich die wuchtige und kompaktere Form der Kreuzbasilika durch. Die überzüchteten antiken Akanthuskapitelle, die Otto der Große noch für Magdeburg erstellen ließ, wurden zurückgedrängt zugunsten der erdhaften und massiven romanischen Würfelkapitelle.

Die damals entwickelten Formen der Bau- und Raumgestaltung, sowie der ganze Kunstausdruck der Zeit endeten nicht mit den Ottonen. Sie sind noch verkörpert in den Domen von Speyer und Worms und verlieren sich erst in der Zeit des Investiturstreits.

2. DIE SÄCHSISCHEN KAISER NACH OTTO I.

Kaiser Otto II.

Mit dem Tode Ottos des Großen verlor Europa die formende Kraft, die ihm in einem siebenunddreißigjährigen Ringen und Kämpfen die prägenden Konturen gegeben hatte.

Dieser Tod war nicht nur das Ende eines Menschen. Mit ihm erlosch auch eine mächtige Energie, ein alles überspannender Wille. Ein Rastloser, zu Tode Erschöpfter, versank in den Tod wie in einen tiefen Schlaf. In das entstandene Vakuum strömten sogleich die alten Mächte des Zwiespalts. Heinrich der Zänker (955–995), Sohn Heinrichs I. von Baiern, des Bruders Otto des Großen, griff nach der Krone. Aber der junge König und Kaiser wurde mit dem Aufstand des Zänkers fertig. Den Angriff des Dänenkönigs Harald Blauzahn schlug er zurück. Dann führte er einen Feldzug gegen den Böhmenherzog Boleslaw II., als dessen Endergebnis die Gründung des Bistums Prag anzusehen ist.

Die lotharingische Westgrenze brach wieder auf.

König Lothar (954–986) von Frankreich drang bis Aachen vor und wendete den Adler auf der Kaiserpfalz, den einstmals Karl der Große angebracht hatte, symbolhaft gegen Osten.

Ein Gegenfeldzug des Kaisers, der bis Paris vorstieß – auch innerfranzösische Schwierigkeiten kamen hinzu – führte dazu, daß König Lothar seinen lotharingischen Träumen entsagen mußte.

Im Jahre 974 erwürgten die Anhänger des Crescentierpapstes den von Kaiser Otto gebilligten Papst Benedict VI. (973–974) in der Engelsburg. Zwei Päpste, der Crescentierpapst Bonifatius VII. (Juni bis Herbst 974) und der Papst des Kaisers, Benedict VII. (974–983) stritten daraufhin um den Stuhl des heiligen Petrus. Im Oktober 980 trat Kaiser Otto II.

zum Italienzug an. Ostern 981 feierte der Kaiser mit seinem Papst Benedict VII. in Rom und festigte die Ordnung aus der Sicht des Reiches.

Im Herbst 981 zog der Kaiser nach Süditalien, um das Land von der Sarazenenherrschaft zu befreien. Damit stieß er automatisch in byzantinische Herrschaftsräume vor. Auf dem Marsch nach Kalabrien kam es zur Katastrophe. Bei Crotone erlitt Otto II. im Juli 982 durch ein sarazenisches Heer eine vernichtende Niederlage. Der Kaiser rettete sich schwimmend auf ein vorbeisegelndes griechisches Schiff. Bei Rossano gelang es ihm, unerkannt schwimmend zu entfliehen und griechischer Gefangenschaft zu entgehen. Ein Unternehmen, das sowohl Geistesgegenwart als auch hohen persönlichen Mut bezeugt.

Die kaiserliche Stellung in Italien wurde jedoch nicht erschüttert. Die Sarazenen, die in dieser Schlacht ihren Emir verloren, zogen sich unter dem Eindruck dieses persönlichen Verlustes nach Sizilien zurück.

Auf einem Reichstag zu Verona in den Pfingsttagen des Jahres 983 wurde des Kaisers dreijähriger Sohn Otto zum König gewählt. Damit war die Nachfolge gesichert. Wie wichtig diese Maßnahme war, sollte die Geschichte bald zeigen.

Der Niederlage von Crotone folgte im Sommer 983 ein noch schlimmerer Schlag. Die im Liutizenbund vereinigten Slawen griffen östlich der mittleren Elbe das ottonische Grenz- und Missionsnetz an und zerschlugen es. Magdeburg war bedroht, Brandenburg und Havelberg gingen verloren. Ein sächsisches Heeresaufgebot schlug dann am Tanger (südl. Stendal) die Slawen vernichtend, so daß die Elblinie mit den Marken Meißen und Lausitz gehalten werden konnte. Die Grenze von Reich und Kirche mußten auf die Elblinie zurückverlegt werden.

Am 7. Dezember 983 starb der junge Kaiser Otto II. an einer falsch behandelten Malaria in Rom in den Armen seiner Gattin, der Kaiserin Theophanu. Der achtundzwanzigjährige Kaiser wurde in den Grotten von St. Peter in Rom in einem Sarkophag bestattet. Dieses einzige Kaisergrab in Rom war auch ein Grab deutscher Hoffnungen.

Denn nur zehn Jahre hatte der junge Kaiser regiert. Trotz der Kämpfe im Inneren hatte er die Stabilität des Reiches wieder hergestellt, die Westgrenzen gesichert und die deutsche Vormachtstellung in Italien behauptet. Das Desaster an den Ostgrenzen überschattet sein Andenken. Es dürfte ihm aber nicht zur Last gelegt werden. Seine Regierungszeit war zu kurz, um diesen Schicksalsschlag zu korrigieren. Im ganzen stellt er sich dar als ein mutiger, kraftvoller Fürst, der die nur zehnjährige Dauer seiner Herrschaft im Sinne des Reiches und seines großen Erbes gestaltet hatte.

Zwei Frauen regieren das Reich

Beim Tode Kaiser Ottos II. sah Heinrich der Zänker seine Stunde wieder gekommen. Das Rebellentum seines Vaters, Herzog Heinrichs I. von Baiern, im Blut, der den eigenen Bruder, Otto den Großen, vom Thron zu stoßen versucht hatte, griff er wiederum nach der Krone.
Er erwirkte die Aufhebung der von Kaiser Otto II. über ihn verhängten Haft beim Bischof von Utrecht. Ja, er erreichte die Auslieferung des dreijährigen Otto III. mit der Begründung, daß er sein nächster Schwertmage sei, das heißt sein nächster Blutsverwandter im Mannesstamm. Zu Ostern 984 ließ er sich von seinen Parteigängern zum König ausrufen.
Aber das Rechtsgefühl der Zeit wehrte sich gegen diese Okkupation. Es schadete ihm, daß er sich auf ausländische Fürsten stützte wie Mieszko von Polen, Boleslaw II. von Böhmen und den Abodritenfürsten Mistui. Als er sogar bereit war, für die Krone dem französischen König Lothar das westliche Bollwerk Lotharingien zu verkaufen, schlug die Stimmung gänzlich gegen ihn um. Die beiden Kaiserinnen Adelheid und Theophanu eilten nach Deutschland. Sie stützten sich auf den klugen und mächtigen und – als Bischof mit dem Krönungsrecht – nicht zu umgehenden Erzbischof Willigis von Mainz (975–1011). Ferner auf die weltlichen Herren, die Herzöge Konrad von Schwaben, Bernhard von Sachsen, den Liutpoldinger Heinrich den Jüngeren von Baiern und auf die Herzoginwitwe Beatrix, die für ihren unmün-

digen Sohn Dietrich I. Oberlotharingien regierte. Gemeinsam erzwangen sie auf einem Fürstentag in Rara (Rohr bei Meiningen) am 29. Juni 984 den Kronverzicht Heinrichs des Zänkers und die Auslieferung des königlichen Kindes.

In Frankreich erwachten in dieser Schwächeperiode des Reichs wieder die Ambitionen auf Lotharingien. Doch sie scheiterten am Widerstand der lotharingischen Großen. König Lothar brachte immerhin Verdun in seine Hand, gedacht als Faustpfand seiner lotharingischen Ansprüche.

Der Tod König Lothars im Jahre 986 und seines kinderlosen Sohnes im darauffolgenden Jahr machten der Sache ein Ende. Mit Billigung des deutschen Hofes setzte der Erzbischof Adalbero von Reims durch die Krönung des Herzogs Hugo Capet zum König von Frankreich am 3. Juli 987 einen neuen Anfang.

Im Osten gelang es der Regentin, der Kaiserin Theophanu, zwar nicht, die Verluste wettzumachen, aber sie konnte die Elblinie halten.

Im Jahre 989/990 erschien die Kaiserin Theophanu in Rom. Sie verstand es, die Ansprüche ihres Sohnes auf das Kaisertum aufrechtzuerhalten. Selbstbewußt urkundet sie in Rom nicht als »imperatrix«, sondern als »imperator augustus«. Der Auseinandersetzung mit dem römischen Stadtherrn Crescentius II. ist sie aus dem Wege gegangen. Sie sah ihre Aufgabe darin, die kaiserlichen Ansprüche ihres Sohnes offenzuhalten.

Mit herrscherlicher Kunst, die dieser außerordentlichen Frau im Blute lag, hat sie sieben Jahre lang die Geschicke des kompliziertesten Herrschaftsgebildes des Abendlandes zum Wohle des Reiches geleitet. Zu früh traf sie der Tod. Im Jahre 991, inzwischen wohl dreißig bis fünfunddreißig Jahre alt, starb sie am 15. Juli in Nymwegen und wurde in St. Pantaleon in Köln begraben.

Nach ihr übernahm die Regentschaft die Kaiserinmutter Adelheid von 991 bis 994. Es war eine undynamische Epoche, eine Zeit des Bewahrens, der Stagnation, aber auch eine Schrumpfung der deutschen Vorrangstellung. Im Reich selbst baute sich der Amtscharakter des Herzogtums weiter ab. Der Erbgang vom Vater auf den Sohn wurde zur Regel.

Als sich im September 994 durch die Mündigkeit und Schwertleite des jungen Königs Otto III. ihre Regentschaft erledigte, zog sich Adelheid vom Hof und von der Welt zurück auf ihre Klosterstiftung Selz im Elsaß, wo sie im Dezember 999 verstarb.

Kaiser Otto III.

Kaiser Otto III. war bis zu Kaiser Friedrich II. (1212–1250) der gebildetste Herrscher in der Reihe der deutschen Könige und Kaiser. Beiden gemeinsam war, daß sie in zwei Kulturen lebten, Friedrich aufgrund seiner Jugend in Sizilien, Otto wegen seiner byzantinischen Mutter. Beide waren ideenreich bis hin zum Phantastischen. Friedrich II. starb nach 38 Regierungsjahren als ein in seinen Zielen Gescheiterter, Otto nach 6jähriger Herrschaft als ein Unvollendeter. Beide waren von der Majestät ihres Kaisertums tief durchdrungen.

Nachdem Otto III. in seinem ersten Regierungsjahr seine Autorität durch einen Feldzug gegen die Elbslawen im Jahre 995 hergestellt hatte, zog es ihn nach Rom. Er nahm sogar eine winterliche Alpenüberquerung in Kauf und erschien Ostern 996 in Pavia. Dort nahm er die Huldigung der italischen Großen entgegen. Dem jungen König eilte ein solcher Ruf voraus, daß die Römer beim Tod des Papstes Johannes XV. (985–996) den König um die Designation eines Nachfolgers baten. Und sie mußten es hinnehmen, daß Otto sich für keinen römischen Kandidaten entschied, sondern für seinen Vetter Brun – der als Papst Gregor V. von 996 bis 999 als erster deutscher Papst amtierte und ihn am 21. Mai 996 in Rom zum Kaiser krönte.

Otto nahm sofort den Titel »Romanorum imperator augustus« an. Ein Titel, den sein Vater nur gelegentlich geführt hatte. Otto dokumentierte dadurch aller Welt sichtbar seinen Kaiseranspruch.

Oberitalien, auch Reichsitalien genannt, blieb dank dem starken Markgrafen Hugo von Tuscien kaisertreu. Ein blutiger Zusammenstoß mit Arduin, dem Markgrafen von Ivrea aus der Familie Berengars II. mit dem Bistum Vercelli, zeigte, wie dünn und trügerisch der Frieden war.

Im August 996 kehrte Kaiser Otto III. nach Deutschland zurück. Als Berater in Ottos Umkreis erscheint neben Gerbert von Aurilac der Erzbischof von Köln, Heribert, auch Kanzler für Italien.

Bald riefen italisch-römische Wirren den Kaiser wieder nach Rom. Der römische Stadtherr Crescentius II. hatte Papst Gregor V. aus Rom verdrängt.

Otto betraute seine Tante Mathilde, die Äbtissin von Quedlinburg, als »matricia« mit der Statthalterschaft in Deutschland. Am Ende des Jahres 997 ging er in seinen zweiten Italienzug.

Schon im Februar 998 besetzte er Rom, ließ den Crescentius in der Engelsburg enthaupten und den Gegenpapst Johannes XVI. verstümmeln. Nach dem Tode Papst Gregors V. erhob Otto III. seinen bewunderten Freund und Lehrer, einen der gebildetsten Männer des Kulturkreises, Gerbert von Aurilac, zum Papst. Er nannte sich Silvester II., um darzustellen, daß er in Otto III. den Nachfolger Konstantins des Großen (306–337) sah, in dessen Zeit Papst Silvester I. (314–335) sein Pontifikat ausübte.

Ottos III. Staatsidee war ein christlich-römisches Weltreich. Seine Formel hieß »Renovatio Imperii Romanorum«. Er selbst nannte sich in seinen Urkunden – in Angleichung an die päpstliche Legitimations- und Demutsformel – »servus servorum Dei« und »servus apostolorum et secundam voluntatem Dei salvatoris Romanorum imperator augustus«.

Ottos Staatsidee eines universalen christlichen Imperiums als Heimat aller christlichen Völker verwirklichte sich nicht. Sei es, daß sie sich nicht verwirklichen ließ, sei es, daß ihm durch seinen frühen Tod keine Zeit blieb, seine Vorstellungen zu realisieren.

Dennoch hat er auf dem Wege dorthin Dauerhaftes geschaffen. Durch die Gründung des Erzbistums Gnesen mit den Suffraganbistümern Kolberg, Breslau und Krakau hat er den Grundstein zum christlichen Königreich Polen gelegt.

Dann hat er – durch die Erhebung des Abtes Anastasius zum Missionsbischof für Ungarn – den Beginn der ungarischen

Kirchenorganisation geschaffen. Auf der von Papst und
Kaiser gemeinsam geleiteten Synode von Ravenna im Jahre
1001 wurde durch die Errichtung des Erzbistums Gran der
jungen ungarischen Kirche ein fester Halt gegeben. Der
Missionsbischof Anastasius erhielt den Auftrag, den Groß-
fürsten Stephan zum König zu weihen. Der Kaiser selbst
hatte dazu wahrscheinlich die Krone gestiftet. Das junge
Königreich Ungarn sollte Teil des Imperiums sein.
Dann setzte am 24. Januar 1002 der Tod allen großen Träumen ein Ende. Auf der Burg Paterno am Soracte erlag der erst
einundzwanzigjährige Kaiser einer Malaria.
Seine Getreuen trugen ihn durch das im Aufstand ent-
flammte Italien über die Alpen nach Deutschland. Dort
wurde er nach eigenem Wunsch neben seinem großen Vorbild, Karl dem Großen, im Marienmünster in Aachen beigesetzt.

Kaiser Heinrich II.

Sein Großvater, Heinrich I. von Baiern, der Bruder Ottos des
Großen, hatte zweimal nach der Krone gegriffen und war
gescheitert. Sein Vater, Heinrich der Zänker, hatte das gleiche versucht, und nun erfüllte sich im Enkel und Sohn,
Heinrich II., der Königstraum der Vorfahren.
Wiederum gab der Erzbischof Willigis von Mainz den Ausschlag. Er lud Heinrich vor anderen Bewerbern nach Mainz
zur Krönung ein, so sein vom Papst verliehenes Vorrecht der
Königsweihe und Krönung nutzend.
Heinrichs II. Regierung bedeutet eine Zäsur und eine Abwendung von den hochfliegenden Zielen Ottos III. Das
drückt sich auch darin aus, daß die Inschriften seiner Bullen
nicht mehr »renovatio imperii Romanorum«, sondern »reno-
vatio regni Francorum« lauten.
Eine Rückkehr zur Wirklichkeit.
Die Mächte, der Reichsepiskopat, die Heinrich auf den
Thron gehoben hatten, trugen ihn auch. Unter Heinrich
entfaltete das ottonische Reichskirchensystem seine größte
Wirksamkeit. Auf die Bischöfe gestützt, konnte Heinrich ein

gemäßigtes Amtsherzogtum durchsetzen. Der Übergabe des Herzogtums vom Vater auf den Sohn stimmte er in der Regel zu, aber weitere Erbfolgegänge lehnte er ab.

Die relative Stabilität im Innern gab ihm die Kraft, den über drei Feldzüge verteilten, 15 Jahre währenden Polenkrieg durchzustehen. Den Zielen des Boleslaw Chobry, der Böhmen erobert hatte und ein großpolnisches Reich herzustellen versuchte, konnte er somit entgegentreten. Ebenso gelang es Heinrich, das an Polen verlorene Milzener Land und die Lausitz zurückzugewinnen. Im Frieden des Jahres 1013 zu Merseburg leistete Boleslaw Chobry den Vasalleneid für das Milzener Land und die Lausitz. Hier kam auch die Ehe zwischen dem Sohn des Boleslaw, Mieszko, und der ottonenblütigen Richeza zustande. Nach Heinrichs II. Tod im Jahre 1024 brach der Polenherzog seine vasallitische Bindung ans Reich. Er wurde, wohl mit päpstlicher Zustimmung, König von Polen, starb aber bald nach seiner Erhebung im Jahre 1025.

Die Beziehung zu Ungarn war friedlich und bestimmt durch die verwandtschaftlichen Bindungen beider Herrscherhäuser. Durch die Errichtung von zehn Bistümern vollendete König Stephan die Christianisierung Ungarns, das damit seinen Weg in die europäische Kulturgemeinschaft fand.

Das Verhältnis zu Frankreich war ruhig und entspannt, lediglich der mächtige Graf von Flandern sorgte für Unruhe. Doch konnte die Ruhe wiederhergestellt werden, als der deutsche und der französische König den Grafen Balduin in eine deutsch-französische Doppelvasallität einbanden (Reichsflandern und Kronflandern).

Über seine Mutter Gisela, eine Burgunderprinzessin, stand Heinrich II. in engem Verwandtschaftsverhältnis zu dem kinderlosen König Rudolf von Burgund (993–1032). Zwar überlebte der Oheim den Neffen, aber die künftige Verbindung Burgunds mit dem Reich war für die Zukunft festgelegt.

Nach dem Tode Ottos III. war durch Italien eine Erhebungswelle aufgebrandet, auf deren Gipfel der Markgraf Arduin von Ivrea zum König von Italien ausgerufen wurde. Dies war der letzte einheimische König Italiens. Acht Jahrhunderte mußten vergehen, bis in Viktor Emanuel, aus dem Hause Savoyen, Italien wieder einen eigenen König erhielt.

Heinrich II. zog im Frühjahr 1004 nach Oberitalien. Er wurde am 14. Mai 1004 in Pavia zum »rex Langobardorum« gewählt und von Erzbischof Arnulf von Mailand gekrönt. Darin lag eine gewisse Anerkennung der Selbständigkeit Italiens, die von Heinrichs Vorgängern nicht so beachtet worden war.

Die Lage an der Polenfront zwang den König zur raschen Rückkehr nach Deutschland. Die Bekämpfung des Königs Arduin mußte Heinrich seinen Anhängern unter der Führung des deutschfreundlichen Bischofs Leo von Vercelli überlassen.

Erst Ende des Jahres 1013 zog Heinrich mit seiner Frau Kunigunde, aus dem Grafenhaus der Lützelburger, nach Italien, um in Rom die Kaiserkrönung zu empfangen. Zu sehr hatten ihn die Polenkriege, die Lützelburger Fehde (es ging um die Bischofssitze von Trier und Metz) und andere Querelen im Reich festgehalten, als daß er das hohe Ziel jedes deutschen Königs, die Kaiserkrone zu erwerben, hätte verfolgen können.

Am 14. Februar 1014 wurde nun die feierliche Kaiserkrönung des Herrscherpaares durch Papst Benedict VIII. (1012–1024) vollzogen. Dabei überreichte der Papst dem Kaiser eine goldene, mit einem Kreuz versehene Kugel. Dies ist das erste bezeugte Erscheinen des Reichsapfels im Krönungsritual.

Schon vor Heinrich II. haben wir jedoch bildliche und figürliche Darstellungen von Kaisern mit der Kugel und dem Kreuz.

Die Reiterstatuette von Metz ist auch mit diesem Herrschaftszeichen ausgestattet und wird von Percy Ernst Schramm wie folgt beschrieben:

»Dargestellt ein Herrscher mit Lilienkrone, auf der rechten Schulter befestigtem Mantel, unter den Knien gebundenen Beinkleidern, Beine mit Binden umwickelt, Schwert umgegürtet, in der Hand Kugel, ursprünglich wahrscheinlich in der anderen Zepter . . . Enge Parallelen zu Metzer Elfenbeinarbeiten der Zeit um 860/70 lassen annehmen, daß die Statuette in Metz entstanden ist.«

Auf anderen Herrscherbildern, zum Beispiel dem Evangeliar

Ottos III. (Reichenau, Ende 10. Jh.), finden wir den Kaiser thronend, in der Rechten das Zepter, in der Linken die Kugel mit dem Kreuz, dem Reichsapfel.[3]

Jedoch im Krönungsritual erscheint er erstmals bei der Kaiserkrönung Heinrichs II.

Die Kugel mit dem Kreuz ist zweifelsfrei kaiserliches Herrschaftsinsignium. Ist sie Symbol für das Universum oder Symbol für die Erde, für unsere Welt?

Und das in einer Zeit, in der die Erde als Scheibe empfunden wurde?

Man sollte in diesen Widerspruch keine naturwissenschaftlichen Erkenntnisse hineininterpretieren. Er gehört zu den Geheimnissen der Geschichte.

Acht Tage nach der Kaiserkrönung kam es in Rom zu einem Aufstand der Crescentier. Auf der Tiberbrücke entbrannte ein blutiges Gefecht, doch die kaiserlichen Truppen behielten die Oberhand. Die Stadtherrschaft der Tusculaner ließ der Kaiser bestehen und zog zurück nach Norditalien. Dort setzte er zur Stützung der kaiserlichen Macht deutsche Kleriker als Bischöfe ein. Auf Synoden in Ravenna und Pavia behandelte der Kaiser Fragen der Kirchenreform, darunter auch wieder das Problem der Ehelosigkeit des Klerus.

Nach seiner Rückkehr nach Deutschland gelang es dem Bischof Leo von Vercelli, unterstützt durch den Markgrafen Bonifaz von Canossa, den König Arduin zur Abdankung zu zwingen. Der enttäuschte Mann entsagte der Welt, trat in seine Klosterstiftung Fruttuaria ein und starb dort am 15. Dezember 1015.

Das Jahr 1021 zwang Heinrich zu seiner letzten Italienfahrt. Mit starker Heeresmacht zog der Kaiser an Rom vorbei nach Apulien. Ob er die byzantinische Festung Troja nehmen konnte, ist umstritten, doch sein Eingreifen in Süditalien führte Byzanz auf die Grenzen zurück, die sich unter Otto dem Großen herausgebildet hatten. Dies war überdies der letzte Kampf zwischen deutschem und byzantinischem Kaisertum auf italischer Erde.

Neben der kämpferischen Bewahrung des Reichs, neben der maßvollen Politik, die an seinen Urgroßvater König Heinrich I. erinnert, blieb Heinrichs II. Name verbunden mit der

Wiederherstellung des Bistums Merseburg und mit seiner ureigensten Schöpfung, der Gründung des Bistums Bamberg.

Wie Otto der Große bei der Gründung des Erzbistums Magdeburg, so mußten auch hier die Eigeninteressen der anliegenden Bistümer überwunden werden, die für die Neugründung eine Reduzierung ihres eigenen Gebietes hinnehmen mußten.

Doch der Kaiser erreichte sein Ziel. Mit päpstlicher Unterstützung wurde die Gründung im Jahre 1007 vollzogen.

Der Bamberger Dom, im Jahre 1237 in seiner jetzigen Gestalt fertiggestellt, wurde zur Grablege des Kaiserpaares. Es ist eines der edelsten Bauwerke im Übergang der Romanik zur Gotik. Bamberg hat seinen Kaiser nie vergessen. Tilman Riemenschneider (1513) schuf das kaiserliche Grabmal.

Die Kaiservita Heinrichs II., erfüllt vom monastischen Lebensideal seines Chronisten, des Bamberger Klerikers Adalbert, läßt den Kaiser und seine Frau sogar in einer Josefsehe leben.

Wenn Heinrich II. auch nicht den Beinamen der Große erhielt, so ist er doch der einzige deutsche Kaiser nach Karl dem Großen, der zum Heiligen erhoben wurde. Papst Innocenz III. (1198–1216) sprach Kaiserin Kunigunde, seine Frau, im Jahre 1200 heilig.

Heinrich selbst, der am 13. Juli 1024 verstorben war, wurde im Jahre 1146 durch Papst Eugen III. (1145–1153) in den Stand der Heiligkeit erhoben.

In ihm hatte sich das Jahrhundert der Ottonen erfüllt.

3. Die Deutschen und ihr Reich

Aus ottonischem Macht- und Herrschaftswillen entwickelte sich das Deutsche Reich.

Dennoch ist dieses erste Reich der Deutschen nicht nur entstanden aus dem Willen eines Fürsten und auch nicht durch die Proklamation eines Fürstenkonvents, so wie das zweite Deutsche Reich.

In über einem Jahrhundert wuchsen Sachsen, Baiern, Franken, Alemannen und Lotharinger zu einer Gemeinschaft zusammen, die sich einer höheren Idee unterwarf als Stammestum und Stammesgenossenschaft.

Es gab fortan ein selbstgestaltetes, selbstbestimmtes Schicksal der deutschen Stämme.

Über diesem Deutschtum stand die Kaiserkrone als Aufgabe und Symbol eines christlichen Universalreichs als Heimat vieler Völker.

Zwei große Könige haben das Gemeinschaftsgefühl der Deutschen geprägt. Jeder auf seine, ihm angemessene Weise.

König Heinrich I., ein willensstarker und dennoch kompromißfähiger Monarch, verstand es, die Idee des Herzogtums, dem ja auch er entstammte, zu achten und trotzdem für die Ziele des Reichs einzusetzen. In den siebzehn Jahren seiner Herrschaft formte er die Einheit des Reiches, auch wenn die Bindung der Herzogtümer an die Krone nur durch ein loses Lehensverhältnis gegeben war. Den Kampf gegen die Ungarn bestand er am 15. März 933 siegreich an der Unstrut mit einem Heer aus Sachsen, Baiern und Lotharingern. Die Stämme erlebten, daß ihre vereinigte Kraft selbst die ungarischen Todfeinde besiegen konnte. Dieses gemeinsame Siegeserlebnis war ein weiterer Schritt zum gemeinsamen Schicksal. Als Heinrich am 2. Juli 936 in seiner Pfalz zu

Memleben starb, hatte er seinen Lebensauftrag, als ein Meister des Möglichen, erfüllt.

Sein Sohn Otto schuf aus dem neuen und jungen Reich einen starken, zentralistischen Staatsverband, in dem fast alle Gewalt vom König ausging. Otto war im Gegensatz zu seinem Vater ein »Meister des Unmöglichen«.

Den Kampf mit den Herzogsgewalten verfocht er mit unerbittlicher Energie. Sein Triumph war der Sieg auf dem Lechfelde am 10. August 955 über die Ungarn – der Sieg, der zum gemeinsamen Erlebnis der Deutschen wurde.

In dieser siegreichen Schlacht führte Otto der Große die deutschen Stämme zur Hegemonie in Europa, die ihren Ausdruck in der Kaiserkrone fand.

Im stetigen Kampf um die Kaiserkrone und die Schutzmachtstellung in Europa wuchsen die Deutschen in ihr Schicksal hinein. Ein Schicksal, das Deutschland hieß, auch wenn noch drei Jahrhunderte vergingen, bevor dieser Name vom Sprachgebrauch angenommen wurde.

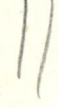

Noch im Jahre 962 nennt sich das Reich schlicht »imperium«, seit dem 12. Jahrhundert kommt in Idealkonkurrenz zur »heiligen Kirche« der Zusatz »sacrum« hinzu, und erst seit dem 15./16. Jahrhundert ist der Staatsbegriff fest ausgebildet als:

»Das heilige römische Reich deutscher Nation«.

Anhang

Anmerkungen

I. Wie die Deutschen Deutsche wurden

1 Widuk. II. c. 36
2 Thietm. chron. c. II. 28
3 Liutpr. antap. c. 28
4 Widuk. III. c. 32
5 J. Fleckenstein, »Grundlagen und Beginn der deutschen Geschichte« in: »Deutsche Geschichte«, Göttingen, 1955
6 »Anonymi Vit. Hlud. c. 64
7 »Reg. chron. 841« neu bearbeitet von R. Rau, Darmstadt 1982
8 »Nithardt, Hist. III. c. 5, R. Rau, Darmstadt 1982
9 Gebhardt, »Handbuch der deutschen Geschichte«, Heinz Löwe, Das Zeitalter der Karolinger, Stuttgart 1973
10 E. Mühlbacher, »Deutsche Geschichte unter den Karolingern, Darmstadt 1958
11 wie oben, S. 653
12 Adalberti Continuation Reginonis, a. 910, neu bearbeitet von R. Rau, Darmstadt 1977
13 E. Mühlbacher, »Deutsche Geschichte unter den Karolingern«, Darmstadt 1959, S. 65
14 »Widukindi res gestae Saxoniae« I. c. 25, neu bearbeitet von R. Rau, Darmstadt 1977
15 Widuk. I. c. 26
16 Widuk. I. c. 16
17 Thietm. chron. I. c. 5
18 Widuk. I. c. 16
19 Thietm. chron. I. c. 5
20 Thietm. chron. I. c. 9
21 Widuk. I. c. 26
22 A. Hauck, »Kirchengeschichte Deutschlands«, Leipzig 1906, Bd. III, S. 17
23 Monumenta Germaniae Historia (MGH) SS. c. 30, S. 743
24 Widuk. I. c. 27
25 G. Waitz, »Jahrbücher des deutschen Reichs unter König Heinrich I.« 921, Ndr. Darmstadt 1963

26 Gerhardi, »Vita S. Brunonis«, c. 3, übersetzt v. H. Kallfelz, Darmstadt 1986
27 Widuk. I. c. 34
28 Widuk. I. c. 34
29 Thietmari Merseburgensis Chronikon, I. 23, neu übersetzt von
   W. Trillmich, Darmstadt 1974
30 Liutprandi antapodosis IV. 25, neu bearbeitet von A. Bauer und
   R. Rau, Darmstadt 1977
31 Widuk. I. c. 32
32 Annales Ratispondensis, ad. 927, MGH. SS. 17, S. 557
33 Widuk. I. c. 35
34 Widuk. I. c. 36
35 A. Hauck, Kirchengeschichte Deutschlands, Bd. III, S. 89
36 Widuk. I. c. 38
37 Flodoardi ad. 933
38 Widuk. I. c. 39
39 Widuk. I. c. 39, 41
40 Widuk. I. c. 40
41 Adam I. 59, neu übertragen von W. Trillmich, Darmstadt 1978
42 Widuk. I. c. 39
43 Widuk. I. c. 40

II. Der König, der ein Kaiser war

1 Vita Mathildis ant. c. 7, p. 576
2 Widuk. II. c. 1, 2
3 Thietm. chron. I. c. 26
4 G. Franz, »Quellen zur Geschichte des deutschen Bauernstandes
   im Mittelalter«, Darmstadt 1974, S. 124
5 R. T. Soolidge, »Adalbero, Bishop of Laon«, in: Studies in Medieval
   Renaissance History, II. 1965
6 G. Franz, »Quellen zur Geschichte des deutschen Bauernstandes
   im Mittelalter«, Darmstadt 1974, S. 17
7 G. Franz, »Quellen zur Geschichte des deutschen Bauernstandes
   im Mittelalter«, Darmstadt 1974, S. 130
8 »Der große Brockhaus«, Wiesbaden 1980
9 H. Mitteis, »Der Staat des hohen Mittelalters«, Köln-Wien 1980,
   S. 79
10 Widuk. II. c. 4
11 Widuk. II. c. 4
12 Widuk. II. c. 4
13 Widuk. II. c. 11
14 Thietm. chron. II. c. 2

15 Köpke / Dümmler, »Kaiser Otto der Große«, Darmstadt 1962, S. 65
16 Widuk. II. c. 15
17 Widuk. II. c. 17
18 Liutpr. antap. IV. c. 24
19 Widuk. II. c. 24
20 Widuk. II. c. 20
21 Ann. Augiens 939
22 Widuk. II. c. 23
23 contin. Regin. 954
24 Widuk. II. c. 24
25 Liutpr. antap. IV. c. 28
26 Widuk. II. c. 25
27 Widuk. III. c. 53, 54 (Nach dem Ungarnsieg spricht Widukind vom König nur noch als vom Kaiser)
28 Annal. S. Nazarii 939
29 Liutpr. antap. IV. c. 29
30 Liutpr. antap. IV. c. 34
31 Artoldi libellus, Flodoardi Hist. Rem. IV. c. 35, aber auch Köpke / Dümmler, »Kaiser Otto der Große«, Darmstadt 1962, S. 94
32 Liutpr. antap. IV. c. 35
33 Liutpr. antap. V. c. 1
34 Die Königin starb 946 im 10. Regierungsjahr ihres Gemahls und im 18. Jahr seit ihrer Ankunft in Sachsen
35 Widuk. II. c. 41
36 Widuk. II. c. 38
37 Widuk. II. c. 36
38 Widuk. III. c. 2, 3
39 »Apokrisiar«, hat die Funktion eines heutigen Nuntius und unterscheidet sich vom Legaten mit Sonderauftrag. LThK.
40 MG. Const. I, 6, S. 12 ff.
41 H. Fuhrmann, »Die Heilige und Generalsynode des Jahres 948«, in: »Otto der Große«, Hsrg. H. Zimmermann, Darmstadt 1976
42 Thietm. chron. II. c. 5
43 Widuk. III. c. 10
44 Adalberti cont. Reg. 951
45 Hrotsvitha von Gandersheim, Werke in deutscher Sprache, übertragen von Helene Homeyer, München, 1973
46 Flodoard, Annales, S. 133
47 Annal. Bertiniani 877
48 Gertrud Bäumler »Adelheid, Mutter der Königreiche«, Tübingen 1951
49 Thietm. chron. II. c. 28
50 Gertrud Bäumler, »Adelheid, Mutter der Königreiche«, Tübingen 1951

51 Gunter Wolf, »Über die Hintergründe der Erhebung Liudolfs von Schwaben«, in »Otto der Große«, Hrsg. H. Zimmermann, Darmstadt 1976
52 Widuk. III. c. 10
53 Helmut Naumann, »Rätsel des letzten Aufstandes gegen Otto I.«, in »Otto der Große«, Hrsg. H. Zimmermann, Darmstadt 1976
54 Adalberti cont. Reg. 953
55 Widuk. III. c. 13, 14, 15
56 Ruotgero, »Vita Sancti Bruno onis«, S. 11, 12, 13
57 Widuk. III. c. 18, 19, 20
58 Brunonis c. 18
59 Widuk. III. c. 18, 19, 20, 21, 22
60 Brunonis c. 20
61 Widuk. III. c. 27
62 Gerhardo, »Vita Oudalrici« c. 10
63 Widuk. III. c. 29, 50
64 Widuk. III. c. 31
65 Adalberti cont. Reg. 954
66 Helmut Naumann, »Rätsel des letzten Aufstandes gegen Otto I., in: »Otto der Große«, Hrsg. H. Zimmermann, Darmstadt 1976
67 Widuk. III. c. 32, 33
68 Widuk. III. c. 35
69 Oudalrici, c. 12
70 Widuk. III. c. 44
71 Oudalrici, c. 12
72 Widuk. III. c. 44, 46, 47, 48, 49
73 Simon de Keza, »Gest Hungarorum«
74 Widuk. III. c. 46
75 Oudalrici c. 12–13
76 Brunonis, c. 36
77 Thietm. Chron. II. c. 9–11
78 Adalberti cont. Reg. 955
79 MGH. Script. SS. I. S. 79
80 B. Eberl, »Die Ungarnschlacht auf dem Lechfeld (Gunzenlê) 955«, Augsburg-Basel 1955, S. 8
81 Widuk. III. c. 46
82 Flodoardi ann. ad. 955 SS. III. 403
   Richerii, Hist. Lib. III. c. 6, SS. III. 611
83 Brunonis c. 36
84 Widuk. III. c. 57
85 Köpke/Dümmler, »Kaiser Otto der Große«, Darmstadt 1962, S. 286, Anm. 2
86 Liutpr. antap. IV. c. 16
87 Ann. S. Columbae 954

88 Brunonis c. 39
89 K. F. Werner, »Westfranken-Frankreich unter den Spätkarolingern«, in: Handbuch der europäischen Geschichte«, Bd. I., Hrsg. Th. Schieder, Stuttgart 1976
90 Köpke/Dümmler, »Kaiser Otto der Große«, Darmstadt 1962, S. 272
91 Gerd Althoff/Hagen Keller, »Heinrich I. und Otto der Große«, Göttingen 1985, S. 221
92 A. Hauck, »Kirchengeschichte Deutschlands«, Bd. III, S. 31, Leipzig 1906
93 A. Hauck, »Kirchengeschichte Deutschlands«, Bd. III, S. 32

III. Der Kaiser

1 Widuk. I. c. 40
2 A. Hauck, »Kirchengeschichte Deutschlands«, Bd. III, S. 222
3 Contin. Regin. 961
4 Chronic. Salernit. c. 169
5 Contin. Regin. a. 961
6 Liutpr. Gets. Ott. c. 2
7 Dronke Cod. Fuld. p. 328, aber auch bei Köpke/Dümmler, »Kaiser Otto der Große«, Darmstadt 1962, S. 327
8 Thietm. chron. IV. c. 32
9 Köpke/Dümmler, »Kaiser Otto der Große«, Darmstadt 1962, S. 330
10 A. Hauck, »Kirchengeschichte Deutschlands«, Bd. III, S. 229
11 Liutpr. Gest. Ott. c. 4
12 Liutpr. Gest. Ott. c. 10
13 Liutpr. Gest. Ott. c. 15
14 Liutpr. Gest. Ott. c. 20
15 Lib. pontific. ed. Wattenbach, p. 48
16 Lib. pontific. ed. Wattenbach, p. 48
17 Contin. Regin. a. 964
18 Benedicti Chron. c. 37
19 Liutpr. Gest. Ott. c. 22
20 Atto Polypt. 11, S. 871
21 A. Hauck, »Kirchengeschichte Deutschlands«, Bd. III, S. 238
22 Brunonis c. 31, c. 42
23 Brunonis c. 49
24 Thietm. chron. II. c. 16, 17
25 Widuk. III. c. 65
26 Köpke/Dümmler, »Kaiser Otto der Große«, Darmstadt 1962, S. 407
27 Contin. Regin. 965
28 Contin. Regin. 965
29 Benedicti Chron. c. 39

30 »Geschichte der sächsischen Kaiserzeit«, R. Holtzmann, München 1979, S. 204

E. Hlawitschka, »Vom Frankenreich zur Formierung der europäischen Staaten- und Völkergemeinschaft 840–1046«, Darmstadt 1986, S. 130

31 Cod. dipl. Sax. reg. I, 3: »tertius post Constantinum«, – der zweite nach Constantin ist Karl der Große –, siehe auch: Köpke/Dümmler, »Otto der Große«, Darmstadt 1962

32 Contin. Regin. 967

33 Liutpr. leg. c. 7

34 Liutpr. leg. c. 10

35 Liutpr. leg. c. 11

36 »Die Heiratsurkunde der Kaiserin Theophanu«, D. Matthes, Stuttgart 1980

37 J. Fleckenstein, »Das Reich der Ottonen im 10. Jahrhundert«, in Gebhardt »Handbuch der deutschen Geschichte«, DTV München 1978, Bd. 3, S. 117

38 Widuk. III. c. 69

39 Widuk. III. c. 74

40 Widuk. II. c. 31

41 Thietm. chron. II. c. 21

42 Oudalrici 23

43 Widuk. III. c. 75

44 Thietm. chron. II. c. 45

IV. Die Zeit der Ottonen im Überblick

1 E. W. Wies, »Karl der Große – Kaiser und Heiliger«, München 1986, S. 201–212

2 »Exegese« will als theologische Disziplin die Heilige Schrift mit wissenschaftlichen Mitteln beweisen. »Apologetik«, die Rechtfertigung des Glaubens. »Dogmatik«, sieht als ihren Inhalt die gesamte christliche Offenbarung. L Th K.

3 Schramm/Mütherich, »Denkmale deutscher Könige und Kaiser«, München 1962, S. 137, 155

BEMERKUNGEN ZUM LITERATURHINWEIS

Für den Leser, der sich selber aus den Quellen informieren will, sei auf die Quellenwerke der Freiherr-von-Stein-Gedächtnisausgabe, in deutsch und lateinisch, hingewiesen, die unter den Nummern 1 bis 9 im Literaturverzeichnis aufgelistet sind.

Im Jahre 1980 ging Helmut Hiller mit einer sachkundigen Biographie über Otto den Großen an die Öffentlichkeit.

Die Historiker Gerd Althoff und Hagen Keller traten 1985 mit einem Doppelband »Heinrich I. und Otto der Große« hervor. Sie befreiten sich vom Zwang der Darstellung kalendarischer Lebensabläufe ihrer Helden. Vielmehr stellten sie, aufgrund neuer Erkenntnisse, innere Entscheidungsvorgänge in den Vordergrund ihrer Betrachtungen. Dabei vermieden sie professoralen Fachjargon und fanden zu einer Sprache, die in ihrer Transparenz und Diktion neue Leserkreise erschließen sollte.

1976 erschien in der Reihe »Wege der Forschung«, herausgegeben von Harald Zimmermann das Buch »Otto der Große«. Elf Historiker, alle Experten der Zeit und der Epoche, nehmen hier Stellung zu wichtigen Einzelproblemen in ottonischer Zeit.

Stellt man die unvermeidlichen nationalen Prägungen des 1876 geborenen Robert Holtzmann in Rechnung, so ist sein Werk »Geschichte der sächsischen Kaiserzeit« auch heute noch ein Standardwerk für die Epoche.

Im Jahre 1987 würdigte Hellmut Diwald mit seinem Buch »König Heinrich der Erste« die geschichtliche Persönlichkeit dieses großen Königs. Meisterhaft ist seine Darstellungskunst, die Gegenwärtiges mit Vergangenem zu verbinden und zu erklären weiß.

Alle diese Bücher werden helfen, den Deutschen ihre Vergangenheit zurückzugeben.

Literaturhinweis

Ausgewählte Quellen zur deutschen Geschichte des Mittelalters, Freiherr-vom-Stein-Gedächtnisausgabe.

1. Quellen zur karolingischen Reichsgeschichte:
»Die Reichsannalen«,
»Einhard, Das Leben Karls des Großen«,
»Thegan, Das Leben Kaiser Ludwigs«,
»Das Leben Kaiser Ludwigs vom sog. Astronomus«,
»Nithart, Vier Bücher Geschichten«.
Neu bearbeitet von R. Rau, Darmstadt 1980.

2. Quellen zur karolingischen Reichsgeschichte:
»Jahrbücher von Fulda«,
»Regino Chronik«,
»Notker, Taten Karls«.
Neu bearbeitet von R. Rau, Darmstadt 1982.

3. Quellen zur karolingischen Reichsgeschichte:
»Jahrbücher von St. Bertin«,
»Jahrbücher von St. Vaast«,
»Jahrbücher von Xanten«.
Neu bearbeitet von R. Rau, Darmstadt 1980.

4. Quellen zur Geschichte der sächsischen Kaiserzeit:
»Widukinds Sachsengeschichte«,
»Adalberts Fortsetzung der Chronik des Regino von Prüm«,
»Liudprands Werke«.
Neu bearbeitet von A. Bauer und R. Rau, Darmstadt 1977.

5. Ausgewählte Quellen zur deutschen Geschichte des Mittelalters:
»Thietmar von Merseburg, Chronik«.
Neu übertragen von W. Trillmich, Darmstadt 1974.

6. Ausgewählte Quellen zur deutschen Geschichte des Mittelalters:
Lebensbeschreibungen einiger Bischöfe des 10. und 11. Jahrhunderts.
»Das Leben des hl. Ulrich, Bischofs von Augsburg, verfaßt von Gerhard«,
»Das Leben des hl. Bruno, Erzbischofs von Köln, verfaßt von Ruotger«,
»Das Leben des hl. Bernward, Bischofs von Hildesheim«,

»Das Leben Benno II., Bischofs von Osnabrück, verfaßt von Norbert«,

»Das Leben des hl. Norbert, Erzbischofs von Magdeburg«,

»Taten Erzbischofs Alberos von Trier, verfaßt von Balderich«.

Übersetzt von H. Kallfelz, Darmstadt 1986.

7. Ausgewählte Quellen zur deutschen Geschichte des Mittelalters: Quellen des 9. und 11. Jahrhunderts zur Geschichte der Hamburger Kirche und des Reiches.

»Rimbert Leben Ansgars«,

»Adam von Bremen, Bischofsgeschichte der Hamburger Kirche«,

»Wipo Taten Kaiser Konrads II.«.

Neu übertragen von W. Trillmich.

»Herrmann von Reichenau Chronik«.

Neu bearbeitet von R. Buchner, Darmstadt 1978.

8. Ausgewählte Quellen zur Geschichte des deutschen Mittelalters: »Ekkehard IV. St. Galler Klostergeschichten«.

Übersetzt von H. F. Häfele, Darmstadt 1980.

9. Ausgewählte Quellen zur deutschen Geschichte des Mittelalters: »Quellen zur Geschichte des deutschen Bauernstandes im Mittelalter«.

Gesammelt und herausgegeben von G. Frantz, Darmstadt 1974.

10. Flodoard von Reims, »Reimser Kirchengeschichte«.

Herausgegeben von J. Heller und G. Waitz, MGH.SS. 13, 1881.

11. S. Abel, »Jahrbücher des fränkischen Reiches unter Karl dem Großen«.

Bearbeitet von B. Simson, Berlin 1969, Neudr. II. Bd.

12. W. Abel, »Geschichte der deutschen Landwirtschaft vom frühen Mittelalter bis zum 19. Jahrhundert«.

Stuttgart 1978.

13. B. Simson, »Jahrbücher des fränkischen Reiches unter Ludwig dem Frommen«.

Neudr. Berlin 1969, Bd. 1 u. 2.

14. G. Althoff und Hagen Keller, »Heinrich I. und Otto der Große«.

Göttingen-Zürich 1986.

15. B. Beuys, »Familienleben in Deutschland«.

Hamburg 1980.

16. A. Borst, »Lebensformen im Mittelalter«.

Frankfurt-Berlin 1973.

17. G. Bäumler, »Adelheid, Mutter der Königreiche«.

Tübingen 1951.

18. C. M. Cipolla, »Wirtschaftsgeschichte und Weltbevölkerung«.

DTV-Taschenbuch, München 1972.

19. H. Delbrück, »Geschichte der Kriegskunst im Rahmen der politischen Geschichte«.

Bd. III. Mittelalter, Berlin 1923, Neudruck 1964.
20. H. Diwald, »Heinrich der Erste« – Die Gründung des Reiches –.
Bergisch Gladbach 1987.
21. G. Duby, »Krieger und Bauern, die Entwicklung von Wirtschaft und Gesellschaft im frühen Mittelalter«.
Frankfurt 1981.
22. G. Duby, »Die drei Ordnungen«.
Frankfurt 1981.
23. E. Dümmler, »Geschichte des ostfränkischen Reiches«.
3. Bd., Neudruck Darmstadt 1962.
24. B. Eberl, »Die Ungarnschlacht auf dem Lechfelde (Gunzenlê) im Jahre 955«.
Augsburg-Basel 1955.
25. E. Ennen, »Frauen im Mittelalter«.
München 1985.
26. G. Faber, »Der Traum vom Reich im Süden«.
München 1983.
27. H. Fichtenau, »Lebensordnungen des 10. Jahrhunderts«.
2. Bd., Stuttgart 1984.
28. J. Fleckenstein, H. Fuhrmann, J. Leuschner, »Deutsche Geschichte«.
3. Bd. besonders Bd. 1, Göttingen 1985.
J. Fleckenstein, »Deutsche Geschichte im Mittelalter«.
29. J. Fleckenstein, »Die Hofkapelle der deutschen Könige«.
Bd. 1: Grundlegung. Die karolingische Hofkapelle, Bd. 2: Die Hofkapelle im Rahmen der ottonisch-salischen Reichskirche.
Stuttgart 1959/66.
30. R. Foß, »Leben und Schriften des Agobards, Erzbischof von Lyon«.
Gütersloh 1897.
31. F. L. Ganshoff, »Was ist das Lehnwesen?«.
Darmstadt 1983.
32. Gebhardt, »Handbuch der deutschen Geschichte«.
Bd. 1–17, besonders Bd. 3 – J. Fleckenstein, »Das Reich der Ottonen im 10. Jahrhundert«.
DTV-München 1979, Hrsg. H. Grundmann.
33. H. W. Goetz, »Leben im Mittelalter«.
München 1986.
34. H. Günter, »Kaiser Otto der Große«.
Stuttgart-Berlin 1941.
35. A. Gurjewitsch, »Das Weltbild des mittelalterlichen Menschen«.
München 1986.
36. J. Haller, »Epochen der deutschen Geschichte«.
Essen 1950.

37. J. Haller, »Das Papsttum«.
    V Bände, besonders Bd. II.
    München 1965.
38. J. Haller und H. Dannenhäuser, »Von den Karolingern zu den Staufern. Die altdeutsche Kaiserzeit« (900–1250).
    Berlin 1970.
39. K. Hampe, »Deutsche Kaisergeschichte in der Zeit der Salier und der Staufer«.
    Darmstadt 1963.
40. K. Hampe, »Herrschergestalten des deutschen Mittelalters«.
    Darmstadt 1980.
41. K. Hampe, »Das Hochmittelalter«.
    Darmstadt 1977.
42. A. Hauck, »Kirchengeschichte Deutschlands«.
    Besonders Bd. III.
    Leipzig 1906.
43. K. Hauck, »Die Ottonen und Aachen«, in: »Karl der Große«, Bd. IV.
    Düsseldorf 1967.
44. E. Hlawitschka, »Vom Frankenreich zur Formierung der europäischen Staaten- und Völkergemeinschaft«.
    Darmstadt 1986.
45. E. Hlawitschka, »Königswahl und Thronfolge in ottonisch-frühdeutscher Zeit«.
    Darmstadt 1971.
    Darunter:
    H. Heimpel, »Bemerkungen zur Geschichte König Heinrichs I.«.
    M. Lintzel, »Zur Designation und Wahl König Heinrichs I.«.
    F. Rörig, »Geblütsrecht und freie Wahl in ihrer Auswirkung auf die deutsche Geschichte«.
    M. Lintzel, »Zu den deutschen Königswahlen in der Ottonenzeit«.
    H. Mitteis, »Die Krise des deutschen Königswahlrechts«.
    W. Schlesinger, »Rezension zu: H. Mitteis, ›Die Krise des deutschen Königswahlrechts‹«.
    M. Linzel, »Miszellen zur Geschichte des 10. Jahrhunderts«.
    K. Schmid, »Neue Quellen zum Verständnis des 10. Jahrhunderts«.
    K. Schmid, »Die Thronfolge Otto des Großen«.
    H. Jakobs, »Zum Thronfolgerecht der Ottonen«.
46. J. Herrmann, »Die Welt der Slawen«.
    München 1968.
47. H. Hiller, »Otto der Große und seine Zeit«.
    München 1980.

48. P. Hiltebrand, »Die deutsche Kaiser-Idee«.
Leipzig 1941.
49. U. Hoffmann, »König, Adel und Reich im Urteil fränkischer und deutscher Historiker des 9. bis 11. Jahrhunderts«.
Inaugural-Dissertation, Freiburg 1968.
50. R. Holtzmann, »Geschichte der sächsischen Kaiserzeit«.
München 1941, Neudruck 1976.
51. H. Homeyer, »Hrotsvita von Gandersheim« – Werke in deutscher Übertragung.
München 1973.
52. R. Huch, »Römisches Reich deutscher Nation«.
Berlin 1934.
53. H. Kämpf, »Die Entstehung des Deutschen Reiches«.
Darmstadt 1980.
Mit folgenden Beiträgen:
E. Klebel, »Die Ostgrenze des karolingischen Reiches«.
E. Klebel, »Herzogtümer und Marken«.
W. Schlesinger, »Kaiser Arnulf und die Entstehung des deutschen Volkes und Staates«.
G. Tellenbach, »Die Unteilbarkeit des Reiches«.
G. Tellenbach, »Zur Geschichte Kaiser Arnulfs«.
M. Lintzel, »Zur Stellung der ostfränkischen Aristokratie beim Sturz Karls III. und der Entstehung der Herzogtümer«.
G. Tellenbach, »Wann ist das Deutsche Reich entstanden?«.
K. Reindel, »Herzog Arnulf und das regnum Bavariae«.
M. Hellmann, »Die Synode von Hohenaltheim 916«.
W. Schlesinger, »Die Anfänge der deutschen Königswahl«.
54. F. Kern, »Recht und Verfassung im Mittelalter«.
Darmstadt 1976.
55. F. Kern, »Gottesgnadentum und Widerstandsrecht im frühen Mittelalter«.
Darmstadt 1980.
56. R. Köpke / E. Dümmler, »Kaiser Otto der Große«.
Darmstadt 1962.
57. H. J. Kracht, »Geschichte der Benedictiner Abtei St. Pantaleon in Köln«.
Siegburg 1975.
58. H. Kuhn, »Das literarische Portrait Ludwigs des Frommen«.
Inaugural-Dissertation, Basel 1930.
59. C. A. Macartney, »Geschichte Ungarns«.
Stuttgart 1971.
60. Th. Mayer, »Der Vertrag von Verdun 843«. Neun Aufsätze zur Begründung der europäischen Staatenwelt.
Leipzig 1943.

61. H. Mitteis, »Die deutsche Königswahl«.
Darmstadt 1987.
62. H. Mitteis, »Der Staat des hohen Mittelalters«.
Köln-Wien 1980.
63. E. Mühlbacher, »Deutsche Geschichte unter den Karolingern«.
Darmstadt 1980.
64. H. Müller, »Die Hand Gottes in der Geschichte«. – Zum Geschichtsverständnis von Augustinus bis Otto von Freysing –.
Inaugural-Dissertation, Hamburg 1949.
65. E. v. Ottenthal, »Die Regesten des Kaiserreichs unter Heinrich I. und Otto I. 913–973«, mit Ergänzungen von H. H. Kaminsky.
Hildesheim 1967.
66. F. Petri / G. Droege, »Rheinische Geschichte«, besonders Bd. 1, 3. E. Boshoff, »Ottonen und frühe Salierzeit«, S. 1–119.
Düsseldorf 1983.
67. M. L. Portmann, »Die Darstellung der Frau in der Geschichtsschreibung des frühen Mittelalters«. Baseler Beiträge zur Geschichtswissenschaft, 69, 1958.
68. P. Riché, »Die Welt der Karolinger«.
Stuttgart 1981.
69. A. Salzer, »Illustrierte Geschichte der deutschen Literatur von den ältesten Zeiten bis zur Gegenwart«.
München 1912.
70. Th. Schieffer, »Das Frankenreich unter der Gesamtherrschaft der karolingischen Dynastie«. §73–§78. In: Handbuch der europäischen Geschichte.
Hrsg. Th. Schieder, Bd. 1, Stuttgart 1976.
71. Th. Schieffer, »Die karolingischen Nachfolgestaaten, A. Das ostfränkische Reich«. §79–§80. In: Handbuch der europäischen Geschichte.
72. K. Reindel, »Das Königtum und Kaisertum der Liudolfinger und frühen Salier in Deutschland und Italien (916–1056)«. §87–§102. In: Handbuch der europäischen Geschichte.
73. K. F. Werner, »Westfranken-Frankreich unter den Spätkarolingern und frühen Kapetingern (888–1060)«. §113–§116. In: Handbuch der europäischen Geschichte.
74. W. Schlesinger, »Die Auflösung des Karlsreiches«. In: – Karl der Große – Bd. 1.
Düsseldorf 1965.
75. P. E. Schramm, »Kaiser, Könige, Päpste«. Bde. I–IV
Stuttgart 1974/75.
74. P. E. Schramm, »Kaiser, Rom und Renovatio«.
Darmstadt 1984.
77. P. E. Schramm, »Herrschaftszeichen und Staatssymbole«. 3 Bde.

München, 1954–1956.
78. P. E. Schramm / F. Mütherich, »Denkmale der deutschen Könige und Kaiser«.
München 1962.
79. K. Schmid, »Gebetsgedanken und adeliges Selbstverständnis im Mittelalter«. Ausgewählte Beiträge.
Sigmaringen 1983.
80. F. Schneider, »Universalstaat oder Nationalstaat«. Die Streitschriften von Heinrich von Sybel und Julius Ficker zur deutschen Kaiserpolitik des Mittelalters.
Innsbruck 1941.
81. F. Schneider, »Neuere Anschauungen der deutschen Historiker zur Beurteilung der deutschen Kaiserpolitik des Mittelalters«.
Weimar 1934.
82. J. Semler, »Reichsidee und kirchliche Gesetzgebung«. Zeitschrift für Kirchengeschichte. Vierte Folge IX LXXI. Band, 1960.
83. G. Tellenbach, »Die Entstehung des Deutschen Reiches«.
München 1943.
84. K. Uhlirz, »Jahrbücher des Deutschen Reiches unter Otto II. und Otto III.«. Bd. 1 Otto II. 973–983.
Berlin 1902, Neudruck Berlin 1967.
85. M. Uhlirz, »Studien über Theophanu«.
Darmstadt 1943.
86. W. Wattenbach / W. Levinson, »Deutschlands Geschichtsquellen im Mittelalter« – Die Karolinger vom Tode Karls des Großen bis zum Vertrag von Verdun –.
Bearbeitet von H. Löwe, Heft III. Weimar 1957.
87. W. Wattenbach / W. Levinson, »Deutschlands Geschichtsquellen im Mittelalter« – Die Karolinger vom Vertrag von Verdun bis zum Herrschaftsantritt der Herrscher aus dem sächsischen Hause. Das westfälische Reich –.
Bearbeitet von H. Löwe, Heft V. Weimar 1973.
88. W. Wattenbach / R. Holtzmann, »Deutschlands Geschichtsquellen im Mittelalter« – Die Zeit der Sachsen und Salier –.
Neuausgabe von F. J. Schmale, Darmstadt 1967–71.
89. L. Weinrich, »Wala, Graf, Mönch, Rebell«.
Lübeck-Hamburg 1963.
90. K. F. Werner, »Untersuchungen zur Frühzeit des französischen Fürstentums«, Wag. 20, 1960.
(Die Welt als Geschichte, Zeitschrift für universalgeschichtliche Forschung. Bd. 23, 1935–1960).
91. K. F. Werner, »Die Nachkommen Karls des Großen«, in: Karl der Große. Bd. 4.
Düsseldorf 1967.

92. J. Wollasch, »Eine adelige Familie des Mittelalters« (zu Bernhards Familie) AKG 39, 1957. (AKG Archiv für Kulturgeschichte).

93. J. Wollasch, »Mönchtum des Mittelalters zwischen Kirche und Welt.« München 1973.

94. H. Zimmermann, »Otto der Große«, Darmstadt 1976, mit folgenden Beiträgen:

H. Hoffmann, »Zur Geschichte Otto des Großen«.

H. Fuhrmann, »Die heilige und Generalsynode des Jahres 948«.

G. Wolf: »Über die Hintergründe der Erhebung Liudolfs von Schwaben«.

H. Naumann, »Rätsel des letzten Aufstandes gegen Otto I. (953/54)«.

K. U. Jäschke, »Königskanzlei und imperiales Königtum im zehnten Jahrhundert«.

H. Grundmann, »Betrachtungen zur Kaiserkrönung Ottos I.«.

H. Keller, »Das Kaisertum Ottos des Großen im Verständnis seiner Zeit«.

W. Ullmann, »Die Entstehung des Ottonianum«.

H. Zimmermann, »Parteiungen und Papstwahlen in Rom zur Zeit Kaiser Otto des Großen«.

L. Santifaller, »Otto I., das Imperium und Europa«.

PERSONENREGISTER

A.	= Abt	Mgf.	= Markgraf
B.	= Bischof	M.	= Mutter
Br.	= Bruder	Mn.	= Mönch
Eb.	= Erzbischof	Nn.	= Nonne
Gem.	= Gemahl/Gemahlin	Pgf.	= Pfalzgraf
Gf.	= Graf	S.	= Sohn
Geschr.	= Geschichtsschreiber	Schw.	= Schwester
Hg.	= Herzog	T.	= Tochter
Kg.	= König	V.	= Vater
Ks.	= Kaiser		

ABRAHAM (957–993), B. v. Freising 268

ADALBERO (887–909), B. v. Augsburg 29

ADALBERO († 973), Neffe d. B. Ulrich v. Augsburg 271

ADALBERO (929–964), B. v. Metz 115, 126, 154, 196, 201

ADALBERO (969–989), Eb. v. Reims 287

ADALBERO (977–1030), B. v. Laon 77, 85

ADALBERT (950–963), Kg. v. Italien, S. Kg. Berengars 130, 137, 191, 212, 215, 220f, 226, 233, 245f

ADALBERT (983–994), B. v. Prag, Missionar u. Märtyrer 20, 87

ADALBERT (968–981), A. v. Weißenburg, Eb. v. Magdeburg, Geschr. 12, 18, 19, 30, 106, 131, 133, 138, 143ff

ADALBERT († 954), schwäb. Gf. 152, 157

ADALBERT I. (946–970), B. v. Passau 126

ADALDAG (937–988), Eb. v. Hamburg/Bremen 126, 200, 230, 240, 270, 279

ADAM († n. 1081), Domscholaster in Bremen und Geschr. 64

ADELHARD (10. Jh.), B. v. Reggio 134

ADELHEID V. BURGUND († 999), Gem. Kg. Lothars v. Italien, Gem. Ks. Otto d. Großen 14, 118, 121f, 130f, 135ff, 139ff, 143, 167, 190f, 194, 215, 217, 225, 236, 238, 243f, 250, 253, 286ff

ADO († 875), Eb. v. Vienne 279

AGAPET II. (946–955), Papst 125f, 128, 134, 211f

AGILULF, Hg. der Langobarden (bis 615) 130

ALBERICH I. († 920), Hg. v. Spoleto 211

EBERISCO (927–950), B. v. Minden 126
EDGITH († 946), engl. Prinzessin, Gem. Otto d. Großen 11, 13 f, 63, 72,
118 f, 122, 139, 236, 272, 276
EDGIVA (10. Jh.), Gem. Karl d. Einfältigen 122
EKBERT (10. Jh.), sächs. Gf., Vetter Otto d. Großen 150, 152 f, 158, 168
EKBERT (977–993), Eb. v. Trier 201
EKKEHARD († n. 972), A. d. Reichenau 88
EMMA († n. 988), Gem. Kg. Lothars v. Frankreich, T. d. Ksn. Adelheid
194, 239
ERCHANGER († 917), Gf. in Schwaben 34 ff
ERICH († 941), Gf. in Sachsen 267
ERMOLDUS NIGELLUS (um 826/828) 82
ERWIN (um 900), Gf. v. Merseburg 42
EUGEN III. (1145–1153), Papst 294

FLODOARD V. REIMS († 966), Geschr. 126, 134
FOLKMAR (965–969), Eb. v. Köln 19, 155, 243
FRIEDRICH (937–954), Eb. v. Mainz 18, 96 f, 105 f, 108, 112, 126, 134 ff,
139, 142, 144, 146 f, 150, 164, 167 f, 198 f, 201, 211
FRIEDRICH I. (958–991), Eb. v. Salzburg 270
FRIEDRICH I. (1152–1190), Dt. Kg. u. Ks. 233
FRIEDRICH II. (1212–1250), Dt. Kg. u. Ks. 288
FRIEDRICH V. BAR (949–984), Hg., Br. Adalberos v. Metz 196, 243
FULBERT (933–956), B. v. Cambrai 126 f, 154
FULRAD († 784), A. v. St. Denis 54, 216

GERBERGA († 969), Gem. Hg. Giselberts v. Lotharingien, Gem. Kg.
Ludwigs IV. v. Frankreich 50, 63, 71, 112 f, 122, 127, 193 f, 232,
238
GERBERGA II. (995–1011), Ä. von Gandersheim 18
GERBERT V. AURILAC, später Papst Silvester 238, 289
GERHARD († n. 992), Dompropst zu Augsburg, Geschr. 157, 166, 171,
173 ff, 179, 181 ff
GERHARD (1012–1051), B. v. Cambrai 77, 85
GERO (969–976), Eb. v. Köln 258, 270, 274
GERO (937–967), Mgf. d. Sorbenmark 74, 92 f, 103, 109 f, 114, 166, 168,
215, 241 ff, 274, 282 f
GISELA († 1043), Gem. Ks. Konrad II. 281
GISELA V. BURGUND († 1004), Gem. Hg. Heinrichs d. Zänkers v. Baiern
291
GISELBERT († 939), Hg. v. Lotharingien 45, 48, 50, 63, 65, 67, 75, 98 f,
103 ff, 110 ff, 118, 123, 140, 148
GISELHER (981–1004), Eb. v. Magdeburg 201
GISULF I. (946–977), Hg. v. Salerno 248

GOTFRID (950–960), B. v. Speyer 148
GOTFRIED († 964), Hg. v. Niederlotharingien 196, 228, 233, 243
GOTTSCHALK VON FULDA (803–866), Mn. Theologe u. Dichter 28
GOZLINUS (922–962), B. v. Toul 126
GREGOR V. (996–999), Erster dt. Papst 17, 288 f
GUNTER (10. Jh.), Mgf. v. Meißen, Heerführer Otto d. Großen 257

HADAMAR (927–956), A. v. Fulda 112, 135, 143, 199
HADWIG († 903), Gem. Otto d. Erlauchten v. Sachsen 40, 42
HADWIG († 994), Gem. Hgs. Hugo v. Francien, T. Heinrichs I. 63, 71,
    104, 123, 167, 193, 232, 238
HARALD BLAUZAHN († 986), Kg. d. Dänen 241, 274, 284
HARTBERT (949–970), B. v. Chur 134, 143, 166, 211
HATHEBURG (um 900), Gem. Kg. Heinrich I. 92 f
HATTO II. (968–970), A. v. Fulda u. Eb. v. Mainz 29, 34, 216, 267 ff
HEINRICH I. (919–936), Dt. Kg. 12 f, 17, 23, 34 f, 37 ff, 42 ff, 59 ff, 71 ff,
    79, 90 f, 94 ff, 104, 106, 116, 118, 121, 140, 146, 155, 192, 195, 202 f,
    209 f, 235, 259, 266, 273, 293, 295
HEINRICH I. (947–955), Hg. v. Baiern u. Br. Ks. Otto d. Großen 9, 18,
    32, 42 f, 62 f, 71, 74, 95, 97 ff, 101 ff, 112 ff, 117, 119, 123, 131 ff, 138,
    140 ff, 144, 146 f, 151 f, 156, 161, 164 ff, 176, 178, 188 ff, 219, 238,
    266, 284, 286, 290
HEINRICH I. (956–964), Eb. v. Trier 202, 229
HEINRICH II. DER ZÄNKER (955–995), Hg. v. Baiern 201, 239, 284, 286 f,
    290
HEINRICH II. (1002–1024), Dt. Kg. u. Ks. 20, 200, 233, 281, 290 ff
HEINRICH III. (983–985), Hg. v. Baiern u. Kärnten 286
HERAKLIUS (959–971), B. v. Lüttich 268
HERIBERT II. (900/907–943), Gf. v. Vermandois 50, 64 f, 104, 114, 121,
    123 ff
HERIBERT (999–1021), Eb. v. Köln, Kanzler f. Italien 289
HERIGER (913–927), Eb. v. Mainz 43 f
HERMANN I. (926–949), Hg. v. Schwaben 12, 51 f, 74, 105, 110 f, 115,
    118
HERMANN BILLUNG († 973), Mgf. u. Hg. v. Sachsen 91, 148, 153, 158,
    192, 195, 215, 241, 265, 267, 274
HEROLD (940–958), Eb. v. Salzburg 126, 168, 198 f, 219, 251
HILDEBERT (927–937), Eb. v. Mainz 73 f
HILDEBOLD (942–967), B. v. Münster 126
HILDEWARD (968–995), B. v. Halberstadt 267 ff
HILDIBALD (979–998), B. v. Worms 205
HINKMAR (845–882), Eb. v. Reims 279
HODO (10. Jh.), Mgf. 273
HORATH, B. von Schleswig 128

Die karolingischen Teilreiche
nach dem Vertrag von Verdun 843

REICH DER
ANGELSACHSEN

Nord-Wales

West-Wales

Dokkum

Brem

Min

Osnabrück

Paderb

Utrecht

Dürstede

Nimwegen

Xanten

Gent

Meersen

Löwen

Maastricht

Eresb

Köln

Boulogne

Tongern

Aachen

Herstal

Andern

Arras

St. Riquier

Saucourt

Cambrai

Stablo

Prüm

Frankf

Amiens

Corbie

Rihémont

LOTHARINGIEN

Mainz

St. Wandrille

Rouen

Laon

Echternach

Trier

Worms

Quierzy

Dieden-

hofen

Compiègne

Soissons

Reims

Verdun

Metz

Spey

Seine

St. Denis

Paris

Châlons

Gorze

Weißenburg

Mosel

BRETAGNE

Rennes

Chartres

Ponthion

Troyes

Toul

Elsaß

Rhein

Straßbu

Le Mans

Orléans

Sens

Murbach

Bodm

Angers

Loire

Tours

Auxerre

Langres

Saone

Basel

St. Ga

Nantes

WESTFRÄNKISCHES

Bourges

Nevers

Besançon

Disen

Poitiers

REICH

Chalon

Mâcon

Sitten

Saintes

Limoges

Clermont

Genf

St. Maurice

Angouleme

Lyon

Gr. St. Bernhard

Périgueux

Vienne

Mt. Cenis

Turin

Pav

Bordeaux

AQUITANIEN

Valence

Grenoble

KGR. ITAL

Garonne

Cahors

Viviers

Embrun

Bayonne

Dax

Agen

Albi

Orange

Savona

Gascogne

Avignon

Roncesvalles

Toulouse

Nîmes

Arles

Pamplona

Carcassonne

Narbonne

Marseille

Septimanien

Ebro

Urgel

KORSIKA

Saragossa

Gerona

Barcelona

Tarragona